马云全传

更翔实、更精彩、更丰富的马云传记

张燕◎编著

浙江人民出版社

图书在版编目（CIP）数据

马云全传 / 张燕编著 . —杭州 : 浙江人民出版社, 2019.10

ISBN 978-7-213-09403-3

Ⅰ. ①马… Ⅱ. ①张… Ⅲ. ①马云－传记 Ⅳ. ①K825.38

中国版本图书馆CIP数据核字(2019)第174833号

马云全传
MA YUN QUAN ZHUAN
张　燕　编著

出版发行　浙江人民出版社（杭州市体育场路347号　邮编　310006）
责任编辑　徐　婷
责任校对　杨　帆
封面设计　刘红刚
电脑制版　刘兆芹
印　　刷　嘉业印刷（天津）有限公司
开　　本　700毫米×990毫米　1/16
印　　张　22.5
字　　数　248千字
版　　次　2019年10月第1版
印　　次　2019年10月第1次印刷
书　　号　ISBN 978-7-213-09403-3
定　　价　49.80

目录
CONTENTS

第十二章

回归本心，从马总到马老师 327

序

提起马云，很多人都知道他是阿里巴巴集团的创始人、前 CEO、董事局主席。虽然长相不太好看，个子也不高，但却是一个极具个人魅力的人。

和很多成功人士一样，马云也经历过很多挫折。小的时候，马云的成绩一塌糊涂，而且经常打架。因此，成了父母和老师眼中的调皮孩子。

后来，因缘巧合马云开始立志学好英语。他听广播、到西湖边上找外国人练口语……通过自己的努力，马云练出了一口流利的英语，让英语老师都大为惊叹。

英语这扇窗让马云看到了一个更加广阔的世界，就在他决心以认真的态度对待自己的生活时，挫折却又找了过来。

马云第一次参加高考却落榜了。为此，马云消沉了很久，在路遥的小说《人生》的启迪下才重新燃起了斗志。紧接着，马云在第二次高考时又落榜了，他几乎崩溃，但在当时热播的《排球女将》中的“小鹿纯子”的激励下再次投入战斗。第三次高考时，马云终于考入了杭州师范学院（现杭州师范大学）。

这个时候的马云，看似只是一个普通人，但他其实比其他人多了很多倍的坚持。

进入大学后，马云开始蜕变，从一个老师不待见的“差生”变成了优秀学生，还担任了学生会主席，将校园活动搞得有声有色。

随后，马云作为“优秀毕业生”，进入杭州电子工业学院（现杭州电子科技大学）当老师，并与大学女友张瑛结婚，小日子过得倒也有滋有味。

然而，马云并不是一个安于现状的人。经过一番折腾，马云成立了杭州第一家翻译社——海博翻译社，结果第一个月就严重亏损。

马云并不甘心放弃，硬是靠倒卖小商品养了翻译社 3 年。第四年，翻译社终于开始盈利了，但马云又开始寻找新的创业项目。

1995 年，马云第一次接触到互联网。认识到互联网的巨大潜力后，他不顾朋友的反对，创立了中国第一家互联网商业公司——浙江海博网络技术有限公司，并创办了网站——中国黄页。

在当时，国内还没有开通互联网，知道互联网的人也很少，因此，中国黄页的生意很不好做。马云不但一度被称为“骗子”，还多次被别人骗。

后来，中国黄页并入了杭州电信，马云失去了对公司的控制权，尽管当时新公司的业绩很好，马云还是毅然决然地离开了。

马云带着自己的团队去了北京，为外经贸部工作。在攻克了一个个技术难题后，马云和团队取得了很好的业绩。

按理说，这个时候马云可以安心在北京工作了，但他希望创立一家真正的互联网公司。于是，马云又率领团队回到杭州创业。

也就是在这一次，马云和妻子张瑛以及其他“十六罗汉”——孙彤宇、金建杭、蔡崇信、彭蕾、吴泳铭、盛一飞、楼文胜、麻长炜、韩敏、谢世煌、戴珊、金媛影、蒋芳、周悦虹、师昱峰、饶彤彤共同创建了阿里巴巴（中国）网络技术有限公司。

对于互联网行业，马云了解得并不多，可以说是一个外行。但是，马云却能鼓舞团队、吸引人才，做了内行人都很难做到的事情，并建成了庞大的阿里巴巴集团。

卸任阿里巴巴集团 CEO 后，马云依然在书写传奇。2014 年 9 月，阿里巴巴集团在美国上市，马云也成了“中国首富”。

很多人只看到了阿里巴巴的成功，却不知道在创业困难时期，如果不借钱，阿里巴巴连员工的工资都发不出来；很多人只看到了马云的光鲜亮丽，却没有注意到他在背后付出的种种努力。

相信在了解了马云的经历后，有的人会学会坚持，有的人会学会乐观，有的人会学会诚信，有的人会学会坚忍，有的人会学会冷静，有的人会学会感恩……

马云只有一个，不同的人看马云，能得到不同的启发。在看到马云成功的同时，我们不妨看看他的过去，看看他走过的路。

希望这本传记能带你全面地了解马云，带给你前所未有的感受，帮你从中获得改变人生的力量，激励你成为更好的自己。

第一章

野蛮生长，从淘气孩子到优秀毕业生

不管是母亲的不满，还是父亲的训斥，马云都毫不在意。在他看来，所谓友谊就是要为朋友两肋插刀，即使解决的方式有些“暴力”，也是值得的。

可以想象，如果马云一直这样下去，恐怕连高中毕业都很困难，还可能沦为街头小混混儿，更别提以后有所成就了。

西子湖畔，马云出生

1964 年初秋，杭州美丽的西子湖畔一片寂静。阵阵凉风袭来，微微泛黄的树叶像蝴蝶般在风中飞舞，轻轻落在地面，落入湖中。

湖中残荷虽仅剩片片荷叶，微黄卷曲、破洞密布，但却仍旧高傲地伸直干枯的荷杆。有些荷杆支撑不住，便从中间折断，让荷叶落进水中。

周围的一切是那么安静，似乎只能听到风吹过片片枯叶的“沙沙”声，行人踩在树叶上的“沙沙”声，以及鱼儿偶尔跳出水面的“扑通”声。

就在 9 月 10 日这天，阵阵笑声打破了西子湖畔一户人家的宁静。

“哈哈哈……”笑声从一户普通人家传出，发出爽朗笑声的男子紧接着大声说道，“太好了！我又有一个儿子了！”

这位男子就是这户人家的男主人——马来法。

在马来法的怀里，是一个小脑袋、小眼睛的男婴。由于自己性格火暴，马来法希望儿子的脾气平和一些，便给他取了一个略微中性的名字——马云。

“小云，你以后一定要成为一个有涵养又顶天立地的男子汉啊！”马来法笑着说，像是在嘱咐儿子，又像是在自言自语。

一旁的妻子看着马来法的反应，直在心里犯嘀咕：“小云真的会如我们所希望的那样，成为一个听话的孩子吗？”

很快，马云就给了母亲一个答案。

“你怎么又淘气了？”

“你就不能安静一会儿吗？”

“你是不是找打！”

从马云 3 岁起，父亲的训斥声就没有停止过。虽然有一个很文静的名字，但马云的性格没有因为名字有所改变。他不仅不听话，反而几乎集所有叛逆性格于一身。

这天，看到马来法又在训斥儿子，妻子有些不满了，小声嘀咕道：“你总是说小云淘气，也不想想他为什么会这样？你整天带着他去茶馆听杭州大书、苏州评弹，乱跑乱闯，能不闯祸才怪！”

马来法知道妻子说的是事实，他当初带着马云去听杭州大书和苏州评弹，是为了陶冶儿子的情操，没想到马云对吴侬软语的唱腔不感兴趣，反而对打斗情节情有独钟。

但是，马来法并没有承认自己的失误，而是瞪了妻子一眼。妻子假装没有看见，转身走了出去。

面对父亲的训斥，马云没有出声，他在想白天发生的事情：

听杭州大书时，马云和一个男孩争抢位子。这时，男孩的母亲拉过男孩，训斥道：“你和那种家庭出身的人争什么？”

这句话像一记重拳，落在了马云的心上。

在不知情的人看来，马云的家庭条件并不差，父亲是戏剧协会的负责人，母亲在一家钟表厂上班，家庭生活应该很平静、快乐才对。

但实际上，马云的爷爷在抗战时期曾做过保长，被红卫兵视为“坏分子”，所以马云的父母在工作和生活中备受歧视，马云也常常受到别人的攻击。

本来，马云也希望像父亲期望的那样，好好学习，将来出人头地，摆脱现在的这种状况。但是，不知道是他脑子笨，还是天生不是学习的料，总是考不出好成绩。

“出身”不好，学习不好，这让马云很郁闷，只能从杭州大书和武侠小说中寻找慰藉。这样一来形成了恶性循环，马云的成绩越来越差。

但马云并不觉得这有什么不好，只是急坏了马云的母亲。每次放学回到家，马云放下书包就往门外跑，马云的母亲叫都叫不住他。

马云也并非没有老实的时候，每次马云在家静悄悄时，母亲就知道他又在看武侠小说了。由于看得太过入迷，有时候母亲叫了他几遍，马云都听不见。

“小云，吃饭了！”这天，母亲又像往常一样叫马云。她叫了好几遍，但之前还吵着说肚子饿的马云却没有出现。

“这孩子，又在看武侠小说了。”母亲叹了口气，向马云的“图书角”走去。果然，马云正坐在那里，若有所思。

“看着吧，总有一天，我也能成功。”马云合上手中的武侠小说《射雕英雄传》，暗暗对自己说道，丝毫没有注意到母亲已经走到他身边。

让他鼓舞的除了手中的《射雕英雄传》外，还有一旁厚厚一摞的武侠小说。小说中的人物，不论是郭靖、杨过，还是张无忌、令狐冲，每个由无名小卒变成盖世英雄的人，都经历了各种磨难。马云相信，他也能克服人生的艰难险阻，取得成功。

尽管“出身”不好，脑子也不聪明，但马云有一样很在行——打架。看到书中的英雄除暴安良，马云也希望成为一个英雄，用自己的拳头打出一条英雄路。

也就是从那时起，马云痴迷武术，虽然学艺不精，但热情不减。这一点，为他以后推广太极文化埋下了伏笔。

马云虽然身体瘦弱，但喜欢打抱不平，遇到强敌更是愈打愈勇。在马云的人生字典里，从没有“退缩”这两个字。

有一次，马云看到一个高个子在欺负自己的同学，立刻冲了上去，一拳打在高个子的胸口。高个子一愣，很快和马云扭打起来。

高个子以为马云打几下就会败下阵来，却没有想到马云越战越勇。打到最后，高个子见无法取胜，只好认输。

事实上，马云更在意的是自己打架的初衷，而不是结果。对于自己打架的结果，是输是赢，马云并不在意。

马云在打架中找回了自信，也因为打架付出了代价，变成了大人眼中的“坏孩子”。他还没有成为英雄，麻烦就找来了。

让人头疼的打架王

“文化大革命”时期，马云的爷爷由于当过“保长”首当其冲，是红卫兵重点“教育”的对象。

那是马云上三年级的一天，放学回家后，马云发现院子里又站满了人，一下子明白：红卫兵又来了。

红卫兵像往常一样先“抄家”，然后对马云爷爷展开“教育”。看到红卫兵又把家里弄得一团糟，爷爷忍不住反击了。

“我们家里真的一点资本主义的东西都没有！”说完，爷爷走了几步，想要捡起被红卫兵扔在地上的衣服。

几个红卫兵见状立刻围了上来，其中一个矮个子把爷爷想要捡起的衣服一脚踢开，大声训斥道：“只许你老老实实，不许你乱说乱动！”

听到这话，爷爷羞愧极了，呼吸也变得急促起来。一旁的马云很想冲上去和红卫兵理论，可是他知道，那样做只会让家人陷入更为难的境地。

红卫兵走后，马云帮母亲收拾房间，以为这一劫算是过去了，但实际上，一切才刚刚开始。

没过几天，马云发现自己的语文课本里也有“只许你老老实实，不许你乱说乱动”这句话，备受冲击。他想都没想，就决定逃课。

逃课后的第二天，马云正常去上课。语文课上，按照老师的要求打开课本后，马云才发现自己以为老师讲过的那篇课文居然成了这堂课要讲的内容。

“呀！怎么回事？老师昨天没有讲这篇课文吗？”马云小声地问同桌。

“嗯，老师昨天生病请假了，语文课没上。”同学低声答道。

马云的表情一下子僵住了，然后慢慢露出羞愧的神情。现在逃课肯定来不及了，马云只好低下头，在心里数数。

“1、2、3、4、5、6……”马云一边数着，一边感慨时间过得太慢。好在那句语录出现在课文的后半部分，只要老师这堂课不讲就行，他可以在下节语文课时继续逃课。

马云一直低着头，对于老师讲的内容左耳进右耳出，丝毫不感兴趣，突然，“只许你老老实实，不许你乱说乱动”突然钻进了马云的左耳，却没有再从右耳出来。

原来就低着头的马云，这下子把头埋得更低了，几乎把整张脸都贴在了桌面上。凭着直觉，马云觉得有一道不友好的视线朝自己扫来。

他抬起头，发现有个同学正看着自己。看到马云抬头后，他立刻做了一个鬼脸。紧接着，全班同学都把目光投向了马云，有一些还交头接耳地议论起来。

表面上看，马云是个厚脸皮、不听管教的孩子，实际上，他的内心非常敏感。“一定是在说我爷爷的坏话！”马云这样想着，怒火油然而生。

“你死定了！”马云的这个念头刚一出现，便抓起语文书朝那个做鬼脸的同学扔去。只听“哗啦”一声，正好砸在那个同学的肩上。

那个同学也不是省油的灯，立刻拿起自己放在地上的书包，站起身来，用尽全身的力气将书包砸向马云。

书包砸在了马云的胸前，里面的铁文具盒蹦了出来，砸破了马云的额头，血立刻流了出来，很快流到了马云的眼皮上、脸颊上、衣服上……

同学们看到这一幕，惊呆了，有些胆小的女生干脆遮住了眼睛，或者趴在桌上，不敢去看。

事后，马云被送到了医务室，回到家后被父亲一顿责骂，但是，马云维护家人的心一点也没有改变。

幼小的马云以为，只有拳头能为自己说话，只有暴力能保护自己、保护朋友、让家人免受欺负、成就自己的武侠梦。

当然，马云和一般小流氓不同。虽然经常打架，但是都有缘由，绝不会不论青红皂白对别人挥动拳头。

尽管因为经常打架受了不少伤，但马云的侠义之心并没有改变。每当面对需要帮助的同学时，他总是出手相助。

转眼间，马云上了四年级。

这天，马云又为同学和别人打了一架。这一架打得比较猛烈，伤口深可见骨，他疼得倒吸冷气。

不是马云怕疼，如果其他孩子受了同样的伤，恐怕早就“哇哇”大哭，呼爹喊娘了。但马云忍住疼痛，安慰同学说：“没关系，小意思，去医院缝几针就没事了。”

事情并不像马云想得那么容易。到了医院，马云得知这里居然没有麻药了。

医生看着年幼的马云，实在不忍心下针，便试探着问：“没有麻药会很疼的，你受得了吗？要不你去别的医院……”

马云摇摇头，没再说什么。

就在医生为马云缝针的时候，马云突然想起以前听杭州大书时，听过关羽刮骨疗毒的故事。

故事很简单，关羽在攻打樊城时，胳膊被毒箭射中，取出箭头后才发现，毒已经渗入骨头，情况危急。

神医华佗提出，要想治好并不难，只需切开皮肉，用刀刮骨。只是刮骨带来的疼痛，不是一般人能忍受的。

关羽毫不在意，一边让华佗为自己刮骨，一边饮酒、下棋，坦然自若，让在场观看的人无不感到惊异。

“关羽刮骨都不怕，我只是缝上几针而已，没什么大不了的。他是英雄，我马云也不是胆小鬼！”马云一边自我鼓励，一边咬紧牙关。

一旁的小护士看到马云一副咬牙坚持的样子，不禁直吸冷气，趁医生不注意，悄悄把脸转向了一侧。

终于，缝到第 13 针时，伤口完全缝好了。在这个过程中，由于担心眼泪流出来，马云一直闭着眼睛。当然，他也没有哼哼唧唧，更没有哭。

医生为马云缝好伤口后，轻轻拍了拍他的肩，说：“孩子，真是好样的，已经缝好了。好一个男儿有泪不轻弹！”

听到这话，马云才松开紧咬的牙。此时，牙已经失去了感觉。马云这才意识到，自己用了多大的力气在忍耐。

“要做到关羽那样，还真是不容易啊，我还差得远呢！”马云低声咕哝着，连医生的嘱咐都没有听到。

由于打架，马云没少被老师和父母训斥，但是天生爱打抱不平的马云也因此赢得了同学们的好感，对他来说，这是最好的奖励。

像往常一样，一天的课程从早会开始了。然而对于马云来说，今天却是非同寻常的一天。

“好了，同学们，安静下来，今天的早会我们要进行一次评选，选出我们班的‘三好学生’，这件事班长昨天通知过了吧？”班主任的开场白直奔主题。

“通知了！”整个班级的学生都齐声道，其中也有马云响亮的声音。

“好，那我们现在开始提名候选人，有合适人选推荐的同学可以到讲台前来宣布，然后把候选人的名字写在黑板上。”

老师话音刚落，就有一个同学站起来向讲台走去。“我选王岚。”说完，这个同学把王岚的名字写在了黑板上。

“我选李贺。”又一个同学把候选人的名字写在了黑板上。

马云有些失望，他以为，同学们一开始就会提名他当三好学生呢！凭他平时的好人缘，凭他平时对大家的照应，理应如此啊！

“没关系，才刚刚开始，一会儿就会有人提名我了。”马云这样期待着。很快，黑板上就出现了 5 个同学的名字，但是，没有一个名字是“马云”。

“不要着急，提名还没有结束呢，可能大家想要最后再提我的名字。毕竟，大侠都是在最后关键时刻才登场的。”马云又这样自我安慰道。

时间刚过去两分钟，黑板上就写了十几个名字，依然没有一个人提名马云，一个都没有。

一时间，马云感到非常震惊，原本的自信也荡然无存，“原来我不是英雄，只是被人遗忘的无名小卒而已。”马云这样想着。

他的心情非常复杂，最初高高抬起的头也一点点地低了下去。就在这时，老师突然说话了：“还有同学要上来吗？”

听罢此话，同学们都你看看我，我看看你，谁也没有说话。马云知道，这预示着提名候选人就要结束了。

马云双手抱头，把脸贴在了课桌上。

一直以来他都认为，只要自己行侠仗义，就一定能够获得大家的认可。虽然父母和老师并不理解他，但他相信，同学们是支持他的。

这一刻，他开始怀疑自己的信念：我平时都为大家打抱不平，大家为什么就不支持我呢？

没有人注意到马云的反应，所有人都把视线集中在老师身上。老师转身看了看黑板，然后转过头来正色说道：“如果没有的话……”

这时，突然出现了一道刺耳的声音，那是凳子摩擦地面时发出的。听到这个声音，马云也本能地抬起头来想一看究竟。原来，有一个女生站了起来。

“啊，是曾瑾啊，她想干什么？”大家看着曾瑾，小声议论着。

这时，只见曾瑾离开座位，在老师和全班同学的注视中，快速走上讲台，定了定神，用坚定的声音说：“我选马云。”

曾瑾是个很普通、很文静的女孩，平时说话也是轻声细语。没有人想到，她今天会有这么果敢的一面。

马云顿时有种受宠若惊的感觉，信心大增，仿佛之前被人忽视的记忆都消失了。他将感激的目光投向曾瑾，能不能当选对他来说已经不再重要。

这件事情以后，马云坚信，自己的行侠仗义是正确的，也一定能成就自己的一生。从那以后，马云因为打架而受处分的次数更多了，甚至因此转了学。

马云的这些行为，让马云的母亲非常失望。看到丈夫一遍遍对儿子说教，母亲痛心地说："你说这么多遍有什么用，看来小云是无药可救了！"

父亲苦笑着摇摇头说："这孩子，身上总有闪光点吧？我现在就把自己想象成一把铁锹，一天一小铲，把他的闪光点挖出来，总能让他成人。"

不管是母亲的不满还是父亲的训斥，马云都毫不在意。在他看来，所谓友谊就是要为朋友两肋插刀，即使解决的方式有些"暴力"，也是值得的。

可以想象，如果马云一直这样下去，恐怕连高中毕业都很困难，还可能沦为街头小混混，更别提以后有所成就了。

命运待马云不薄，在这个时候，一位老师来到了马云身边，帮助他掌握了一技之长。而这一技之长，未来会帮马云打开一个又一个新局面。

英语口语是这样练成的

傍晚时分，美丽的西子湖畔又出现了马来法训斥马云的声音："你说说你，整天不学好！就知道打架、淘气，你怎么就不能认真学习呢？"

马云有些不耐烦了，不好的家庭出身本来就给了他很大压力，父亲不但不体谅，反而动不动就对他拳打脚踢，真是……

想着想着，马云脱口而出："I'm not convinced.（我不服。）"这不是马云第一次在父亲面前说英语了。前几次，由于父亲听不懂，奈何不了他，让他感觉小有成就。

可是这一次，马云刚说了这一句，马来法突然停止了责骂，一副恍然大悟的样子说："你小子！现在是用英语骂我吧？！好，你也不是一无是处，能用英语骂人也很了不起！"

父亲的话，让马云一下子愣住了。

前一段时间，学校来了一位教地理的女老师。这位女老师长得很漂亮，是那种一接触就让人感觉很温暖的人，马云很是喜欢。

不仅如此，这位女老师讲课也生动有趣，让不爱听课的马云一下子爱上了地理，对于老师所讲的内容，也牢牢记在了心里。

有一次，为了唤起同学们学习地理的热情，老师给大家讲了一件自己经历的趣事。

一天，她在西湖边上散步，看到几个外国人正拦着路人问些什么，路人听了一句后，纷纷摇头摆手。

后来，这位老师得知这几个外国人在打听杭州的景点，便用流利的英语解答了他们的提问，让外国游客大为惊讶和感谢。

于是，老师总结说："各位同学，你们一定要好好学习地理，这样才不会在外国人面前丢中国人的脸。"

正在认真听讲的马云听到这话，心里突然产生了某种异动：光学好地理没有用，还要学好英语。认识到这一点的马云决定好好学英语，让自己成为整个杭州英语说得最好的人。

马云是个行动派，想到什么就会立刻去做。一放学，马云立刻冲回家，从储蓄罐里拿出6毛多钱，到小卖部里买了个袖珍型喇叭，开始听英语广播。

听得多了，在对抗父亲的过程中，英语便脱口而出。

现在，听到父亲居然夸奖自己，马云不能不惊讶。

在接下来的日子里，父亲一有时间就骑自行车载着马云到西湖边上，让他找外国人聊天。虽然马云能说的英文句子很有限，但通过与外国人聊天，他的口语进步神速。

当时，中国刚刚开始改革开放，来自世界各地的外国游客纷纷涌入中国，参观各处景点。其中，“人间天堂”杭州更是吸引了无数外国游客。

父亲陪同了几天后，马云开始自己骑自行车在西湖边转悠，或者到杭州饭店（现香格里拉大酒店）门口等着，看到外国人就主动上去搭话。

“妈妈，我吃完了，出去了！”星期六一大早，马云刚吃完饭就挽起袖子，迫不及待地推着自行车要出门。

“等等，等等。”母亲叫住马云，把水壶挂在马云身上，细心嘱咐道，“别太晚回来。”听到儿子答应了一声，她才放下心来。

马云的英语很烂，但他从小就是个信念坚定的人，只要决定了，就绝不放弃，这次也是这样。马云不怕出丑，更不怕被人嘲笑，他抓住一切机会练习口语。

后来，为了和外国人有更多的交流时间，马云主动做免费导游，骑着自行车带他们在杭州城内到处游逛。

从那时开始，经常在西湖边转悠的人会发现，西湖边多了一个骑着自行车，身穿白衬衫、黑裤子，脚踏塑料凉鞋的男孩。

转眼间，马云已经15岁了。这天，他像往常一样来到了杭州饭店门口，一边练习口语，一边等待着外国人的出现。

突然，有一对来自澳大利亚的夫妻带着孩子走出杭州饭店。马云见状，立刻走上前去打招呼，用英语介绍自己。

“Hello，my name is Jack Ma.Do you need a free English tour guide?（嗨，我叫马云，请问你们需要免费的英语导游吗？）”马云笑着问道。

“Hello，I’m Ken.This’s……（你好，我是肯，这是……）”中年男子友好地介绍自己以及家人。

紧接着，马云又说出了一大段流利的英语。

肯夫妇很惊讶地看着马云，那一口流利的英语不禁让他们猜测，这个叫马云的孩子是不是归国华侨。

简单地沟通了一番后，马云就带着肯一家在杭州城里到处游玩。通过几天的相处，肯夫妇发现马云具有很多好的品质，如韧劲、乐观、刻苦等，这让他们很是喜欢。回国后，肯夫妇也一直和马云保持着通信往来。

就这样，时间一天天过去了，老师和同学们都惊讶地发现，数学成绩超级烂的马云竟然是个英语奇才，口语说得比老师都好。

马云的这点改变让母亲对他重新燃起了希望，以往总是父亲询问他学英语的事情，到后来，母亲也开始关心马云的学习状况。

不过，最让马云高兴的不是自己练好了口语，而是通过这种方式，他交到了很多来自不同国家的朋友。

这些外国朋友虽然没有给予马云多少物质上的帮助，但是他们的世界观、人生观却在交流中展现出来，不断冲击着马云固有的观念，让他的思想受到了不一样的启蒙。

马云发现，除了西湖，除了杭州，世界上还有很多他不知道的地方。走出中国，外面还有一个更加让人不可思议的世界。

当然，这些想法在马云的大脑中转瞬即逝。对于马云来说，当前的任务不是探索和改变世界，而是努力提高自己的成绩。

能说一口流利的英语，这让马云很高兴。但是，作为一名学生，仅有一门功课优秀是不够的。很快，马云就认识到了这一点，并且深受打击。

三次高考，直接改变命运

在练习英语口语的过程中，马云迎来了人生的第一次高考。

就在高考前不久，马云和父亲进行了一次简短的对话。

“准备得怎么样了？”父亲问。

“还可以吧。”马云装作不在乎的样子回答道。其实，说这话时马云很心虚，但又不能实话实说，让父亲担心。

“那就好好考试吧。”父亲说，然后一只有力的手伸过来，在马云肩上拍了拍，叹了口气转身走开了，留下马云独自发呆。

从小学开始，马云的功课就不好，尤其是数学，差得一塌糊涂。中考时，由于数学成绩差，连续考了两次才考上高中。

高考在马云的惴惴不安中结束了。马云虽然知道自己数学不好，但是当高考成绩出来后，他还是被自己的数学成绩吓了一跳，他的数学只考了 1 分。

知道这个成绩后，当初对马云满怀期望的父亲失望了："就这个成绩，居然还报考北京大学，真是……"

因为害怕打击到马云，父亲没有再说下去。

高中毕业后，气馁的马云成了游手好闲的待业青年。一时间，马云开始怀疑自己，也对未来感到十分迷茫。

一天，马云的表弟找到马云说："哥，你老是闲着也不是办法，我知道一家宾馆在招聘保安，咱俩一块儿去试试吧。"

马云听了，有些不屑地说道："做保安多没出息，我才不去呢！"

表弟用略带不满的语气说："当保安怎么没出息了？什么工作不都是人做的？比起整天待在家里什么也不干，当保安好多了！能学到东西，还能拿工资。"

马云犹豫了一会儿，想到自己也有多年打架的经验，做保安也算是利用自己的一技之长，便和表弟一起去应聘了。

结果出人意料，由于个子矮、相貌不佳，马云在面试时惨遭淘汰。而一起去的表弟，由于个子高、长相不错，轻松通过了面试。

这下，马云更是深受打击，整天待在家里唉声叹气，连西湖边也不去了，对于母亲的唠叨，更是置若罔闻。

晚上，马云辗转反侧，难以入睡。

“我的长相一出生就注定了，个头以后也不能再长了，难道因为这样，我连个保安都当不成吗？”

“看看那些大侠，他们成名总得有绝技，风清扬的绝招是独孤九剑，郭靖的绝招是降龙十八掌……而我的绝招呢？”

“我常打架，却连个保安都当不了。我练了这么久的英语，也只是刚刚接触到皮毛，根本无法成为谋生的手段。以后，我还能做什么？”

“唉——”想到这里，马云又长长地叹了一口气。

虽是深夜，马云的父亲却和马云一样，没有入睡。看到马云这样闷闷不乐、彷徨无助，父亲急在心上，却克制住干涉的冲动，等着马云自己醒悟。

可是现在看来，马云几乎丧失了全部的信心。经常闯祸，不怕；没有能力，不怕。但是如果没有信心，人的一辈子可能就完了。

无奈，父亲只好托关系帮助马云找一些不要求长相、身高的力气活，让他在工作中重新找回自信，找到以后人生的方向。

后来，父亲找到了《山海经》《东海》《江南》三家杂志社，说服他们录用了马云。马云开始工作了，内容很简单，就是蹬着三轮车送杂志或者做些其他零活儿。

从那以后，马云就每天暴晒在骄阳下，蹬着三轮车往返于杂志社和火车站。身上的衣服被汗水浸湿，又被风吹干，然后又浸湿，又晒干，反反复复。

每天马云回到家时，都疲倦不堪，吃完饭后倒头就睡，根本没有精力思考过去的种种，高考失败造成的伤口也渐渐愈合。

看儿子每天早出晚归，父亲虽然有些心疼，但也觉得这是一个很好的历练机会。只是时间一长，父亲就发现不对劲了。

父亲想得没错，经过一段时间的劳动，马云逐渐接受了这种生活方式，在他看来，人和人是不一样的，有的人坐车，有的人骑车，有的人步行，都是命运，自己也应该接受。

有那么一段时间，马云甚至想："或许，以后我就要这样生活了吧？靠力气吃饭，每天不用考虑太多，也不是一件坏事。"

可父亲并不会让他就这样沉沦，一有机会，父亲就会揭开马云的伤疤："你不会是想这样干一辈子吧？蹬三轮车你都不怕累，难道还怕高考吗？"

父亲的话像一颗种子，深深地埋进了马云的心中，只等着一场心灵之雨，就能生根、发芽、开花、结果。

这场雨，很快就来了。

有一次，马云将杂志送往金华火车站后，在地上捡到了一本书，书的封皮上写着大大的两个字——"人生"。

《人生》是陕西作家路遥写的一部中篇小说，马云对这本书爱不释手。

《人生》中的主人公高加林是个有理想、有抱负的知识青年，拥有坚定的信念，在追求理想的过程中，屡遭重挫，一次次跌入人生的谷底，他却一次次重新再来。

马云被感动了，同时他认识到，自己正处在人生的岔路口，现在的一个决定会影响以后的人生走向，决定着自己以后是成为一个浑浑噩噩、过一天算一天的零工，还是成为一个让人佩服的成功人士。

马云彻底想明白了。“爸爸，我决定再参加一次高考！”马云向父亲宣布了这一消息，然后开始去复读班学习。

马云学得很认真，但“认真”并不等于“好成绩”。第二次高考成绩出来后，马云的数学成绩依旧很差，只有 19 分。

这一次，连一向支持马云的父亲也失望了。马云在沮丧之余，也抬头问苍天：“难道，我就真的与大学无缘吗？”

上天对马云还是眷顾的，就在马云不知道接下来如何是好时，一部日本励志电视剧《排球女将》开始在国内热播，给了马云前所未有的精神支持。

《排球女将》讲述了一群女中学生为了参加奥运会排球赛努力拼搏的故事，主人公“小鹿纯子”在女中学生中尤其突出，她那种永不放弃的精神让马云备受鼓舞。

在这种精神的激励下，马云重新燃起了斗志，他坚信只要肯坚持，只要不放弃，自己一定能考上大学。

少了父母的支持，马云只好白天打工，晚上复习。为了不让自己懈怠，每到星期天，马云就早起到离家很远的浙江大学图书馆抢座位，与其他备考者一起学习。

在图书馆，他认识了很多朋友，邵晓锋就是其中之一。大家一起学习，互相鼓励，暗暗发誓一定要通过高考。

在这一次备考时，马云把主要精力放在了数学上。他和一个同学组成学习互助小组，他教对方英语，对方为他补习数学。

就这样，在恶补数学中，马云终于迎来了人生中的第三次高考。

就在这次高考的前一天，数学老师余老师还毫不客气地打击他说："马云，你的数学要是能考及格，我就把我的名字倒过来写！"

马云毫不在意，继续背数学公式。

背公式的方法虽然很笨，但给了马云很大的帮助。在解答数学题时，马云就套用这些公式。当考试结束后，马云很自信地想："这次数学肯定能及格了！"

结果真如马云预料的那样，他的数学考了 79 分。

和以往的 1 分、19 分相比，79 分确实算高分了，但是，与满分 120 分相比，这实在是个不值得一提的分数。

总分出来后，马云又失望了，他的总成绩离本科线还差 5 分。很快，马云就安慰自己：能上大学就行，专科、本科无所谓。

这一次，幸运之神终于光顾了马云。马云报考的是杭州师范学院的英语专业，本来应该就读该校英语专科的他突然被告知，由于该校英语专业刚升本科，报考人数少于计划招生人数，遂决定让优秀的专科生直接"升本"。

这对马云来说，简直是个天大的好消息。虽然他的成绩没有超过本科线，但在专科生里，他的成绩却是最好的。

经过 3 次高考，屡败屡战的马云终于考上了大学。对他来说，在这个过程中，重拾自信才是他获得的最好的礼物。

马云整装待发，他不知道大学里有什么，他不知道，迎接他的将是一片更广阔的天地、一种全新的生活、一份美好的爱情。

不一样的大学时光

1984 年这一年，一切磨难似乎都成了过去，马云终于迎来自己人生中的春天。从他进入大学这一天起，好运也随之而来。

“小云最近在学校里怎么样？”知道马云考上大学后，左邻右舍也改变了对马云的看法，一碰到马来法，就会询问马云的近况。

“呵呵，这孩子好着呢！我都不知道他的脑子这么好，以前上学考试总是不及格，现在都能考英语专业的前五名。”马来法提起自己的儿子，也是赞不绝口。

此时，马云在大学里真可谓如鱼得水。

由于英语不错，即使不全力学习，马云也能取得不错的成绩。当然，除了上课认真听讲外，马云一有时间就去宾馆门口找老外聊天，锻炼自己的口语。

进入大学后，马云的成绩变好了，但有一点没有变，那就是学习英语的态度。他依旧秉持着不怕出错、不怕丢脸的精神，坚持把英语学到底。

除此之外，马云的大部分精力都用在了社交上。

马云原本的性格就非常活泼，善于与人接触，不管对方是什么人，都能很快熟识起来，再加上他对待朋友讲义气，很快就吸引了一大批支持者。

在学校里，马云不再用拳头解决问题，一入学他就加入了学生会，将原本用在打架上的精力全都投入到了学生会的工作中，很快在学生会中声名大振。提起马云，大家纷纷竖起大拇指。

马云表面上对此毫不在意，但是自己讲话时看到台下总有一双双明亮的眼眸注视着自己，他也不禁有些飘飘然，甚至有点崇拜自己。

这天，马云像往常一样，代表学生会进行一个简单的演讲。突然，他看到一个女孩用很真挚的目光看着他，眼睛里就像有一颗星星在发光。

演讲结束后，马云很快就找到了那个女孩，并把手伸出去主动做了自我介绍："你好！我叫马云，很想认识你。如果你对我刚才的演讲感兴趣，我们可以进一步讨论一下。"

马云之所以这么说，是因为他在演讲的过程中看到这个女孩总是微笑着点头，似乎对他的话很认同。

女孩愣了一下，仿佛受到了一点惊吓。

马云就这样一直伸着手，感觉时间过得好慢好慢。

大约过了 5 秒钟，女孩缓缓地伸出手，说："你好，我叫张瑛。"

短短一分钟内，马云就结识了张瑛。张瑛长得漂亮，性格又温柔，待人体贴，成绩还非常优秀，有很多的追求者。

随着交往的深入，马云发现，张瑛还有很多优点。比如张瑛思维活跃，能激发出马云很多的优点；张瑛懂生活，在生活用品的选择上很有品位；张瑛心地善良，总是对经济困难的同学伸出援手。

这样的张瑛，深受同学喜爱是一件非常自然的事情。马云心乱如麻，他知道想要打动张瑛的芳心并不容易，故而没有鲁莽地表白。

有一次，马云听说有人要给张瑛介绍男朋友，这才着急起来。

"不行，要是张瑛被别人抢走了，我一定会后悔的。"马云心乱如麻，

“怎么办呢？我得想个办法才行。”

最后，马云得出了结论：是时候向竞争对手们公开发出挑战了。

于是，马云开始在男生宿舍行动起来，发表了挑战宣言：“我是马云，张瑛是我的，我一定会把张瑛追到手，然后娶她做老婆。”

对于马云的这番话，根本没有人在意，大家都觉得马云非常没有眼力，自不量力。很多男生出于看笑话的心理，将马云的这些言论扩散开来。

很快，这些话就传到了张瑛耳中。

这天，马云正式向张瑛表白了，由于早有心理准备，张瑛并不惊讶。顾虑到抬头不见低头见，张瑛不愠不恼、客客气气地拒绝了。

如果就这样放弃，那就不是马云了。

马云从小就有越挫越勇的本能，在张瑛一遍遍地拒绝后，马云依旧不改初衷，甚至告诉张瑛：“你要知道，在通常的情况下，男人的长相和智商是成反比的。”

这句话就像一滴水，滴进了张瑛的心里，泛起点点涟漪。“这是个什么样的男生呢？他到底有什么能力会这么坦然自信？”好奇开始在张瑛心里滋生。

一旦开始关注马云，张瑛发现，在各种社团活动中总能看到马云的身影，在同学们的谈论中总有马云的名字，张瑛的心门也渐渐打开。

就这样，张瑛和马云牵手了，两人很快就由同学关系发展成了恋人关系，成了校园里令人羡慕的一对情侣。

马云大二的时候，像往常一样，收到了在杭州认识的来自澳大利亚的肯夫妇寄来的信。打开信后，马云立刻激动地跳了起来。

“张瑛，张瑛。”马云一边跑向张瑛，一边扬着手中的信，高兴地叫着。

“你慢点跑，出什么事了？”张瑛看着气喘吁吁的马云，有些不解地问。随后，她看到了马云手上的信，不待马云回答，又问道：“是不是肯夫妇来信啦？”

马云一边喘着粗气，一边点头，并把信递给张瑛看。

张瑛快速读完了信，高兴地说：“太好了！你前几天还说想出国看看，看看咱们国家与外国的差距，看看咱们中国人和外国人的不同，这个机会真是太好了！”

“是啊！”马云接着说道，“我也没有想到，肯会邀请我去澳大利亚玩。这是我第一次出国，感觉很兴奋啊！”

看着马云一脸高兴的神色，张瑛没有说什么，只是笑着看着他。

对于肯，马云一直有着很深的感情。西湖边几天的短暂接触后，马云和肯一直保持着书信往来。此后每年，肯夫妇都会到杭州玩，有时会直接住在马云家里。

在马云心中，肯就像自己的父亲一样，而肯夫妇也一直把马云当作自己的孩子一样照顾。马云能安心在学校上学，也多亏了肯夫妇的资助。

很快，马云怀着兴奋的心情坐上了飞往澳大利亚悉尼的国际航班，并在肯一家的陪同下，开始了在悉尼的参观与生活。

悉尼之行除了情感上得到满足的同时，马云的观念也受到了很大的冲击。在悉尼，大家衣着朴素，脸上却满是自信的神色，做事时也显得游刃有余，这让马云感到很神奇。

在悉尼小住了一段时间后，马云又回到了熟悉的校园，在悉尼经历的一切像是一场梦一般，时时在马云的脑海中萦绕。

但一切都恢复如初，马云也像一般大学生那样生活。每天上课、约会、参加学生会活动、找老外聊天等，这些依然是马云生活的重心。

由于之前的积累，马云在学校里很容易就交到了很多朋友，和不熟悉的同学也能和睦相处。到大三时，马云参加了学生会主席的竞选活动，果然如他所料，轻松当选。

好口才帮助马云赢得了不少选票，但是只有口才是不可能管理好学生会的工作的。好在马云除了口才外，从小积累的侠义心、毅力等也成了他的有力武器。

有一次，张瑛连续两天没有见到马云，感觉很奇怪，但是她知道，马云一定是有什么重要的事情要做，便耐心等待。

果然第三天马云找到了张瑛，告诉她自己这两天的经历。

“是这样的，”不等张瑛询问，马云就主动解释，“我们班有个同学犯了点小错，结果被学校取消了研究生考试的资格。”

“哦。”张瑛轻轻点了一下头，等着马云说下去。

马云继续说：“这个同学的专业成绩挺好的，如果因为一点小小的错误就失去考研的机会，是不是太可惜了？”

“嗯，没错。”张瑛赞同地点点头。

马云笑着看了一眼张瑛，继续说道：“所以我就在想，能不能帮帮这个同学，总不能眼睁睁看着他毕业后分配回老家，把这几年学的英语都扔了。”

“所以呢？”张瑛询问道。

马云突然换上了一副严肃的神色，用低沉的声音说道：“这个同学知道我是学生会主席，就让我帮忙，我当然义不容辞，答应替他向领导求情。”

“那现在问题解决了？”张瑛笑着问，眼神中充满了爱意。

“是的，我先去找了班主任，班主任说这事他做不了主，让我找系领导；接着我去找了系领导，系领导说这事要院领导做主；后来，我又去找院领导，终于把这件事情解决了，那个同学恢复了考研资格。”马云说到这里，才长长地舒了口气。

张瑛看着眼前这个小个子男生，预感他以后的人生也会不平凡。

正如张瑛预料的那样，马云在很多方面都展现出了不一般的能力。当时，学生会一年的活动经费只有 150 元，但马云从来没有因为缺乏经费烦恼过，用仅有的钱举办了很多次活动。

当时，要想举办好各种活动，设备是非常重要的，而租赁这些设备又要花不少钱，怎么才能少花钱多办事呢？

很快，马云就想到了一个好办法：借！

由于马云平时为人比较仗义，他不仅与本校的同学关系密切，与周边学校的学生也有交情。在举办大规模的舞会时，马云从警察学校借来音响；在举行演讲比赛时，马云从财经学院借来扩音器……总之，只要马云能想到的，就一定能做到。

马云不愧是精力充沛之人，在做这些事情的同时，他还常常到杭州西湖四公园跟一位冯老太太学太极，并且越练越痴迷。

这位冯老太太名叫冯素贞，70 岁左右，衣着干净朴素，一眼看去给人一种十分干练的印象。一开始，马云对学习太极拳并没有表现出太多的热情，只是跟着冯老太太依葫芦画瓢，心情倒也愉快。

有一天，西湖四公园里来了一个壮汉，要和马云他们比试推手，结果一个个比下来，壮汉轻松获胜。

一时间，大家脸色都非常难看。

冯老太太见状，笑眯眯地走向壮汉，要与壮汉比试推手。壮汉一边与冯老太太搭手，一边说："老太太，我别伤着您……"

话还没有说完，壮汉就被摔了出去。

马云这才发现，原来太极拳有这么大的威力。随着深入学习，马云更是喜欢上了太极中蕴含的哲学思想。

虽然马云的拳法没什么大的进步，他却领悟到太极里的"定""随""舍"，并用这几个字指导自己的生活和学习。

大学 4 年对马云来说，无疑是非常重要的 4 年，这 4 年让他练就了一技之长——英语，找到了终身伴侣——张瑛，更锻炼了组织协调能力。更为重要的是，经过这 4 年的历练，马云掌握了学习的技巧，这也是最重要的一点。

光阴似箭，岁月如梭，一眨眼马云的 4 年大学生活就这样过去了。在学校里，马云早已摆脱了"差生""坏小子"的标签，成了一个品学兼优、德才兼备的优秀毕业生。

大学毕业时，马云已经 24 岁了，在那个毕业后由政府分配工作的年代，马云隐隐为自己的前途担忧：以后，我的未来是什么样子呢？

第二章

不安现状，从大学讲师到艰难创业

到了1994年时，马云终于让奄奄一息的海博翻译社起死回生，基本实现收支平衡。而在1995年，海博翻译社终于开始实现赢利。

到了这个时候，马云一颗悬着的心才总算放了下来。而那些原本对马云冷嘲热讽的老师，也开始佩服马云的坚持，佩服他的先见之明。

不一样的6年教书生涯

在那个时代，作为大学毕业生，将来做什么工作是由国家分配的。大学生不知道什么是双向选择，也没有自主选择的权利，马云也一样，毫无二心地等着分配通知。

很快，一个大馅饼砸到了马云头上。

这天，马云走在校园里，周围满是羡慕的目光。他觉得很奇怪，也有些不自在，于是加快脚步向前走去。

这时，一个同学走过来对马云说："马云，你快去布告栏看看吧，毕业分配的通知已经贴出来了！"

马云一听，立刻向布告栏方向走去，连一句"谢谢"都没来得及对同学说。

布告栏上，马云找到了自己的名字，然后看了看自己分配的单位：杭州电子工业学院。马云有些惊讶，眨了眨眼睛，没错，上面确实写的是杭州电子工业学院。

再看看其他同学毕业后的工作去向，大多是去各自家乡所在的中学任教，马云这才明白，为什么刚才路过的同学都对自己流露出羡慕的目光。

然而，仔细想过以后，马云便觉得这一结果也在预料之中。机会不会随便降临，馅饼不会随便砸到一个人头上，这一切都是他通过努力得到的结果。

拿到派遣证后，马云非常高兴。正当他走到校门口时，突然听到有人叫他，“马云！”声音洪亮又低沉。

马云抬头一看，叫他的不是别人，而是他们杭州师范学院的校长黄书孟。此时，黄校长正一手扶着自行车，一手向马云做出“过来”的手势。

“啊，黄校长，您好，您叫我啊？”马云一边朝黄校长走去，一边有礼貌地打招呼，同时心里还犯起了嘀咕：“校长叫我做什么？”

“马云啊，”黄校长笑着看着马云，慈祥地问道，“派遣证拿到了？”

马云笑着点点头：“嗯，刚才拿到了。”

黄校长也点点头，语重心长地说：“马云啊，你这次能分配去电子工业学院教书，可是我们整个学校的大事啊！为了你的分配，我们可是没少费心哪！”

马云没有说话，而是静静地等着黄校长把话说完。

黄校长看马云一脸受教的样子，很是满意，继续说：“现在这个社会，年轻人真是太浮躁了，动不动就下海经商，一点不知道脚踏实地做事，你可不能学他们啊！”

马云这才弄明白，黄校长叫住自己原来是要向自己交代这番话。他点点头，对黄校长的话表示赞同。

黄校长叹了口气，意味深长地说：“马云啊，你现在就代表着我们整个杭州师范学院，到了电子工业学院后，你可要踏踏实实地工作，不要动什么花花肠子，至少 5 年里不能辞职，知道吗？”

对于未来，马云并不知道会发生什么事情，但是看到黄校长殷切的目光，他还是重重地点了点头，答应了。

马云完全明白黄校长的心思，如果他到电子工业学院干一段时间就辞职了，那以后就没有高校肯录用杭州师范学院的毕业生了。

带着对黄校长的承诺，马云来到了电子工业学院。这里将成为马云展示自己的第一个舞台，也会让他开始一段崭新的生活。

杭州电子工业学院是一所以理工科为主的大学，虽然也有英语、贸易等专业，但师资力量却很贫乏。由于马云英语很好，就成了英语及国际贸易专业的老师。

和其他英语老师相比，马云的实战经验显然更加丰富。从小时候起，马云就在西湖边找老外聊天，练就了一口流利的英语。而且，马云有一种天生的亲和力，和什么人都能很快打成一片，这给他的工作带来了很大的便利。

在电子工业学院，马云成了第一个不按常规教学法教学的老师。在上学时，马云接受的是死板无趣的教学，他不希望自己的学生也接受同样的教育。

最开始这种教学方法让很多学生无所适从，甚至多有埋怨：“马老师到底会不会讲课啊？”“要怎么记笔记啊？”

可是后来，这些学生开始崇拜马云，并喜欢上他的课。马云虽然上课前不备课，但在课堂上总是妙语连珠，充满激情。

而且，马云特别重视和学生互动，还经常给他们讲一些课堂之外的东西，让大家觉得很新鲜。

有些学生甚至逃课去上马云的英语课，并对他说："马老师，听您讲课很有意思，总是笑声不断。虽然您说的是英语，但我却能听懂，这对我的英语学习也很有帮助。"

后来，其他英语老师只好向马云抱怨："马老师，你真是太厉害了，学生们就想去上你的课，让我们这些英语课讲不好的老师怎么办？"

马云笑了笑，没有回答。

在杭州电子工业学院，商务、外贸、英语等都是新兴学科，老师很少。所以马云在教英语的同时，还担任国际贸易课的老师。

自从改革开放后，国际贸易领域就蓬勃发展起来。但是，由于国际贸易刚刚兴起，国内精通这个领域知识的人并不多。知己知彼，才能百战百胜。对国外的商人一无所知，又怎么能做好贸易呢？

马云虽然有英语底子，也曾出过国，但对于外贸知识，他也是一无所知。对于这一点，妻子张瑛不免有些担心。

不过，马云有自己的考虑，他英语很好，要恶补这方面的知识很容易。更何况，自己以后要走出校门创业，了解些外贸知识，对以后的创业也有帮助。

"高考时，我连那么难的数学都能考及格，难道贸易课比数学还难学吗？"马云自嘲道，并以此安慰妻子。

从得知自己要教国际贸易课那天开始，马云便恶补国际贸易方面的知识。现学现卖，贸易课倒也讲得生动有趣，让学生们很满意。

在别人看来，能在省会城市做大学老师，是一份很稳定的工作，一辈子的命运也就决定了。既然是一个铁饭碗，就完全没有必要那么认真，所以看到马云工作那么努力，很多人都不理解。

但是妻子张瑛很明白马云的心思，对于马云认真教学的态度和行为，张瑛非常支持。

从小学到高中，马云一直是老师眼中的“差生”，所以他坚定地认为，世界上没有“差生”，只有不会教的老师。抱着这样的信念，马云希望在自己的课堂上，每个学生都是优等生，每个学生都能有所收获。

1992 年，马云突然接到学校的通知，他所带的班级要提前一年参加英语四级考试。按照统计，当时全校四级统考的通过率只有 54%。

马云如实将学校的决定告诉了班里的 28 个学生。虽然马云的英语教学生动有趣，但仍有几个学生的英语成绩特别差。听了马云的话后，这几个同学都低下了头。

马云并不希望这几个人放弃，他说：“同学们，我们一定要对自己有信心！我相信，我们全班同学都能通过这次考试。你们是我的学生，你们考不上谁考得上？”

虽然马云这么说，但全班的士气明显非常低落。马云提高了声音，大声问道：“你们相不相信我？”

“相信！”大家有气无力地回答道。

“声音怎么这么低沉啊？难道大家都不相信我吗？我再问一次，你们相信我的英语水平吗？”马云故意用轻松的语气问道。

“相信！”这一次，大家的回答很响亮。

“嗯，很好！”马云笑了，继续说，“既然你们相信我，也应该相信我的判断。我们大家团结在一起，所有的同学都能通过四级考试。”

听到马云这么说，班上的 28 个同学都露出了轻松的笑容。

看到大家恢复了正常状态，马云趁热打铁说道：“我们班不会像其他班那样进行各种小模拟考试，我们只做四张试卷，然后仔细分析、记住，这是我们班应对四级的秘密武器，大家一定都能通过！”

说完这话，马云用坚定的目光扫视班上的每个学生，然后开始讲课。很快，大家又在马云的幽默话语中笑了出来，马云也满意地笑了。

在接下来的日子里，马云没有给大家施加压力，也没有强迫学生背单词，而是和他们一起分析试卷，等待着考试的到来。

四级考试前一天，有个学生突然找到马云，他耷拉着脑袋，用很不自信的语气问道：“马老师，您觉得我能考及格吗？”

问这个问题的人，是班里英语成绩最差的学生。别说四级考试了，就连平时的考试，他也很少考及格。大考当前，马云不想说打击他自信的话。

马云拍了拍学生的肩，故意加重语气说：“你当然能考及格！老师相信你！你一定能考及格！不要有心理负担，好好准备考试！”

听了马云的话，那个学生抬起了头，用透着惊喜的语气说：“真的？谢谢老师！”不等马云回答，那个学生就高兴地跑开了。

四级考试就像教学中突然出现的一个小插曲，在引起马云和学生们一段时间的关注后，渐渐消失在大家的视野里，一切又都恢复了平静。

这一天，四级考试的成绩出来了。马云拿着合格名单，快速向教室走去。

“同学们，英语四级考试的成绩出来了！”此语一出，刚才还乱哄哄的班级立刻安静了下来。

马云扬了扬手中的合格名单，高兴地问道：“大家猜猜，咱们班有多少人合格？”

看到马云兴高采烈的样子，同学们都面面相觑。这时，班里英语成绩最差的那个同学鼓起勇气，站起来小声说道：“是不是都合格了？”

马云高兴地回答道：“答对了！咱们班28个人，全都通过了考试！”

说罢，班里立刻像炸开了锅一样，各种声音都有。英语成绩最差的同学立刻跑到讲台上，抢过马云手上的合格名单，扫视一眼后，笑着说道：“哈哈，我居然考了61分！”

事实上，在四级考试结束一周后，马云就让班上的同学又重新考了一次，这个英语成绩最差的同学只考了43分。

马云看着眼前的一切，示意班上的同学安静下来。他说：“同学们，通过四级考试是一件值得高兴的事情，但是你们要记住，当你们坚定地相信自己可以做到时，你们就能做到，这一点可比四级考试成绩重要得多！”

马云话音刚落，教室里就响起了热烈的掌声，久久没有停下。

马云不仅在学校里努力教书，还在杭州的一些夜校做兼职讲师。马云这样做并不仅仅是为了赚钱，他希望有更多的机会锻炼自己，结识更多的朋友。

当时，很多外来思想和观念不断涌入国内，外来资本也成了支持中国改革开放的重要力量之一。民营企业家和个体工作者迫切地需要了解外贸知识、学习英语，以便与外国人展开合作。他们大多数人白天工作，晚上就到夜校“充电”。

马云在一些夜校兼职上英语课和国际贸易课。

在马云所教的贸易课上，来听课的大多是一些做外贸生意的老板。由于马云的人格魅力，这些人也都成了马云的铁杆朋友，建立起了牢不可破的友谊。

随着对贸易知识的进一步了解，马云对生财之道也产生了兴趣，并且开始实践。

当时，马云只是一个月薪不高的大学教师，工作没几年，积蓄也不多。当同事、领导都住在教师宿舍时，马云做了一个大胆的决定：买房。

对于马云的这一决定，朋友们都不理解：“既不是钱多得没地方花，也不是没有地方住，教师宿舍住着挺好的，为什么要买房呢？”

对于这种提问，马云没有多做解释。他向家人和亲朋好友借了钱，买下了学校不远处的一套房子。

“看着吧，再过几年，你们就知道我的决定是正确的了。”马云看着那些反对他买房的朋友，在心里说道。

而在马云的英语课上，人员构成就更加复杂了，既有想出国留学的高中生和在校大学生，又有工人和刚参加工作的职场新人。当然，也有一些求知欲望强烈的企业家。

由于马云的专业是英语，又有一副好口才，所以，即使是英语底子很差的夜校生，也一改对英语课的印象，开始认真学习英语。

这些人发现，马云讲课和其他老师都不一样，他不会让大家抱着课本记单词或者分析语法，而是把课本扔到一边，鼓励大家用英语口语交流。

在马云的课堂上，新闻往往是讨论的主题。由于马云的语言幽默风趣，肢体动作夸张，让那些远离课堂好多年的生意人也听得津津有味。

在马云特殊方法的教育下，很多英语菜鸟都能说出一些简单的英语句子。而这些人，都成了马云人脉圈的组成部分。

在马云当老师期间，杭州电子工业学院在杭州高校中的排名一直很靠后。由于马云教学成绩突出，他被评为杭州高校“十佳英语教师”。

在杭州电子工业学院工作的这几年，除了教学业绩突出外，马云还打造了一支超级忠诚的团队，为他以后创业积累了最宝贵的财富。

在很多人看来，马云取得这么好的成绩就应该满足了，但是，马云反而渐渐不安分起来，外界的诱惑太多，自己想做的事情也太多，要怎么办才好呢?

创业的一次拉练：海博翻译社

在进入杭州电子工业学院教书前，马云就答应了黄校长，5 年内不会辞职。因为这个承诺，马云一直克制着下海的想法，让自己安心在学校里教书。

为了信守承诺，马云错过了很多的机会。深圳开发时，他坚守在学校里；海南开发时，他没有离开；别人邀请他下海时，他拒绝了。

事实上，马云骨子里就不是一个“安分”的人。在杭州师范学院上学的4年里，马云每天想的不是怎么当一个好老师，而是怎么做可以不用当老师。

当得知自己被分配到杭州电子工业学院当老师后，马云高兴地接受了这种安排。“在其位，谋其政”，走上工作岗位的他自然加倍努力。

除了在学校教书、在夜校做兼职讲师外，马云还希望将自己学习英语的方法发扬光大。为此，他开始推广“全民学英语”运动，在西湖边发起了第一个英语角。

这一行为，很快吸引了杭州民众的注意，在大家都热心学习英语的同时，马云成了众人瞩目的对象。

当时，杭州特别缺少英语人才，而像马云这种既懂语言又懂文化、贸易等知识的全能型人才更是寥寥可数。很快，很多民营企业就向马云伸出了橄榄枝。

有一次，马云去参加一个同学的酒局。在酒局上，一个民营企业的老板给马云开出了高薪，邀请马云去自己的企业帮忙。

“多谢厚爱。实不相瞒，我和我们师范学院的校长有过约定，一定要在工业学院干满5年。现在，5年还没有满，我不能违背自己的承诺。”

听到马云这么说，那个老板也不再强人所难，而是对马云说：“不管什么时候，只要你愿意来我们公司，我随时欢迎。”

为了不伤害朋友的颜面，马云答应那个老板，如果有需要翻译的资料，他可以兼职翻译，以解他们的燃眉之急。

就这样，马云开始了兼职翻译的工作。

随着改革开放的深入，越来越多的人来找马云帮助，需要马云翻译的外文资料也越来越多。很多时候，马云一天能接到很多工作，让他忙得有些喘不过气来。

这天，马云又把翻译资料带回了家，吃过饭后马云就开始忙碌起来。妻子张瑛心疼马云，便和他一起翻译。

“这种时候，要是能多几个人一起帮忙就好了，你也不用这么累！”张瑛一边拿过一叠资料，一边说道。

说者无意，听者有心。这天晚上，马云翻译完资料后没有睡觉，而是仔细地想了一个晚上：要怎么完成自己的工作呢？可不可以找人帮忙？什么人既有英语翻译能力，又有大量的时间？

第二天一大早，马云上午没有课，便匆匆出门，他决定先去拜访几个退休的老教师，再决定接下来怎么做。

看到马云来看自己，老教师们都很高兴，拉着马云聊起了家常。马云发现，这些老教师退休后，大多赋闲在家，没事可干，经常一脸失落和寂寞。

当马云来到一位老教师家拜访时，那位老教师正在和妻子吃饭，桌上只有一小碟青菜。虽然马云没有问，但老教师生活拮据的情况可见一斑。

这天下午，除了上课时间外，马云都在思考一个问题：要怎么把退休老教师们组织起来，既帮助自己解决翻译工作，又让老教师们赚些外快？

突然，马云冒出了一个想法：“我能不能成立一个翻译机构呢？这样一来，既能让我自己减轻负担，也能让老教师有事可做，赚点钱改善生活，一举多得。”

想到这里，马云迅速向家里跑去。他感觉很兴奋，就像发现了一块宝石。“说不定，这会成为我人生的一个转折点呢！”马云大声说道。

马云一路跑回家，冲着正在厨房做饭的妻子大叫一声：“张瑛，我有一个想法要告诉你！”还没等吓了一跳的张瑛反应过来，马云就把妻子拉出厨房，按到了沙发上。马云兴奋地讲起了自己的计划。他一边做着夸张的手势，一边说着。讲完后，马云目不转睛地盯着妻子问：“你觉得怎么样？”

看着马云的兴奋劲，看着马云坚毅的目光，张瑛明白，马云并不是在征求自己的意见，而是在向她传达他的想法。

虽然张瑛知道这一点，也相信马云，但她并不是一个马云说什么就听什么的木头人。所以，听完马云的话后，张瑛也提出了自己的疑问。

“在我们杭州，还没有一家翻译社，这真的是个商机吗？我们做第一个吃螃蟹的人，是不是太冒险了？”

马云笑了，说：“杭州缺少翻译人才，这一点你也很清楚。至于还没有人看到这个商机，说明我们走在了别人前面。”

看到马云自信的样子，张瑛没有再反驳，而是笑着点点头说：“你想做什么就去做吧。”

马云笑了，他转了一个圈，然后又说道：“这一次，你可不能置身事外，要参与其中，你可是我的一员得力干将。”

张瑛笑了:“这个不用你说，我自然会帮忙。”

就这样，夫妻俩开始合计办翻译社的事情。

经过一番筹备，马云于1992年利用基督教青年会沿马路的两间房办起了翻译社，并取名“海博”。“海博”是英语“Hope（希望）”的音译，马云希望翻译社可以拥有像大海一样博大的希望。

当时，翻译社的员工组成很简单，只有马云和几个退休老教师。由于马云仍然是电子工业学院的老师，所以他的大部分时间还是用在教学上，只能利用业余时间跑业务。

虽然杭州很缺少翻译人才，但是，新成立的翻译社并没有一炮而红。有些人虽然知道马云，但是对他建立的翻译社并没有信心，所以翻译社在成立之初，并没有接到很多订单。

第一个月结束后，马云让出纳计算了一下收入，总共700元，而在当时，翻译社的房租每个月就是2400元。

面对严重的入不敷出的局面，马云并没有动摇，而他的妻子张瑛也毅然决然地站在了他这一边，对一切好心的劝告置若罔闻。

但是说的人多了，张瑛的心也不免动摇了起来。

这天，张瑛在学校听到有两个老师在议论马云。

一个老师说:“这马云也真是的，安安分分地做老师多好，非要办什么翻译社。这下好了，亏本亏大了。”

另一个老师说:“可不是嘛，也不知道马云是犯傻还是不知道天高地厚，现在撞了南墙还不死心呢！”

听到这话，张瑛没有上前反驳，而是一声不响地走开了。

回到家后，张瑛的心情显得有些低落。马云见状，安慰妻子说："怎么啦？你今天是不是又听到什么好心的劝告了？"

张瑛笑了，说："我真是不明白那些人，怎么就对你这么没有信心？今天，我听到有人说你犯傻，不知天高地厚，真是很生气。"

马云笑着劝妻子说："我们要做什么，就会一直做下去，不管别人说什么，都要坚持下去。如果不能熬过最黑暗的时期，之前所有的努力都会前功尽弃。"

张瑛笑着表示赞同，内心也变得坦然起来。

马云看着自己的妻子，在心里默默说道："你放心吧，我就不信这个邪，不管用什么方法，我都会让翻译社一直办下去。"

安慰了妻子后，马云独自在外面散步。天色渐渐黑了，路边的小商贩正不知疲惫地吆喝着。

突然，一个小商贩拦住了马云的去路："大哥，大哥，看看这个袜子吧，质量好还便宜，保证你买了不后悔。"

面对突然递到自己眼前的袜子，马云吓了一跳，本能地挥手拒绝道："不要不要。"

小商贩并不放弃，而是继续说："大哥，你看看吧，我这袜子和别人的袜子不一样，今天刚从义乌批发过来的，质量非常好。"

"义乌？"听到这个词，马云眼前一亮。他拿起袜子对小商贩说："这袜子我买了，不过你要和我说说义乌小商品批发市场的情况。"

"好嘞！"小商贩高兴地答应了。

第二天，马云就出发了。他拿着一个大麻袋，从杭州跑到义乌，寻找好卖的小商品、小礼品，然后背回杭州。

接着，马云把办公室一分为二，一半拿来卖自己批发的小商品，一半仍然作为翻译社的办公室。

每到周末，马云就会不顾自己大学教师的形象，变身为小商贩，混迹于一批小商贩中间，和他们一起大声吆喝：“瞧一瞧，看一看……”

就这样，在马云的努力经营下，海博翻译社在进行翻译工作的同时，还化身为“海博杂货店”，贩卖小商品。

为了赚更多的钱，马云甚至去倒卖医药和医疗器材。不管是大医院，还是赤脚医生，马云都抓住不放，为此遭了很大的罪。

看到马云倒卖小商品每个月可以赚上三四千元，有些朋友就劝他放弃翻译社：“翻译社一个月只能挣几百块钱，连成本都不够，还留着干什么呢？”

马云说：“我当初成立翻译社，既是看中了翻译行业的好前景，也是为了解决老教师的生活问题，并不是以赚钱为目的。”

朋友又说：“当初是什么目的不重要，重要的是赚钱了。你就是不在乎，也要为一家老小考虑一下吧。”

马云坚决地说：“如果现在仅仅为了赚钱，开礼品公司也不是最赚钱的。什么赚钱就做什么，那就什么也做不成。至于家人，他们会理解的。”

就这样，为了翻译社的生存，马云成功变身为“倒爷”，而且一做就是 3 年。在这 3 年里，不管多苦多累，马云都没有拖欠过工资，让大家铁了心地要跟着马云走下去。

到了 1994 年时，马云终于让奄奄一息的海博翻译社起死回生，基本实现收支平衡。而在 1995 年，海博翻译社终于开始实现赢利。

到了这个时候，马云一颗悬着的心才总算放了下来。而那些原本对马云冷嘲热讽的老师，也开始佩服他的坚持，佩服他的先见之明。

海博翻译社的业务走上正轨以后，马云便逐渐放开管理权，让其他老师参与管理。对于马云来说，创办翻译社只是一次试水，他的志向并不在此。

在马云做“倒爷”的 3 年期间，他是全校课程最多的老师，而他的学生考试成绩也名列前茅。这些事情让马云感到满足，也刺激他寻找新的出路。

“时间过得真快，转眼我都快 30 岁了，如果再不做点什么，我这一辈子就只能这样平庸度过了。”马云心里暗暗着急起来。

“但是，我究竟能做些什么呢？”马云没有答案。

很快，新的创业方向就出现在了马云面前。而谁能想到，这个方向竟来自于一次彻彻底底的受骗。

一次惊险刺激的美国行

1995 年初，学校领导突然找到马云，说政府有事请他帮忙。在校领导的安排下，马云很快就和政府相关人员进行了一次交谈，了解了事情的来龙去脉。

原来，杭州市政府准备修建一条高速公路，直通安徽阜阳，但是，这个工程属于市政府的招商引资工程，需要找到外资才行。

正在政府为如何引进外资头疼时，美国一家投资公司的投资商菲利普·卡文纳突然打来电话，表明了合作意向。

很快，杭州市政府就和菲利普·卡文纳进行了谈判，并最终达成了合作协议，由菲利普·卡文纳所在的美国公司出资修建公路，公路完成后，美方可以从过路费中抽取一定的比例作为投资回报。

签订了合同后，杭州市政府便开始安排公路的修建工程。这本是一件愉快的事情，但工程进行之后，菲利普·卡文纳却找出种种借口，迟迟不肯付合同金。

于是，杭州市政府找到了英语很好的马云，由他作为中间人和菲利普·卡文纳沟通。马云是个爱打抱不平的人，不愿意看到政府被这样欺负，便立刻答应了下来。

见到马云之后，菲利普·卡文纳表现得很真诚，他说："我也很想立刻支付合同金，但是动用这么大一笔资金一定要通过董事会的同意。如果你能跟我去一趟香港，说服他们，就最好不过了。"

马云很快将这一情况汇报给了杭州市政府，并在市政府的安排下去了一趟香港，结果发现事情并不像菲利普·卡文纳说的那样。

到香港后，菲利普·卡文纳每天带着马云到处走，一会儿借口说这个董事外出出差，董事会人员不齐；一会儿说董事会忙于讨论其他事情，无暇顾及。马云感到再拖下去也不会有结果，便与菲利普·卡文纳重新回到了杭州。

这时候，杭州的情况变得更加严峻了。眼看就要过年，几千个民工却都没能领到工钱，公路的建设工作也很可能会中断。

菲利普·卡文纳巧舌如簧，说服市政府派马云和他一起去美国，由马云出面说服美国的董事会。

没有办法的市政府很快安排马云登上了飞往洛杉矶的国际航班。这是马云第二次出国，但心情和第一次出国时截然不同，沉重的使命感让他不敢有一刻放松。

到了洛杉矶以后，菲利普·卡文纳根本不提见董事会的事情，而是对马云说："杰克（马云的英文名），你好不容易来一次洛杉矶，就先玩几天吧。"

马云感到有些不安，他的身上可背负着几千民工和政府的期待呢！于是，马云直言不讳地说："菲利普，我想我们还是先谈工作比较好。"

菲利普·卡文纳有些不高兴了，说："你们中国也有一句老话，叫'入乡随俗'。既然来到了美国，也应该按我们的规矩来才是。我还有一些工作要处理，等处理完了，我会联系你的。"

看到菲利普·卡文纳不高兴的样子，马云也担心谈判会崩，便不再说什么。

在别人的地盘上，只好听别人的安排，他在一家装饰豪华的酒店住了下来。好在最初几天，菲利普·卡文纳并没有表现出什么恶意，或者更准确地说，马云连他的影子都没有看到。

马云心里很着急，可又没有办法，只得任由菲利普·卡文纳派来的员工——一个来自加利福尼亚州的大个子安排他的活动。

大个子每天什么事情都不干，专门陪着马云玩，带着他到洛杉矶的各个景点转悠。马云心里惦记着自己的使命，也没有心情游览。

这样玩了两天后，大个子突然对马云说："在市内逛了两天你也厌倦了吧？想不想去一个刺激的地方？"

"刺激的地方？"马云疑惑地重复道。

看到大个子眼里闪烁着光芒，马云想，反正待在酒店里也无聊，去看看也无妨，便点点头说："好！"

话音刚落，大个子就拉着马云走出了房间。5 分钟后，马云就随着大个子坐上了一辆大巴。看到车上的人都是满脸兴奋，马云疑惑地问："我们这是去哪儿啊？"

大个子兴奋地说："当然是去拉斯维加斯。"

拉斯维加斯是美国的合法赌城。在中国，赌博是犯法的，在拉斯维加斯却可以合法地赌博。尽管如此，马云还是不禁打了一个冷战，不知道等待自己的将是什么。

看到马云有些紧张，大个子笑着说："你以前没有赌博过吧？不用紧张，到那里我会教你的。"说完，还若无其事地拍了拍马云的肩。

夜幕刚刚降临，马云和大个子就到了拉斯维加斯。刚进入赌城，大个子就说："在这里有两种玩法最常见，一种是吃角子老虎机，一种是基诺游戏。"

大个子一边说着，一边把马云拉到了吃角子老虎机前，匆匆忙忙地介绍说："这是老虎机，玩这个不需要什么技巧，全靠运气，运气好的话一次能赢一万美元以上，差的话也只不过输上几百元美元，对你这样的新手正合适。"

大个子想了想，又说："基诺游戏对你来说难度有点大，你还是不要玩了。你看，这里有玩老虎机的说明，你自己看看试着玩玩吧。"

大个子说完后，就急匆匆地想要走，突然，他想起了什么似的，又补充道："这里人多，你不要乱走，我去里面玩几把就出来。"

大个子走后，马云开始仔细阅读关于老虎机玩法的说明。

"哦，原来是这样。"马云自言自语起来，"赌注最少1美分，最多1美元。既然来到了赌城，就应该赌一赌才是，我就下1美元的赌注好了。"

想到这里，马云往老虎机的投币口里投入了1美元，玩了几次后，都没有赢到什么钱。后来，大个子玩好后跑来找马云，说是一起去看赌场里的表演秀。

就在大个子随着音乐扭动身体的时候，马云发现，大个子腰间竟别着什么东西。弯下身子一看，居然是一把闪亮的手枪，马云顿时吓出了一身冷汗。

从赌场回来后，菲力普·卡文纳终于向马云摊牌了："你现在只有一个选择，那就是跟我们一起干。当然，我不会亏待你，每年会给你10万美元的年薪。"

马云明白，菲力普·卡文纳口中的"一起干"，就是让他合伙骗中国的企业，这种事情马云当然不会同意。

看到自己的意图被马云识破，菲力普·卡文纳恼羞成怒，将马云锁在了房间里，并让大个子好好看守。

被关在房间里的马云想：这家美国公司肯定有问题，想要完成政府给的任务是不可能了。比起工作来，当前最重要的是想办法离开这里。

“这可怎么办才好？”马云不停地在房间里来回踱步，思考着逃脱的办法。

坚持了两天后，马云决定假装妥协，先逃出这里再说。于是，马云对大个子说：“你把菲力普叫来，我要和他谈合作的事情。”

等菲力普·卡文纳到了后，马云立刻表明自己的合作意向，他说：“我愿意加入到你们的事业中，但是我想，仅仅靠这项事业还不够，我们应该投资其他的事业，比如互联网，这是新兴的东西，一定能赚大钱。”

听到能赚大钱，菲力普·卡文纳的眼睛都亮了，立刻让马云给他介绍一些关于互联网的情况。

看到菲力普·卡文纳相信了自己的话，马云很高兴，并且暗暗感谢杭州电子工业学院的外教比尔。

马云在教学时，认识了来自美国西雅图的外教比尔。和马云一样，比尔也很健谈，两人很快便成了好朋友，经常在一起喝酒聊天。

马云出生在杭州，虽然通过一些外文资料了解了一些外国的新鲜事物，但比起土生土长的美国人比尔来说，还是知之甚少。故而在与比尔聊天时，马云总能感觉到一种激情和幻想。在未知的世界面前，他似乎依然是个孩子。

在一次偶然的聊天中，比尔和马云聊起了互联网。

“杰克，你知道吗？现在在美国，有一种神奇的东西正在流行，名字就叫互联网。有了互联网，整个地球就像一个村庄一样。”

马云听了大为惊讶，问：“互联网？”

比尔点点头说：“是啊，我前几天回西雅图时，去了我女婿的互联网公司，真是大开眼界。举个例子吧，有了互联网以后，即使我以后回到了西雅图，我们还可以通过互联网交流。”

一听这话，马云顿时感觉心潮澎湃。

这是马云第一次听说互联网。之前，马云也听说过电脑，但是从未亲眼看过。马云觉得，电脑比黄金还要贵重，是有钱的公司买来充门面的。

听过比尔的描述后，马云开始了解互联网，并且渴望接触电脑，接触互联网。在他看来，在不久的将来，中国也会进入信息时代。

在马云“铁嘴”的威力下，菲力普·卡文纳暂时相信了马云，也放松了对他的看管，但行李依旧没有还给他。马云耐心等待着，终于有一天瞅准机会逃了出去。

幸运的是，逃到机场的马云身上除了带着证件外，还有600美元的现金。这600美元说来也是上天的恩赐，是马云在拉斯维加斯赌场玩老虎机时用25美分赢来的。

马云第一次这么迫切地想要回家。在排队买机票时，马云排在了人少的队伍后面，然后伸长脖子向前看，在心里数着还有几个人才能轮到自己。

就在快轮到自己时，马云突然犹豫了，在心里问自己：“我真的要这么回去吗？任务没有完成不说，还被软禁了这么多天，就这样一无所获地回去吗？”

马云越想越觉得不甘心，干脆走出了队伍，坐在售票大厅的座椅上仔细思考。过了一会儿，有一个人经过马云身边，不小心把通往西雅图的机票掉在了地上。

当马云看到“西雅图”三个字后，眼前突然一亮，“对了，比尔的女婿就在西雅图做互联网公司，我为什么不趁这个机会过去看看呢？”

想到这里，马云立刻给比尔打了电话，告诉了他自己的意图。比尔对他的决定表示支持，并将女婿的电话和地址给了他。

随后，马云立刻买了张机票，直奔西雅图。虽然他不知道西雅图有什么在等着他，但他相信，西雅图肯定会带给他从未经历过的震撼。

因祸得福，第一次体验“互联网”

踏上了西雅图的土地后，马云一颗悬着的心才终于放了下来。没有了骗子投资商，没有了人身安全的威胁，马云总算恢复了以往的自信与从容。

很快，马云就找到了比尔的女婿，一个叫萨姆的年轻人。听说马云是岳父比尔在中国认识的朋友，萨姆特别热情，立刻帮马云安排了住处。

“我听比尔说，有一种东西叫互联网，非常神奇。我这次来西雅图，主要就是想要见识一下，看看互联网到底是怎么一回事。”第二天一大早，马云就说明了自己的来意。

当时，互联网在美国方兴未艾，很多美国人都不知道互联网是怎么回事。看到马云对互联网感兴趣，萨姆备受鼓舞，立刻对他说：“你要是愿意，我可以现在就带你去参观网络公司。”

马云感到非常兴奋，说：“太好了！我们现在就去吧。”

走了一段路之后，萨姆终于在一幢并不新的楼房前停了下来，抱歉地对马云说：“我们租了这栋楼的两个房间作为办公室，规模还很小，希望不会让你失望。”

马云此刻的心情异常兴奋，根本没有注意到萨姆在说什么。

5秒钟后，马云就走进了这家叫VBN的网络公司。萨姆果然没有谦虚，两间办公室非常小，仅能放下几张桌子和椅子，几乎没有让人站的地方。

在这两间办公室里，马云注意到，有5个年轻人正面对着电脑屏幕，两只手不停地敲击着键盘，偶尔就某个问题交谈一两句。

萨姆把马云带到一个没有人的电脑旁边，开机后打开雅虎搜索栏，然后指着屏幕说："这就是互联网的一个平台，你可以在这上面搜到很多的信息。任何不知道的问题，都可以在这上面找到答案。"

马云看着电脑，有点不知所措。以前，他虽然听说过电脑，但这次却是第一次看到实物。一时间，他竟不敢用手触摸。

萨姆看了看马云，以为他不知道怎么用，就告诉他说："你可以在键盘上敲打英语，然后点击搜索就可以了。"

马云还是有点犹豫，担心自己把电脑弄坏了。这时，萨姆开口了："你试试看，互联网真的很有意思。"

在萨姆的催促下，马云终于坐在了电脑前，然后用食指轻轻敲出了一个单词"beer"，翻译成中文就是"啤酒"。

刚刚点击了搜索，屏幕上就出现了一大堆关于啤酒的信息："America beer（美国啤酒）""The Japanese beer（日本啤酒）""German beer（德国啤酒）"……

马云惊奇地看着这些信息，同时也感觉有些奇怪，因为这上面并没有出现"Chinese beer"，也就是"中国啤酒"。

于是，马云又在搜索栏的“beer”前输入了一个英语单词“Chinese”，随后点击了搜索，结果却显示“No data（没有数据）”。

马云感到有些不甘心，又把搜索栏的单词删去，重新输入了“Chinese history”一词，想要查查上面关于“中国历史”的介绍。让马云失望的是，只搜索到了约50字的简单介绍。

马云有些沮丧，我们中国那么大一个国家，在互联网上居然只有这么一点介绍。马云问萨姆：“为什么互联网上关于中国的信息这么少？要怎么把中国的东西放到网上呢？”

萨姆笑着解释说：“因为关于中国的主页少，所以在雅虎页面上搜到的信息也不多。你要想把东西放到网上，可以先建立一个主页，就能通过搜索引擎找到了。”

尽管萨姆这样解释了，马云还是听不明白。他思考了一会儿后，突然对萨姆说：“我在杭州有一家翻译社，这家翻译社也能放到互联网上吗？”

马云之所以会有这个想法，是希望弄明白将信息放到互联网上的过程。而与此同时，如果海博翻译社可以成为全中国第一家放到互联网上的翻译社，也会是一件很了不起的事情。

萨姆听完了马云的这个请求，有些惊讶，很快回答道：“No problem（没问题），你把想要放到互联网上的信息告诉我。”

很快，马云就对萨姆和办公室里的其他5个年轻人描述了海博翻译社的情况、业务范围以及收费标准。

“我们海博翻译社是杭州第一家专业翻译机构，员工都是专业的翻译人才，有很强的翻译功底。我们能翻译各种英文资料，按千字收费，每千字为……”

马云用一口流利的英语介绍翻译社的情况，5 个年轻人则飞快地做着记录。在马云结束了介绍后，他们立刻展开了分工，很快就做出了海博翻译社的主页，并挂到了网上。

为了方便联系，他们还为马云临时注册了一个电子邮箱。

“这个电子邮箱要做什么用？”马云不解地问道。

“啊，这个啊，当别人在网上看到翻译社的介绍后，就可以通过邮箱给你写电子邮件，你等着看好了！”萨姆笑着说。

马云一副半信半疑的神态，心里犯着嘀咕：“这样放到网上，就有人联系我了吗？”但是看到萨姆自信的样子，马云也不好意思追根究底。

做完这件事后，马云开始游览西雅图，大约过了 3 个小时，马云突然接到了一个电话：“你快过来看看吧，我们收到了 5 封写给你的电子邮件！”

原来，是 VBN 公司打来的电话。马云迅速赶了过去，看到了那 5 封珍贵的邮件。来信者来自美国、欧洲和日本，他们表示对海博翻译社的网页很惊讶，并希望有机会与海博翻译社合作。

马云刚才还是半信半疑，现在看到这 5 封邮件，便彻底被互联网的力量征服了，在那一瞬间，马云感受到了前所未有的震撼。

突然，马云感觉自己找到了可以奋斗一生的事业，是与经营海博翻译社不同的、真正属于自己的、有无限前途的事业！

马云立刻兴奋地对萨姆说：“互联网真是太神奇了！我决定回中国创业，就做一家网络公司。我们合作吧，你们提供技术支持，我回去找客户，我们一定能取得很大的成功。”

看到马云兴奋的样子，萨姆高兴地答应了。

在买了回国的机票后，马云用剩下的钱买了一台 386 笔记本电脑，然后欣喜若狂地回国了。

马云知道，迎接他的是一个前所未有的商机，也是一个巨大的挑战。作为一个有毅力的人，马云决心将这件事进行到底。

创业！仅一人支持也不放弃

就这样，1995 年 4 月，马云从西雅图飞回了杭州。回到家后，马云干的第一件事情不是和妻子张瑛拉家常，而是打起了电话。

“喂，宋立兴，我从美国回来了。你现在在哪里呢？是在杭州吗？”一接通电话，马云就一口气说了好几句话。

电话那头的宋立兴感觉很突然，愣了两秒钟后，才慢慢回答道：“我在杭州呢，什么事？”

听到宋立兴在杭州，马云很高兴地说：“晚上来我家一趟吧，我有事和你商量。一会儿，我会再给其他人打电话。”

听到这话，宋立兴立刻明白了，马云一定是有什么重要的事情要说，便答应道：“好，我晚上一定早点到。”

挂了电话后，没等妻子发问，马云又拨通了一个电话：“陈伟，你今天晚上到我家来一趟，大家一起聚聚，我有事情要宣布。”

陈伟是马云在夜校教英语时认识的学生，就在这天，陈伟还在奇怪，已经有一段时间没有见到马云了。接到马云的电话后，陈伟高兴地表示会赴约。

看到马云一门心思扑在打电话上，张瑛暂时放弃了和马云聊天的打算，转而倒了一杯水，放在了电话机旁。

马云看到水杯后，抬起头看了妻子一眼，眼里放出异样的光彩。“等一会儿，我有件大事要告诉你。”马云笑着说道。

就在这时，电话接通了，马云立刻说道：“喂，小王，我是马云，有件事情想和你商量一下，晚上能来我家一趟吗？”

张瑛见状，立刻走开了，开始烧水、准备水果。她知道，晚上家里一定会来不少人，她要提前做好准备。

打完电话后，马云开始告诉妻子自己这段时间在美国的详细经历。之前，由于害怕妻子担心，马云只是简单地报喜不报忧。

听了马云在美国的受骗经历，张瑛惊出了一身冷汗，“还好你平安无事地回来了，要是你出了什么事情，我还真是不知道如何是好了。”

马云抱了抱妻子，安慰她说：“你放心，家里有你和儿子，我也一定会好好保护自己的。你看，我这不毫发无损地回来了吗？”

张瑛看了看马云抱回来的386笔记本电脑，笑了：“你呀，总是这么敢想敢干，为了买个电脑，居然几乎花光了所有钱，只剩一块钱！”

马云也笑了。

他不无感慨地说：“平时我们总是说，福祸相依，多亏了这次上当受骗，我才能了解互联网是怎么回事，也才能想到做一家网络公司，建立一个商业信息发布网站。”

在回国前，马云就和张瑛说了关于互联网的事情。张瑛相信，只要是马云想做的，就一定能成功，所以她二话没说，当即表示支持。

晚上，马云家陆陆续续来了很多人，大家相互打招呼，看得出来，有些人相互之间是认识的，甚至关系密切。

此时的马云，正披着一条毯子蜷缩在沙发一角，像个难民一样，枯瘦的脸上呈现出略微紧张的神色。

等到24个人都到齐了以后，马云开始向大家讲述他在美国的遭遇。在大家的惊讶声中，马云讲完了自己的受骗经历。

没等大家安慰，马云就愤愤地说："这些人太坏了！"那语气、那神情，仿佛一个受了委屈的孩子，让大家既感慨又心生怜悯。

后来，马云又告诉大家他用25美分赢了600美元的事。他说："多亏有这600美元，要不我现在还不知道在美国什么地方流浪呢！"

正当大家感叹马云的好运时，马云又把话题扯到了自己在西雅图的经历上。在那里，马云第一次接触到了互联网。

讲完这些以后，满屋子的人开始讨论起来。很显然，大家对这个"互联网"都很感兴趣，或者说充满了好奇。

"好了，大家静一下。"看到已经成功将大家的注意力吸引到了互联网上，马云这才将自己的386笔记本电脑拿了出来。

看到大家大眼瞪小眼，马云解释说："大家看，这个就是电脑，而且是很先进的386笔记本电脑。别看这个东西不大，贵得很，花了我好几百美元。"

这时，大家都凑了过来，看着马云演示。马云看大家一副茫然的样子，拼命地炫耀了一番，才开始谈论互联网。

在马云兴奋地神侃期间，张瑛注意到，大家的表情变化非常丰富。最初，大家听得津津有味，很快就露出了疑惑的表情，没过多久就听得云里雾里，到最后有几个人干脆望向窗外。

马云没有注意到这一点，滔滔不绝地说了两个小时，等他停下时，才发现围坐在周围的 24 个人脸上满是疑惑的神情。

马云对此并不介意，他对互联网也不懂，但是这并不影响他的创业热情。所以，他决定说出这次聚会的真实目的。

马云目光坚定地扫向周围的 24 双眼睛，毅然决然地说道："我准备辞职了，自己创业，做一家发布商业信息的网站，你们觉得怎么样？"

经历了 6 年的教书生涯，马云的演说能力几乎达到了神乎其神的程度。再加上他平时为人仗义，人品又好，容易让人信服他。

但是这一次，听到马云想要成立网络公司，大家都露出不感兴趣甚至不解的目光，觉得马云的想法太离谱。

"马云，我觉得互联网这个东西在咱们中国不好弄，不能吃、不能喝不说，还看不见，你说谁信啊？"一个朋友说道。

另一个人接着说："是啊，现在咱们国家 100 个人当中不一定有人知道互联网，你开个网络公司能干什么？这不是把钱往水里扔吗？"

有一个朋友说得更直接："马云，如果你是个富翁，有个几千万的闲置资金，我也就不说什么了。可你只是一个大学老师，一个月工资还不到两百块钱，拿什么开公司啊？"

马云听了这话，脸上的得意消失了，流露出失望的神色。旁边的朋友见状，立刻安慰他："马云，你想创业是好的，我们也都愿意支持。你可以开个酒吧或饭店，或者办个夜校，我们都支持，有钱出钱，有力出力。至于开网络公司这事，你最好打消这个念头。"

马云有些气馁，他原本以为这些朋友都会支持自己的想法，没想到，他听到的都是反对的声音。

这个时候，一直坐在角落里的一个人缓缓开口了："马云，你要是真想开网络公司的话，倒不妨一试。"

马云往角落里望去，发现说这话的是何一兵。何一兵也是杭州师范学院的学生，学的是自动化专业，对芯片设计和编程也有一定了解。

在上大学时，马云和何一兵就认识了。大学毕业后，何一兵也被分配到了马云所在的杭州电子工业学院，在自动化系当老师。

相对其他人，何一兵对互联网的认识要更深入一些，再加上出于对马云的信任，尽管在场的23人都反对，他还是决定支持马云。

有了何一兵这句话，马云更坚定了自己的信心，做网络公司的欲望比开会之前更加强烈了。

这次创业与成立海博翻译社不同，需要马云全力以赴，这就意味着他需要辞去教师一职。这样一来，一旦创业失败，马云一家的生计就会成为问题。

夜深人静时，看着劳累的妻子和年幼的儿子，马云有些犹豫，虽然一定要辞职，但要在什么时候辞呢？

辞职是之前就决定好的。那天，结束英语课的马云走出教室，正打算朝办公室走去，突然，"马云"！不远处传来了一个声音。

马云抬头看去，叫他的是英语系的系主任。系主任正推着一辆自行车，自行车的车把上挂着两捆刚买来的菜。

马云立刻走上前去问候道："主任，买菜回来了啊！"

系主任笑着说："是啊，买了点青菜。马云啊，你是我们系里最优秀的老师，好好干下去，将来一定会前途无量。"

马云笑着应声道："是的是的。"然后和系主任寒暄了几句，匆匆离开了。

当晚，马云就决定辞职了。看着系主任，马云突然想到，如果一直待在学校，系主任就是自己十年后的写照。

既然这是自己想做的事业，那就应该全力以赴。在睡着前，马云用这样的理由说服了自己。

第二天，马云便提出要辞职，这让校领导大吃一惊，并迅速找马云进行了一番谈话，希望留住这位优秀的老师。

校领导问马云："马老师，你在学校里干得好好的，怎么突然辞职了呢？是不是有什么困难啊？有困难告诉我，我帮你解决。"

马云连忙摆摆手说："校长，您误会了，我没有什么困难，就是想要自己创业。一边教书一边创业的话，两件事情都做不好。"

校长有些不相信，想了一下又问："是不是在学校里受什么委屈了，你不好意思说出来？没关系，你说给我听听，我们不会让我们的老师因为受委屈而被迫辞职。"

马云再次解释说："不是这样的，在学校里大家对我都很好，就像家人一样。只是我觉得，自己太年轻，离一个好老师的标准还差得太远，想出去历练历练。”

可校领导还是不信，丢掉铁饭碗去创业，校长还是第一次听到。所以，他坚持认为马云是有什么苦衷，要求他说出来。

没办法，马云只好一遍遍给校长解释。直到校长弄明白了，马云是真的想要创业，这才同意他再教几个月，9 月份正式办理离职。

面对校长的期待和关心，马云非常感动。学校的工作 10 年后还可以做，而互联网的商机则不等人，马云只能毅然决然地离开。

接下来的日子里，马云仍然试图说服自己的朋友，尽管他很努力，依然只有何一兵一个人支持他。

大约过了一周，马云和妻子张瑛经过一番细致的谋划，决定开始创业。

想要成立网络公司，就需要一笔创业资金。由于马云和妻子都是普通教师，两人的积蓄并不多，只有6000元。想要用这么一点钱创立公司，根本是不可能的。

这天晚上，马云看了看家里的家当，开始在心里计算这些东西的价钱。虽然不多，但还能卖上几千元。

马云把自己的想法告诉了妻子。张瑛虽然是个普通的女人，也很想过普通人的日子，但为了丈夫的创业，还是同意将自己以前精心购入的家当卖掉。

但是，即使加上这笔钱，创业资金也还不到 1 万元。

没有办法，马云和张瑛只好向亲戚借钱，这家借一点，那家借一点，最终借到了 4 万多元。

后来，马云又变卖了海博翻译社的办公家具，前前后后凑了 8 万元创业资金，再加上何一兵的 1 万元，宋立兴的 1 万元，终于凑出了 10 万元的创业资金。

就在从西雅图回到杭州的当月，马云在杭州成立了中国第一家互联网商业公司，取名为浙江海博网络技术有限公司，公司实体就是商业网站——中国黄页。

尽管注册资金只有 10 万元，公司却采用股份制，按照出资比例，马云和张瑛占 80% 的股份，何一兵和宋立兴各占 10% 的股份。

在公司里，马云是总经理，何一兵是副总经理，两人都负责跑业务，寻找客户。而张瑛则在办公室坐镇，给客户发 E-mail。至于宋立兴，则不参与公司的经营活动。

在马云 3 人的共同努力下，1995 年 5 月 9 日，中国黄页正式上线，成为中国互联网历史上第一家商业网站。

表面上看，马云位高权重，实际上他就是一个推销员，每天奔波于各个公司之间。别说客户找上门来了，就是马云主动过去介绍中国黄页的情况，也很少有人愿意听。

在这段艰难时期，张瑛一直陪在马云身边，让马云充满了感激。

马云喜欢热闹，平时经常邀请朋友、学生到家里做客，而且一请就是很多人。

面对这群像马云一样喜欢吵闹的人，张瑛一点也不觉得烦，每次都会细心地准备茶水、水果、瓜子等，等到大家走后，她又会独自收拾满地狼藉。

要说张瑛对马云没有一点反对，也是不准确的。在筹集创业资金时，马云曾想着将自家的房子抵押出去，张瑛没有阻拦，只是很无助地说："不抵押房子不行吗？没有了房子，我们住哪里？"

后来，马云体谅到张瑛的难处，这事也就此作罢。

就在中国黄页正式上线的那个月，中国科学院下属高能物理所建立了中国第一台 Web 服务器，并借此推出了中国之窗网站。

由于中科院的强大背景，中国之窗不费力气就可以和全国各地的多家网络公司达成合作关系。好在中国之窗没有什么盈利压力，而且远在北京，暂时不会对中国黄页构成威胁。

即便如此，中国黄页的运营也非常艰难，一切外部条件都有待建设，公司唯一的设备就是马云的那台宝贝笔记本电脑。

从公司成立时起，资金短缺问题就一直存在。有时候，公司账上只有 200 元现金。想要改变这种局面，就必须找到客户，可这比筹集资金更难。

尽管马云为此付出了很多，也有不少海外华人向他表示祝贺，但是国内企业却对互联网一无所知。当马云想要说服他们在这个看不见摸不着的互联网上投钱时，所有人都避开了。

一时间，马云感觉无所适从。要怎么样打开局面呢？朋友是马云的一大资本，这个时候，也只能靠朋友的帮助渡过难关了。

想到这儿，马云决定"先吃窝边草"。既然自己认为互联网是以后的发展趋势，那么与朋友分享顺带着帮助中国黄页开展业务，也是一件一举两得的事情。

第三章

投身商海，为第一次创业南征北战

几天后，马云在北京长安俱乐部的雷吉尔餐厅给参加聚会的编辑、记者们讲了两个小时的互联网。

马云讲得有些深奥，编辑、记者们听得一头雾水，但是大家都隐隐约约意识到，互联网确实是个好东西，并决定对此进行宣传。

从亲朋入手，艰难展开业务

马云之所以会想到从自己的朋友入手，并坚信朋友们会施以援手，是因为他确实有很坚实的人脉基础。

马云在电子工业学院教书期间，也在夜校做一些兼职工作，讲授英语和国际贸易。来上马云课的人，很大一部分是中小民营企业的老板。

由于马云上课很有意思，平时也经常邀请大家到家里玩，或者一起出去玩、吃饭什么的，这些人也很乐意和马云成为朋友。

时间长了，大家就了解了马云的为人，知道他讲义气、以诚待人，所以在和马云相处时，也对他充满了信任。

马云很快联系上了自己一个民营企业的朋友。

马云去了朋友的办公室，向他描述了互联网的神奇之处，并一再强调互联网拥有无限美好的未来。

然后，马云说出了自己的企图，让朋友将自己的企业挂在网上。

“可是，我要怎么做呢？”朋友不了解互联网是怎么一回事，出于对马云的信任，他立刻询问自己要在这个过程中做些什么。

马云高兴地说："你要给我提供一份资料，用于宣传你的企业。我会交给翻译社，让他们把资料译成英文，然后寄到西雅图，交给那边的公司处理。

"美国的公司收到资料后，会按照你的要求做出企业的主页，然后上传到服务器。之后，他们会打印一份主页的页面寄回杭州，而你们企业的情况在互联网上就能查找到了。"

"哦。"朋友根本听不懂马云在说什么，似乎也不清楚将企业挂在网上有什么好处。

看到朋友疑惑的表情，马云进一步解释说："我们中国黄页做出来的第一个网页就是海博翻译社，现在，我们几乎每天都能通过互联网接收到一定量的订单。"

马云说到这里，朋友才算有点明白了。

为了让朋友接受互联网，马云提出免费为他做一个网页。以这位朋友为开端，其他朋友的企业介绍也出现在了中国黄页的网站上。当然，讲义气的马云依然让他们享受免费服务。

后来，有一个朋友感觉过意不去，象征性地给了马云6000元钱，算是给马云团队辛勤工作的回报。

时间长了，马云把那些做生意的朋友的电话都打遍了，连他们各自的朋友、亲戚，也都一一拜访过了。单一地打感情牌，并不是马云的经营策略。

一直以来，中国人都是用传统方式做生意，广告业的兴起也没有多久。在报纸和电视上做广告，人们还能看见，可是在看不见的互联网上做广告，很多人都直摇头。

为了中国黄页的发展，马云像互联网大使一样，开始在杭州宣传和普及互联网知识，希望大家了解互联网是怎么一回事。

由于公司的启动资金所剩无几，公司的正常运营都很难维持，更别提拿出钱做广告了。没办法，马云只好进行扫荡式营销，挨家挨户演示游说。

当时，杭州还没有开通互联网，对于无法用自己眼睛验证的东西，很多人都不相信。马云的一再游说，反而让更多人怀疑他是个骗子，利用几张打印纸和一个国际长途就想让企业掏钱。

但是功夫不负有心人。这一天，中国黄页终于找到了第一个付费客户——杭州的四星级宾馆望湖宾馆。为了这一份真正的合同，马云费了很大的劲，最终拿到了 2 万元合同金。

有了这个良好的开端，马云和团队的其他成员的干劲更足了。大家趁热打铁，终于又签订了第二份合同。

“哈哈，雅士达公司终于签单了，老俞，你和张瑛一块儿去雅士达收钱吧！”这天，马云一回到公司，就大声宣布了这个好消息。

张瑛听了非常高兴。老俞，也就是中国黄页的第一任总策划俞晓鸿，他也是兴高采烈，立刻骑着自行车带着张瑛出发了。

那天艳阳高照，天气非常热，但是张瑛和俞晓鸿一路上却有说有笑，仿佛之前所经历的一切都变得不值一提。

当俞晓鸿和张瑛大汗淋漓地到了雅士达公司后，发现财务已经在等着他们了。一见面，财务就为难地问他们：“老板让我给你们开支票，可是支票上‘用途’一栏要怎么写呢？”

俞晓鸿有点犹豫地说："这笔钱是网页设计费，不知道支票上能不能这么写……"他一边说着，一边用征询的目光看着张瑛。

张瑛摇摇头，她对财务上的事情也不清楚。

没办法，财务只好跑去问老板，可是老板也不知道怎么开才好。两人大眼瞪小眼看了一会儿后，财务灵机一动说："他们公司搞的是咨询服务，我们写'咨询费'怎么样？"

最后，财务开出了 2 万元的咨询费支票，然后递给张瑛说："赚钱真是不容易，辛苦你们了。"拿到支票后，张瑛和俞晓鸿连连道谢，放下心来。

张瑛把拿回来的支票交给了财务，叹了口气对马云说："费了这么大劲，就拿到了 2 万元的合同金，还要给美国公司汇去 1.2 万元，真是感觉不甘心。"

张瑛之所以会这么说，是因为根据当时和美国 VBN 公司的分成协议，拥有核心技术的 VBN 公司占收入的 60%。

马云则说："没关系，我们现在才刚刚开始，等以后公司实力强了，我们就自己租服务器，自己招人制作网页。"

马云这么说并不仅仅是为了安慰张瑛，在西雅图时他就有这个想法。在第一笔订单签订后，这个想法更强烈了。

马云说完后，陷入沉思。

虽然现在有了两家收费客户，但是想要维持中国黄页的运营，这一点点合同金是远远不够的。下一步，要发展更多的客户才行。

尽管一次又一次地被人当成骗子，马云仍然不放弃。他白天奔波于各个公司之间，晚上则伏案学习，研究有关电子商务的知识。

做生意真是难！这是马云和中国黄页的团队成员在创业初期的深刻感受。

虽然很艰难，虽然经常被人指责为骗子，虽然感觉很委屈，马云却依然坚信，当中国开通互联网时，所有人都会相信他，而他这第一个吃螃蟹的人，也会得到丰厚的回报。

1995 年 7 月，一个朋友突然从上海给马云打来电话，挂了这个电话后，马云高兴得足足笑了两分钟。

一旁的张瑛很疑惑，但她相信，一定是有什么好消息传来了。

终于等到马云停止了大笑，张瑛才开口问道："有什么好消息吗？"

马云抱着张瑛说："上海，上海开通了 44K 的互联网专线，这样一来，我们在杭州也能上网了。能亲眼看到自己的网页，我们就能说服更多的人、更多的企业！"

大约一个月后，马云邀请明珠电视台记者和望湖宾馆老总来到了自己的办公室，让他们亲眼看到，网上有中国黄页的网站，有望湖宾馆的网页。

马云先拨号到上海电信进行联网，联网成功后，他打开 Mosaic 浏览器，敲入了中国黄页的网址——http://www.chinapages.com。

然后，马云和在场的人一直等待着，大约等了三个半小时，杭州望湖宾馆的网页终于完成了下载。仿佛就在一瞬间，电脑屏幕上出现了望湖宾馆的图片等内容。

马云当即大叫起来："快看，快看，这是望湖宾馆！"马云的兴奋感染了其他人，大家都纷纷拍手称好。

演示结束后，马云和公司的其他人都长长舒了一口气。4 个月了，从他们宣传互联网开始，所有人都认为他们是骗子，现在，有了确实的证据，他们终于不用再受指责了。

尽管如此，马云面临的局面依然没有太大改变，公司的运营状况也不容乐观。要想让公司继续发展，就要加倍努力，开发更多的客户。

这天晚饭后，马云提出要和张瑛进行演练。

“事情是这样的，我今天去了一家公司，想要说服他们的老总把公司信息放到网上，看得出来，他很感兴趣，但是又对我的话有所怀疑。如果你是老总，你会问什么问题呢？”

“嗯，这个嘛……”张瑛想了一下说，“一般情况下，大家都不了解互联网的威力，这个老总想必也是这样。如果我是老总，我会关心投入这笔钱后，公司能得到什么好处。”

马云立刻拿起手中的资料，一边用笔在上面写写画画，一边解释电子商务是一种怎么样的新型商业模式。张瑛认真地听着，不时提出自己的问题。

第二天，按照和张瑛演练的那样，马云又一次来到了那家公司，为老总进行说明，并一再向老总强调，在网上做广告费用少，比在电视、报纸上做广告效果好得多。

讲完这些后，马云发现对方仍是半信半疑的神态，便提出下次再来拜访。就这样，马云连续拜访了这个老总 5 次。

第 5 次时，马云还是无功而返。

马云不是一个轻易放弃的人，为了让老总相信电子商务是存在的，他拿走了一份该企业的宣传资料。

几天后，马云带着笔记本电脑又一次拜访了那个老总，并让他亲眼看到自己公司的主页出现在了互联网上。此时，老总才终于相信了马云的话，同意付款。

比起之前，国内开通互联网后，中国黄页在开展业务时多了一些说服力，但是，微薄的收入并不能解决公司资金短缺的问题。

就在马云为资金发愁时，天上突然掉下了一块大馅饼。这让马云特别高兴，以为自己的努力终于感动了上天，该是收获的时候了。

事情是这样的，有5个人突然找到马云，称他们是来自深圳的企业老板，想要做中国黄页的代理，如果可以的话，愿意出资20万元。

对于10万元起家、现在面临资金严重匮乏的中国黄页来说，20万元无异于雪中送炭，能支撑马云他们再走一段时间。

在大家都不看好互联网的情况下，这5个人愿意做中国黄页的代理，马云自然感激涕零，立刻向他们讲解了公司的运营模式，解答了他们在技术方面的疑问。

尽管马云做了详细的说明，对方还是没有明白中国黄页到底是怎么运营的。为了促成这次合作，马云让技术人员到深圳帮他们建立系统。

事情做到这一步，这5个人才终于满意了，还对马云的做事风格赞不绝口："马总，一看你就是做大事的，我们决定3天后就到杭州，到时候咱们签合同。"

听到这句承诺，马云心里简直乐开了花，他让秘书准备好相关的合同资料，然后耐心等待着。

3 天过去了，深圳的 5 个人并没有按照约定出现。马云担心他们出了什么事情，便打电话询问。对方只说有事耽搁了，并没有做出详细的解释。

直到这个时候，马云才察觉出这次合作可能出现了意外的情况，但是，他仍然没有往受骗的方向想。

后来，当马云再次打电话催问时，才知道那 5 个人已经在深圳开了一家网络公司。他们根本没有代理中国黄页的打算，只是想利用马云和他的团队为自己做嫁衣而已。

受骗了！

得知真相的马云感觉很失落，第一次对人心感到失望。

“我对他们以诚相待，他们居然这样对我，真是太过分了！这是公然欺侮，公然掠夺我们的劳动成果！”

“真是太过分了！难道我就要这样忍受吗？”

“这是个什么样的社会？难道讲诚信的人就注定要上当受骗吗？难道只有当骗子才能获得好的发展吗？”

…………

这番思想挣扎，马云从未对任何人提起，包括妻子张瑛。在经历了一番激烈的思想斗争后，马云决定扛下来，不管多委屈，都绝不放弃诚信的道德底线。

马云相信，被骗没有什么可怕的，可怕的是失去了坚守的底线。当人们发现他的东西货真价实后，自然会与他们公司合作。

好在国内互联网的出现让马云他们逐渐打开了局面，公司的账目也终于接近平衡。即便如此，中国黄页想要赢利还需要一段时间。

就在这个时候，宋立兴突然提出要撤资。当时组建公司时，宋立兴投入了 1 万元的资金。现在公司虽然还没有赚钱，马云还是大度地给了他 1.5 万元，作为他投资的回报。

宋立兴撤资后，马云想了很多，中国黄页赢利困难，除了因为国内企业家对互联网的认知存在误区以外，还因为大部分利益都被美国 VBN 公司拿走了。

在马云看来，中国黄页所做的工作远远多于得到的报酬。要想让中国黄页有更大的发展，就必须掌握制作网页的核心技术，而不是受制于美国公司。

为了得到合适的人才，马云特别重视员工招聘这一块，并且让何一兵亲自负责。然而，在互联网并不成熟的时代，想要找到合适的人才，实在是难上加难。

1996 年初，略有发展的中国黄页第一次大规模招聘新人，马云本想参与其中，但由于要去外地出差，便交由何一兵进行现场面试。

这天，招聘会上人头攒动，每个公司的展位前都挤满了人，除了中国黄页。在中国黄页的展位前，来应聘和询问的人屈指可数。

这时，一个看上去十分稚嫩的学生模样的人走了过来。他叫李琪，刚从中山大学计算机系毕业，看到招聘会上居然有一家网络公司，便好奇地走过来询问。

得知李琪学习的是计算机专业，何一兵非常高兴，立刻与他攀谈起来。一番简单的面试后，李琪和何一兵对对方都感觉很满意。

几天后，小个头、长相普通的李琪就走进了中国黄页的大门。

此时的马云并不知道，他日夜想要找到的人才已经进入了中国黄页的阵营。即使在见到了李琪后，他也只是拍拍李琪的肩，嘱咐他好好干。

李琪平时很务实，话虽不多却肯钻研。在进入中国黄页后不久，就因扎实的技术受到了同事们的认可。

后来，马云终于注意到了李琪，而那个时候，李琪也成了中国黄页的技术骨干。看着李琪，马云脑海中的一个想法又一次浮现出来。

是时候和李琪谈谈了。

这天，李琪正在忙碌地敲打着键盘，突然一声"李琪！马总找你"打断了他的思路。李琪停了下来，向马云的办公桌走去。

"李琪，我们出去聊聊。"马云拿起外套，脸上满是凝重的神色。李琪见状，意识到马云要和自己说一件重要的事情，立刻紧跟其后。

找到一个四下无人的地方，马云立刻开口说道："李琪，据我这段时间的观察，发现你是个很有潜力的人，你想不想进一步提高一下自己的技术水平？"

听到马云这么问，李琪先是愣了一下，然后很快回答道："这是当然的了，马总，我也一直在努力。"

马云点点头，表示认同。他接着说："我这次去美国出差，想要带着你一块儿去。带你去不是玩，你要好好听、好好看，回来以后我有重要的任务交给你。"

看着马云充满期待的眼神，李琪顿时感觉斗志十足，比给他加工资还高兴。他郑重地点点头，脸上写满了"自信"二字。

很快，马云就带着李琪一起去了美国，在参观了与中国黄页合作的服务器租用公司后，马云又带着李琪到硅谷转了转，参观了著名的雅虎公司。

马云是个门外汉，对于技术方面的东西懂得并不多，只能是外行人看热闹。所以在参观过程中，马云可以说只是例行公事。

但是李琪不一样，他是计算机科班出身，在接触到许多国内没有的新东西、新技术后，立刻将它们内化成了自己的东西，并考虑如何用在中国黄页的建设上。

回国后不久，马云就给干劲十足的李琪布置了一个任务：建设中国黄页自己的网站和服务器。

领命后的李琪立刻不分昼夜地干了起来。由于是第一次制作网页，需要解决的问题很多，李琪付出了大量心血。

一个星期后，李琪终于做出了第一个网页，虽然页面并不漂亮，但这是中国黄页成立以来第一次依靠自己的力量制作出来的，这让马云兴奋了很久。

有了第一次以后，李琪继续钻研制作网页的技巧。在他做出了让马云满意的页面后，马云就跟美国公司终止了合作关系。

马云终于等到了这一天，中国黄页不用再将自己辛苦赚来的钱分给美国公司，中国黄页的大发展也指日可待。

在李琪加入中国黄页后的几个月，原本一直犹疑不定的孙彤宇也加入了马云的创业大军中。

早在 1995 年下半年，孙彤宇就认识了马云。当时，孙彤宇正在一家广告公司上班。这天，他像往常一样打开杭州当地的各种报纸，突然，一篇文章映入了他的眼中——《中国黄页闯世界》。

仔细读完了这篇报道后，拥有广告人敏锐直觉的孙彤宇意识到，中国黄页是家新公司，知道的人并不多，说服他们做广告，似乎有很大的可能。

孙彤宇没有过多考虑，当即放下报纸，敲开了中国黄页的大门。得知孙彤宇的来意后，何一兵并没有马上拒绝，而是攀谈了起来。

孙彤宇并不知道，当时中国黄页的经营状况之惨淡，别说花钱大规模做广告了，就连日常的支出都很困难。

但是，孙彤宇这一行并非一无所获，虽然他未能将中国黄页发展成自己的客户，却给马云和何一兵留下了深刻的印象。

几天后，马云给孙彤宇打了一个电话："小孙啊，我是中国黄页的马云。"

接到这个电话，孙彤宇很意外。前几天和何一兵讨论广告的事情时，马云只是坐在对面一言不发，现在打来电话想要做什么呢？

孙彤宇没有直接发问，而是问候了一声："马总，您好！"然后就沉默了，等待马云说明打电话的用意。

"小孙，"马云一句客套话也没有，直入主题，"我觉得你很有潜力，在广告公司太委屈你了，来我们中国黄页发展怎么样？"

孙彤宇显然很意外，一直以来，他都很喜欢广告事业，还从来没有想过加入广告公司以外的公司，更何况是前景并不让人看好的中国黄页。

但是，直接拒绝或许会让自己失去一个大好的发展机会。想到这里，孙彤宇只好告诉马云："马总，谢谢您对我的信任，请您给我一点时间考虑一下。”

“好！”马云并不强人所难，“小孙，我们等着你。”

马云这一等，就等到了 1996 年 4 月份，孙彤宇经过仔细的思考后，终于决定加入中国黄页。

加入后，孙彤宇真是一门心思扑在了工作上，一点都没有辜负马云对他的信任。很快，中国黄页在策划、宣传和业务推广上都提高了一个层次。

在中国黄页工作了一段时间后，孙彤宇坚定地相信，中国黄页拥有无比灿烂的前景。在这种信念的支持下，孙彤宇试图说服自己的女朋友彭蕾也一起加入。

与马云一起工作无疑是辛苦的，为了让大家更愉快地工作，马云常常向员工们讲述自己的梦想，以博大家一笑。

有一次，马云给大家讲了他的两个梦想。

第一个梦想是带着员工去巴黎过年。大家一起吃年夜饭时，马云宣布，一会儿要发年终奖——每人两把钥匙。

当有人问是什么钥匙后，马云就会故作轻松地说，他在巴黎给每个人买了一幢别墅和一辆法拉利跑车。

听到这两把钥匙的用途后，当场就有人高兴得晕倒，然后被送进了医院。

第二个梦想是，马云想要入住一家欧洲豪华酒店却不受待见，他有些生气，找到酒店老板说：“你出个价，这个酒店我买了！”

老板看了一眼衣着朴素的马云，蔑视地说：“你想买？好！一口价，

3 亿美元！你付得起吗？”

马云一听，立刻笑了，摊开支票簿一边写一边说：“才 3 亿美元啊，我还以为你会要 5 亿呢！”

办完手续后，马云走出酒店，把总裁办公室的钥匙扔给了门口的流浪汉，说：“给你！从今天开始，这个酒店就归你了！”

听马云讲完，大家全都笑歪了，一直以来所遭受的白眼、辛苦，也全都随着笑声消失了。

在那段最为艰难的时期，为了鼓舞大家的士气，马云不仅自己做白日梦，还将做白日梦发展成了一个游戏，让大家一起参加。

有一次，马云把大家叫到一起做白日梦，他说：“如果我现在发给每个人 500 万元年终奖，你们打算怎么花？不要有拘束，怎么想就怎么说。”

听到这个话题，大家立刻畅谈起来，有人说要买大房子，有人说要买豪华跑车，有人说要去环游世界，一时间，平时想都不敢想的事情全都说了出来。

马云在一边笑着听着，大约过了一个小时，他突然发话了：“好了！今天就想到这里。你们刚才所说的一定会实现。现在，让我们继续为了这些梦想奋斗！”

这时，有个人突然说：“马总，我那 500 万还有 200 万没花，让我们再多说一会儿！”大家全都笑开了，笑过之后，继续投入到紧张的工作中。

在穷开心中，马云和团队度过了一个又一个难熬的日子。而此时的马云，则开始在心中谋划一件大事。如果这事能成，中国黄页将迎来辉煌的时期。

进京宣传“中国黄页”的苦与乐

在马云和整个团队的努力下，中国黄页终于赢得了客户的信任，并且成功为一些客户制作了网页，发布在互联网上。

但是，这些仅仅是外表的光鲜。知道中国黄页的人太少，上网访问的人就更少了。对此，马云心里不免有些着急。

要吸引更多的人浏览中国黄页的网页，就需要让里面的内容更丰富，最好将新闻、文化、体育等各种行业的信息都放到上面。

然而，要做到这一点并非易事，当时这些信息资源都掌握在各行业的上级主管部门手里，要说服部门领导开放资源，简直比登天还难。

此时，马云又听到了一些消息。

按理说，马云是在中国宣传互联网的第一人，他也应当在这方面取得最好的业绩才对，但事实并非如此。

离开北大方正的王志东开发出了中文之星，让比尔·盖茨都感觉震惊；而与马云同龄的张朝阳从美国麻省理工学院毕业后，就在导师的支持和投资下建立了爱特信公司……这些人的突出表现，激励着马云加快自己的步伐。

经过一段时间的思考后，马云决定到北京去，找主管信息的部门领导。他是想到就立刻去做的人，很快他就和何一兵带着一摞宣传资料和一台 486 电脑到了北京。

到了北京以后，马云才发现，互联网上的竞争比自己想象的残忍百倍，但是，马云骨子里就有一股绝不认输的劲头，很快就开始了宣传中国黄页的活动。

让马云没有想到的是，自己第一站就受挫。

从张树新的公司出来后，马云和何一兵都很沮丧。张树新是当时互联网行业最具知名度的互联网人，马云很想和她说说自己的创业理念。和她聊了半个小时后，马云反而变得忧虑起来。

“你感觉怎么样？”走出公司大门后，何一兵问马云。

马云摇摇头说：“说实在的，张树新提出的理念太先进了，我都听不懂。连我一个做企业网页的人都听不懂，更何况是没有接触过互联网的普通百姓。张树新太高估咱们国家老百姓的水平了！”

何一兵也点点头，表示赞同。

马云想了想，突然用很肯定的语气说：“何一兵，我现在就可以和你说这样一句话，如果有人要在互联网行业消失的话，张树新一定会消失在我前面。”

在见张树新之前，马云曾想过通过张树新获取一些经营之道，现在看来，这一切并不能实现。

有道是自助者天助。马云从小到大就非常讲义气，走到哪里都能结识朋友，而且是关系特别铁的朋友。

果然，第二次来到北京后不久，马云又发挥了他那无人可挡的魅力，和在 IT 公司工作过，后来又自己做 BP 机生意的钱锋成了好朋友。

钱锋是个非常讲义气的人，看到马云需要帮忙，他干脆放下自己的生意，做了马云的专职司机，整天开着自己的捷达车载马云去各大部委大院。

尽管马云和钱锋都很卖力，但依然没有政府部门愿意与中国黄页合作。

无奈之下，马云决定利用媒体进行宣传。但他初到北京，并不认识什么媒体人，想要发表介绍中国黄页的文章并不容易。

而且当时国内网络公司虽然如雨后春笋般出现，但由于政府对于是否发展互联网的态度还不明确，所以各大媒体不敢公然表态。

既然无法直接说服媒体人，马云就想着从媒体人的身边人入手，可是，这也需要有个中间人搭线，怎么办好呢？

看到马云的表情并不明朗，钱锋也不知道怎么办才好。当他知道了马云的想法后，高兴地大叫起来："太好了，这事好办！"

"怎么好办？说说看！"马云立刻问道。

"我认识一个哥们儿，是《北京青年报》的司机。我现在就给他打电话，介绍你们俩认识。等混熟了以后，什么都好办。"

说完，钱锋立刻给那个司机朋友打了电话，约他晚上吃饭。挂了电话后，钱锋和马云相视而笑，仿佛解决了一个很大的难题。

很快，马云就和那个司机混熟了。

这天吃饭时，马云对那个司机朋友说："哥们儿，我有件事想请你帮忙。"说到这里，马云看了朋友一眼，看到对方没有任何反感情绪，这才将事先准备好的稿件拿了出来。

马云把稿件和一个信封递了过去，说："你在《北京青年报》工作，媒体方面应该有一些关系，要是能将这些文章发表一篇，就算是帮了兄弟的大忙了。”

司机拿起信封，问了句："这个是？”

马云笑着说："哥们儿，我知道现在办点事都需要应酬，你找人帮忙，我不能让你替我破费。不管什么报，只要能发出去一篇，这些钱都是你的。”

司机看了一眼信封里面的钱，显得有些惊讶，信封里足足装了 500 块钱。如果马云不辞职，这 500 块钱就是他 4 个月的工资。

“这也太多了。”司机一边说着，一边作势要将信封还给马云。

马云拍拍司机的肩说："哥们儿，你不要有什么大的心理负担，就是一篇都没有发出去，这钱也是你的。”

这个司机显然也很讲义气，他想了想，喝了一口酒说："这事交给我吧，我一定替你办成。”

果然，这个司机说到做到，把马云的稿子发在了 5 家媒体上，有一篇文章还发表在了《中国贸易报》的头版上，这让马云大吃一惊。

在当时的社会局势下，能让这样一篇关于互联网的文章登上头版，这个副总编辑一定很有魄力。怀着这样一种敬佩之情，马云带着自己的电脑见到了《中国贸易报》的副总编辑孙燕君。

简单的寒暄过后，马云立刻进入主题，将提前储存在电脑硬盘里的中国黄页的网页调出来，一页一页地演示给孙燕君看。

这还不够，马云还一边演示，一边进行详细的说明。两人原本约好谈两个小时，结果一谈就是大半天。

在马云阐释完自己的观点后，孙燕君显然有些摸不着头脑。孙燕君原本对互联网就不太熟悉，而马云讲解得也并不通俗易懂。

即便如此，孙燕君还是赞同了马云的核心观点：互联网有无限美好的前途。

几天后，《中国贸易报》的头版上出现了一篇5000字的长篇特稿——《走近马云》，这正是在孙燕君的支持下发表的。

孙燕君对马云的支持不只如此。他不仅四处托关系找人，帮马云牵线搭桥，还陪着马云一起拜访各大部委的领导。

尽管孙燕君很热心，有时也很难托上关系，尽管有些领导碍于孙燕君的面子没有直接拒绝马云，但个个都是很敷衍的态度。

看到马云每次都无功而返，孙燕君也开始替他着急了。出于对互联网的信心和对马云的信任，孙燕君决定请同人帮忙。

这天，孙燕君找到马云说："我想帮你组织一个聚会，邀请一些编辑、记者朋友参加，由你来给他们讲讲互联网。"

马云一听非常高兴，当天就回去做准备。

几天后，马云在北京长安俱乐部的雷吉尔餐厅给参加聚会的编辑、记者们讲了两个小时的互联网。

马云讲得有些深奥，编辑、记者们也听得一头雾水，但是大家都隐隐约约意识到，互联网确实是个好东西，并决定对此进行宣传。

马云非常高兴，觉得自己守得云开见月明了。

让马云没有想到的是，就在他得到这个承诺的第二天，各家媒体就接到了上级的通知：鉴于对互联网的态度并不明确，任何媒体都不能大力宣传互联网。

马云第一次感到无能为力。

这一通知的出现，让之前答应马云帮忙宣传互联网的记者朋友不敢轻举妄动，但是，出于对马云的支持，他们还是想出了一个办法。

很快，孙燕君就代表这些记者找到了马云："马云，你也不要太失望，要想让那些记者报道互联网，也不是没有办法。"

马云一听这话，立刻问道："你有什么办法？"

孙燕君也不卖关子，直接说："我刚刚和那些记者见过面，他们说，如果你能把《人民日报》搬上网，他们就有借口报道互联网了。"

说完这话，孙燕君自己都有些心情低落了。

《人民日报》是传媒界的权威。如果《人民日报》对互联网能表明态度，那其他媒体自然也就会跟进报道互联网了。

由于受时代局限，很多人注定不可能因为马云的一面之词就改变对互联网的认识，这是让孙燕君感觉特别为难的地方。

马云当然也很清楚，这是强人所难。除了努力说服相关媒体外，马云想不出其他的方法。

通过朋友关系，马云终于认识了一个在《人民日报》办公室工作的行政人员。为了尽快达到自己的目的，马云经常请这个朋友吃饭并和他聊天。

由于马云见多识广，又有一副好口才，能把一些别人不知道的事情说得绘声绘色，巧合的是，这个朋友还特别喜欢听马云讲那些趣事。

有一天晚上，这个朋友在办公室值班，由于没什么工作可做，这个朋友就邀请马云到办公室一起聊天。

"哈哈，你说得太有意思了！"听完马云讲的自己在美国西雅图接触互联网的事情后，这个朋友差点没笑出眼泪。

“哈哈，现在想来是很搞笑，可我当时真的是连碰都不敢碰一下电脑呢，整个儿就是一个没有见过世面的土鳖。”马云也笑着调侃自己。

就在这个时候，办公室进来一个人，拿起一份文件正准备离开。突然，他停下了脚步，转身朝马云走去。

“你们在聊什么呢，这么有意思？”

马云抬头一看，是个干部模样的人，便马上站了起来，回答他说：“我们在聊互联网。”

来者一听，立刻来了精神，说：“互联网啊，我对互联网也挺感兴趣的，能坐下来一块儿听听吗？”

多一个人了解互联网，就能多得到一份支持，马云自然求之不得。他立刻拉过来一把椅子，让来者坐下，于是3个人一起聊了起来。

在这个过程中，由于马云对互联网了解得比较多，所以几乎都是他在讲，另外两个人在听。来的人不时地抛出几个小问题，马云也都轻松地给出了答案。

等到了后来，来的人笑着对马云说：“小伙子，你知道的真不少，我们很多干部对互联网的认识都不如你。以后有机会的话，给我们的干部上几堂课。”

看到来者说这句话的态度如此坦然，马云心里“咯噔”一下，眼睛转了一转：莫非我遇到什么来头大的领导了？

等到来者离开，马云马上问身边的朋友：“刚才和我们一起聊天的人是谁？该不会是什么大领导吧？”

朋友笑了说："你猜对了，他是我们社未来发展局的局长谷家旺。怎么样？是不是一点领导架子都没有？"

马云点点头，脸上流露出好久没有出现过的快乐神情。这一次，把《人民日报》搬上网的事情总算有点眉目了！

谷家旺说到做到，第二天一上班，就安排马云给《人民日报》的干部上课，这让马云大感意外。

为了回报谷家旺的这份信任和相知，马云卖力地为《人民日报》的干部讲了两堂关于互联网的课。

《人民日报》总编辑范敬宜听了马云的课后非常激动，预感互联网有很大的发展前途，就给上级领导打了报告，申请将《人民日报》挂到网上。

就这样，事情终于有了转机，《人民日报》上网的申请得到了批准，而上网工程一启动，以前的阻碍似乎都消失了。

这天，正在公司忙碌的张瑛突然接到了丈夫马云的电话。

"嗯，张瑛，和你说一个好消息，我刚才又和樊馨蔓见面了，她说可以试着说服中央电视台帮我们做一个专访。"电话那头，马云兴奋地说。

"哦，真是太好了！"听到马云这么说，张瑛也觉得非常高兴，她停了一下，接着说，"樊馨蔓还挺有能力的，萍水相逢人家就这么帮咱，要好好谢谢她才行！"

樊馨蔓和马云、张瑛是老乡，比马云小两岁，但凭着自己的努力争取到了在中央电视台主持《百姓生活》栏目的机会，而且节目主持得一直很不错。

接着，马云就向妻子描述了当天见到樊馨蔓的情景。

“我见了她以后，就和她聊起了互联网，我告诉她，互联网在国外已经发展起来了，而且势头正猛。如果我们一味排斥，只会让中国的发展更加滞后……”

听到马云在电话那头滔滔不绝地说着，张瑛笑了，自从接触了互联网，马云只要一说到互联网，就停不下来。

等到马云说完，张瑛才开始提出自己的问题：“你说完这些以后，樊馨蔓能听懂吗？她毕竟是个外行，想必对互联网的认识也非常有限。”

马云点点头说：“你问到点子上了，我说完以后，能感觉樊馨蔓听得是云里雾里、似懂非懂。不过，她并没有打击我，而是说对我一路坚持理想的行为很佩服，并决定帮我的忙。”

张瑛这才放下心来，看来，樊馨蔓也被马云对互联网的热情征服了。如果能说服中央电视台做一期节目，对于公司的发展将会很有帮助。

“但是，真的能顺利做吗？毕竟是中央电视台，恐怕不容易吧？”张瑛在心里默默问自己。由于不想破坏马云的好情绪，张瑛把疑问留在了心里。

挂了电话以后，马云仍然很兴奋。他开始梳理关于互联网的知识体系，并等待樊馨蔓与他联系。

就在马云做这些事情的时候，善解人意的樊馨蔓一刻都没有耽误，立刻向中央电视台《东方时空》栏目组推荐了马云。

由于樊馨蔓平时工作比较认真，主持的节目也很受欢迎，台里对她的推荐也很重视。经过大家的会议讨论后，决定为马云录制一部专题纪录片。

看到领导同意了自己的申请，樊馨蔓特别高兴，立刻给马云打了电话，并且约马云进行详谈。

樊馨蔓虽然主动给马云提供了帮助，但心中还是隐隐有些不安。她对互联网并不了解，不知道马云会不会为了宣传互联网而吹牛。

樊馨蔓是个说话直来直去的人，有了这个想法后，她一见到马云就立刻直言相告："马云，作为老乡，我很高兴能为你的理想做点事情。但是，我丑话要说在前面。"

看到樊馨蔓严肃的样子，马云也立刻收起了嘻嘻哈哈的神态，严肃地看着她，用很沉稳的声音说："好，你说，我听着。"

樊馨蔓点了点头，继续说："栏目组的记者会采访你实现理想的过程，也会跟着你一起采访相关人员，但是你要记住，不管和记者谈论什么话题都要实事求是，不要夸张，更不要乱说，否则吃亏的只是你自己。"

马云郑重地向樊馨蔓保证："了解我马云的人都知道，别的在我眼里都是小事，唯有义气和诚信最重要。你这么帮我，我不会让你失望的。"

为了帮助马云更好地进行采访，樊馨蔓还专门引见他认识了栏目组的编导。编导似乎对马云并不满意，但是看在樊馨蔓的面子上，并没有多说什么。

到了拍摄那天，马云早早地来到了中央电视台等候。临出发前，马云看到之前见过的那位编导把随行采访的记者叫了过去，嘱咐道："我看那人不像是个好人，你们小心点，见机行事。"

马云听到这话，不禁苦笑：在这个大多数人习惯以貌取人的社会，想要做成一点事情，不容易！比普通人更有见识的编导都有这样的偏见，更何况是一般人呢？

但他转念又一想："没关系，我好好把采访进行到底，他们自然会了解我是一个什么样的人，大家也最终会了解我。"

在采访过程中，马云一直滔滔不绝，给别人讲他要做一个中国最大的国际信息库。可是记者把摄像头对准听众时，却发现大家都听得一头雾水。

专题纪录片顺利播出了，名字叫《书生马云》。

虽说《书生马云》提高了马云的知名度，但是并没有帮助马云达到北京之行的目的。"想要让他们开放资源，还真是没有那么容易！"马云不禁在心里感叹道。

尽管马云不是一个轻言放弃的人，但是看着自己在北京干耗着却没有任何成果，杭州的团队成员却在苦苦支撑，马云实在是待不下去了。

"我要回杭州了！"和妻子通过电话后，马云坐上了返程的火车，一个怀抱希望而来的人，回去时却是满脸疲倦与失望。

马云知道，杭州还有无数困难等着他，但是他并没有料到，等待他的，又是另一次巨大的失败。

南归，等待的是创业失败

回到杭州后，马云立刻就回到中国黄页上班。远在北京时，马云就时时关注着杭州互联网市场，但现实似乎比他之前了解到的更加残酷。

一开始，马云就将中国黄页定位为中国第一个商业网站，并推出了在网上发布企业广告的电子商务模式，影响自然不容小觑。

杭州电信看到了中国黄页取得的成绩，也开始进入互联网市场，并且试图一举占领杭州互联网市场，于是西湖网联应运而生。

当团队知道这个消息后，非常惊慌。中国黄页原本情况就不好，杭州电信再插进来，情况只会更糟。马云倒是很沉着："不用慌，这一战谁胜谁败还不一定呢！"

何一兵看着马云，不知道他到底哪来的自信，便问道："难道你不清楚杭州电信的情况吗？不知道西湖网联的实力吗？"

马云没有回答。对于西湖网联，马云自然非常了解。当时，西湖网联是拥有 3 亿多资本的国企，垄断了杭州的互联网技术平台，而且还有杭州市政府的支持。

"我知道，这将是一场实力悬殊的战争。"马云想了想后回答道，"相比西湖网联，我们各方面都很弱，但我们有西湖网联没有的团队，只要我们大家团结一致，没有什么做不成！"

大家知道，这一仗不可避免。尽管心里还是有些不安，但是看到马云有信心，他们也坚定地点点头。

事情的发展果然像马云预料的那样，中国黄页步步为营，完成的业务量超过了西湖网联，可以说是首战告捷。

尽管如此，中国黄页还是没有实现赢利，而且经营状况一天比一天恶劣，到了后来，居然一度发不出工资。若不是后来马云利用代理机制获得了 10 万元入账，中国黄页很有可能要宣告破产。

"孙彤宇，最近公司情况怎么样？"一到办公室，马云就急切地问道。

在马云去北京之前，就将公司里的所有事情都交由孙彤宇负责，并表达了对他的绝对信任。

“情况不容乐观。”孙彤宇说完自己的结论后，开始向马云讲述杭州互联网行业最近的局势。

眼看着西湖网联越来越强大，中国黄页却资金匮乏、信息匮乏。马云吃不好饭、睡不好觉，就算张瑛在一旁劝说都没有用。

马云很清楚，如果继续和西湖网联斗下去，中国黄页只能消失在互联网历史上。为了中国黄页的发展，马云开始寻求合作。

就在这个时候，杭州电信的总经理找到马云，说：“我们这样一直竞争下去，对双方都没有好处。你们中国黄页有能干的团队，运营经验也很丰富，不应该把精力放在无谓的竞争上。”

马云也正有此意，便示意杭州电信的总经理继续说下去。

杭州电信的总经理说：“你也知道，我们杭州电信有强势的政府公共资源，资本也很充足。如果我们合作，一定会是一次不一般的强强联合。”

看到马云没有异议，杭州电信的总经理又说：“如果可以的话，我们将出资 140 万元，与你们中国黄页组建合资公司，共同谋求发展。”

“140 万！”马云在心里惊呼。

“有了这笔钱，加上杭州电信的资源，我们中国黄页就能很快发展起来，成为中国最大的商业网站也说不定。”想到这里，马云很快就答应了这一提议。

1996 年 3 月，中国黄页将资产折合人民币 60 万元，并入杭州电信，占有新公司 30% 的股份。而杭州电信则投入 140 万元人民币，占 70% 的股份。在董事会里，杭州电信占 5 个席位，中国黄页只占两个席位。

虽然是无奈中做出的选择，马云还是为中国黄页找到了政府当靠山，为中国黄页以后会有更好的发展前途而感到高兴。

一开始，拥有雄厚资金的新公司业务扩展迅速，到 1996 年年底就实现了赢利，并且营业额第一次突破了 600 万元大关。

没过多久，马云就发现，杭州电信和自己的经营理念完全不同。马云希望先做市场，再考虑盈利，杭州电信却认为盈利是第一位的，其他一切都不重要。

基于这个原因，马云所提出的经营方案几乎都遭到了否决。马云这才认识到，想要利用仅占三成股份的民资股东身份对抗拥有七成控股权的国资股东，是不可能成功的。

这天，马云刚走到办公室门口，就听到里面传来抱怨的声音。

“要不是有马总在，我早就想辞职了！”

“我们整天在外面风吹日晒，跑业务拉客户，他们舒舒服服坐办公室，还一副趾高气扬的样子，我真是看不惯！”

“欺负我们也就算了，连马总也一起欺负。听说马总这次提出的经营方案又被否决了！也是，他们在董事会有 5 个席位，我们只占两个，怎么能赢？”

…………

马云没有推门进去，而是转身默默地离开了。

此时，除了继续努力，马云想不到中国黄页还有什么其他出路。忍耐吧，忍到忍无可忍那一刻，再做打算。

马云没有想到，很快就会有一场战争爆发，而这场战争，比他想象的更迅速，也更猛烈。

第一次体验商场的残忍

“好！今天我们也要多努力，多跑几家客户，多拉几个订单！会议就开到这儿，各忙各的吧。”

1997 年的一天，马云像往常一样宣布散会后，立刻带着几个人出去跑业务，一切都显得那么平常。

然而就在这天下午，中国黄页的首席技术官李琪突然给在外面跑业务的马云打去了电话，“马总，你快回来，出大事了！”

听了李琪简单的几句解释后，马云立刻挂断了电话，给身边的几个人安排了任务后，便返回了公司。

“马总你看！就是这个！”马云一回到公司，李琪就把电脑屏幕上的信息指给马云看，“你看，名字和我们公司一样，也叫中国黄页。你再看这个网址：chinesespage. com！”

马云仔细看了看网页，又打电话向杭州电信进行了确认，结果得知，这家中国黄页是杭州电信在本地注册的一家全资子公司。

马云一下子跌坐在椅子上，满脸茫然。

坐在椅子上的马云一动不动，开始一点点回想合作以来发生的点点滴滴，最后，他终于明白了杭州电信的意图。之所以和中国黄页合作，是因为要避免两败俱伤，并获得中国黄页的资源，最终挤占中国黄页市场。

想到杭州电信的这一招，马云后悔莫及，感叹自己没有在一开始就认识到这一点，害得中国黄页面临将要被灭掉的危险。

事情就像马云预料的那样，新成立的中国黄页利用老黄页的名气加上行政资源，逐步占领了老黄页的市场。

这天晚上，马云又一个人发呆，他已经连续好几个晚上这样了。妻子张瑛有些担心，但在马云没有得出结论前，她也不想打扰。

“我这次真的是做错了！这两年来，我们一起努力奋斗，吃了多少苦只有我们自己知道。好不容易打下了今天的江山，居然又要被别人抢去！

“我还是一个总经理，却不能用自己的经营理念经营公司；我握有股权，却没有一点实际权力。我的状况都如此不堪，更何况是那些员工！”

马云一边在心里和自己对话，一边叹气摇头。

“要怎么办才好呢？怎么样才能说服他们关掉这个抄袭的中国黄页呢？”

马云又一次陷入了沉思中。

“或许，到了我该离开中国黄页的时候了。如果我走了，他们就能完全掌控中国黄页，或许就会放弃新建的中国黄页。”

就在这天晚上，马云终于告诉内心担忧却装作镇定的张瑛说：“张瑛，我打算辞职了，明天就交辞职信。”

张瑛什么也没有说，只是点点头，表示对马云的支持。

第二天，马云就提出了辞职。

就在马云辞职的这一天，何一兵、李琪、孙彤宇、彭蕾等人也都得到了这个消息。作为中国黄页的老员工，本来就对合作方多有不满，一听说马云辞职了，他们也迅速递交了辞职报告。

让他们没有想到的是，除了他们几个人外，中国黄页的其他员工也都全部要求辞职，简直就像是上演了一场有义气的辞职秀！

得知这个消息，马云非常震惊，也感到很欣慰。只是马云没有想到，这件事居然引起了《人民日报》的关注。

合资方的大股东们很生气，认为这场辞职风波是马云一手策划的。出于利益考虑，他们不得不让马云收回辞职报告，这才稳住了人心。

马云并不会做挖墙脚的事情，但这件事还是让他认识到，合资后的中国黄页已经不再适合自己，他需要尽快从中跳出来。

就在马云为这件事忧心不已时，突然收到了对外贸易经济合作部下属的中国国际电子商务中心的邀请函，希望他能到北京做互联网事业。

原来，马云之前认识的一个在外经贸部任职的朋友知道马云在互联网方面很有自己的见解和经验，便向电子商务中心推荐了他。

一番思考之后，马云决定北上。但是，这件事如何向一直跟在自己身后的员工们说呢？这让马云苦恼了几天。

1997 年 11 月的一天，中国黄页老团队集体出游，并欢欢喜喜为几对黄页新人举办集体婚礼。在婚礼晚宴上，正当大家有说有笑之时，马云举杯先干为敬。

之后，马云不顾大家拍手叫好，大声说道："大家静一下，我有话要说。"然后，马云露出了严肃的表情，大家见状也很快安静下来。

"我这几天经过考虑，决定去北京发展……"马云话没说完，下面就炸开了锅。

“是开玩笑吧？”

“怎么可能突然去北京？”

“什么？去北京？”

“要离开吗？”

“不在黄页干了吗？”

⋯⋯⋯⋯

看到这种状况，马云不得不一再让大家保持安静。等到大家都纷纷用疑惑和惊讶的眼神看着他时，他继续说道：“这次去北京，是为外经贸部开发网站。当然，我不是一个人走，张瑛、孙彤宇、吴泳铭、盛一飞、麻长炜、楼文胜会和我一起过去。”

张瑛是马云的妻子，马云去北京，张瑛自然是夫唱妇随。

孙彤宇自从加入中国黄页后，就对马云钦佩得五体投地。他不仅要自己去，还说服了自己的妻子彭蕾一起追随马云。

彭蕾在高校任教，工作十分稳定。在加入中国黄页前，彭蕾对马云并不了解。出于对孙彤宇的信任，彭蕾也开始为中国黄页工作。

盛一飞原本在广告公司做设计工作，在马云认识到有设计的网站服务更值钱时，决定一改由程序员设计网页的风格，专门找广告公司设计，这才认识了盛一飞。后来，盛一飞折服于马云的魅力，来到了中国黄页，成了中国黄页的第一任设计师。

吴泳铭毕业于浙江大学计算机系，1996 年底进入黄页，是一个网络高手。马云当时的想法是，让他负责外经贸部网站的技术开发工作。

楼文胜是马云的大学校友，在看了中央电视台《东方时空》栏目组制作的纪录片《书生马云》后，立刻放弃了期货生意，投靠了马云。

至于麻长炜，由于为人过于低调，很少有人注意到他的存在。这一次，他却主动找到马云，决定一直追随。

听到这里，大家才明白马云不是在开玩笑，是真的要离开杭州，真的要离开中国黄页，一个个都露出惊呆了的表情。

说完这些话，马云就坐了下来，看了看周围的人。刚才还兴高采烈的一群人，此刻突然面色凝重，谁也不知道该如何开口。

突然，坐在马云右侧那一桌的女孩大声哭了起来。这一哭不要紧，其他人也像得到了什么启示似的，大声哭了起来。

马云完全理解他们的心情。从建立中国黄页的那一天起，很多人就把马云当成了领袖，当成中国黄页的精神支柱。自己离开，势必会让他们在心理上感觉无依无靠。

而且，除了张瑛外，这次和自己一起去北京的 6 个人都是中国黄页的骨干。缺少了他们，中国黄页就永远回不到过去了。

后来，马云安慰大家说："我去北京不代表放弃了黄页，而是想要利用北京的事业更好地发展我们的黄页，如果能成当然最好。就算失败了，还有你们守在这里。黄页是我们的大本营，你们一定要好好守住！"

马云的这些话全都出自真心，所以在大家要求跟他一起北上时，他还是把大家全都说服了，让他们继续为中国黄页工作。

马云离开时，中国黄页的营业额已经突破了 700 万元，而马云所持有的 21% 的股份如果换算成钱，也是一笔不小的收入。但是，马云没有这样做，而是把这些股份全都送给了一起创业的员工，算是对他们辛苦工作的一点补偿。

马云不会想到，正是因为他的这些义气之举，让他不论走到哪里，不论干什么，都有一群人誓死追随。

再次北上，是开始也是结束

1995 年马云第一次北上黯然离京时，曾预言一定会得到北京的认证。时隔两年，他真的收到了来自北京的邀请，并率队踏上了北上的列车。

在火车上，马云给随行的人讲了外经贸部中国国际电子商务中心的历史。在这群人中，还有一个并不曾在中国黄页工作过的人，那就是谢世煌。

谢世煌本来在杭州一家国企上班，由于工作时间比较富余，便常常上网，从而发现了中国黄页的网站，并认识了马云。

与马云接触之后，谢世煌感觉马云与众不同。他不仅思维方式很特别，各种理念也很新颖，言行举止与一般人不同。

从那时起，谢世煌就觉得，马云是个值得交往和追随的人。在得知马云要去北京后，他放弃了原本的工作，要一起去外经贸部工作。

“1996 年 2 月，CIECC，也就是中国国际电子商务中心正式成立，但直到 1997 年 1 月才正式运营。从那个时候起，政府才开始利用互联网开展贸易活动。”

对于 CIECC 的这段历史，大家都很熟悉，马云便没有详述，而是把重点放在了这次北上的工作上。

“这次，外经贸部想做一个大内网，也就是先在全国范围内铺设光纤，然后利用外经贸部已有的分支机构设立接口网点，然后将这些网点互联起来。这样一来，就可以在网上办公，办理审批手续、发布外贸政策法规等。”

“这个想法挺不错。”几个人听后，纷纷表示道。

“是啊，所以CIECC联系了我，希望由我和大家一起负责开发大内网项目。这次的工作有政府支持，启动资金也很雄厚，对我们来说或许是个不错的机会。”

说完这话，马云望向了窗外。不知道火车行驶到什么地方了，外面白雪皑皑。这时，马云突然想到了一句话：“冬天来了，春天还会远吗？”

在马云一行到北京后不久，中国黄页的老团队成员彭蕾、韩敏、蒋芳、戴珊和周悦红也来到了北京，和马云他们会合。

一开始，马云听取了外经贸部对大内网的设想，感觉可行性不高，也很难赢利，便建议改官方内网为互联网。

但外经贸部并不同意。没办法，马云只好先勉强同意，着手建设大内网，想着等以后自己的想法得到验证了，再做进一步的努力。

现在，马云的团队人手不多，却个个都是一顶一的高手。做网站时，他们不怕辛苦，很快就把网站做好了。

然而，等到网站开始运营的时候，马云之前提到的问题出现了。尽管外经贸部下发了收费的红头文件，企业们却不埋单，大内网的业务根本开展不起来。

1998 年 7 月，在马云的不断游说下，合资的国富通信息发展有限公司在外经贸部的支持下成立了，马云出任总经理，并持有一定股份。

国富通正式运行后，马云负责带领团队开发“网上中国商品交易市场”项目，网站建成后很快盈利，并在当年实现高达 287 万元的纯利润。

后来，马云又成功地推出了网上中国技术出口交易会、中国招商、网上广交会和中国外经贸等一系列站点，业绩显著。

这一切，都是马云及整个团队努力的结果。

当初刚来北京时，大家都住在外经贸部位于潘家园的简陋宿舍里，虽然分住在三个房间里，空间仍然略显紧张。办公地点是在外经贸部 7 号楼，所以大家每天都要起大早坐公交车上班。由于潘家园人流量很大，大家常常挤不上公交车。

由于工作任务比较重，加班也成了家常便饭。晚上回宿舍时，公交车已经停运，而打车又打不到，导致大家很晚才能回家。

在马云看来，人生需要不断地学习，这样才不会被社会淘汰。

所以，尽管白天工作非常累，晚上也常常无法休息，但每当大家聚起来时，马云就会带着大家学英语。

身体的疲劳是不可避免的，马云总是想办法让大家经常保持高兴的心情。每当可以休息时，大家就一起下馆子，十几个人围坐一桌，吃着小鸡炖蘑菇，开心畅谈，其乐融融。

即便是如此艰难的时期，马云依然不改乐观的心态。有时候，他会拿着一串钥匙宣布：“大家快看，这就是以后你们在法国庄园宝马车库的钥匙。”

正是靠着马云这样的精神领袖，团队才最终取得了优秀的成绩。但马云却觉得，自己虽然是在做互联网，在做自己想做的事情，但由于合作方是外经贸部，很多时候都不能放开手脚按照自己的想法做，而且还会在一些问题上妥协，这让他心里很不是滋味。

这时，马云突然想起了杨致远。

马云在美国出差时认识了杨致远，并一直保持书信来往。1998 年 6 月，国富通和雅虎达成合作意向时，任国富通公司总经理的马云和雅虎创始人杨致远又一次见面了。

杨致远生于中国台湾，却在美国长大，与马云见面时也是第一次来到中国大陆。在国富通和雅虎达成了合作意向后，马云担当“导游”，全程陪同杨致远玩了 3 天。

后来，杨致远多次邀请马云加入雅虎中国，被马云拒绝了。尽管如此，杨致远还是不放弃，邀请马云出任雅虎中国总经理，马云又一次拒绝了。

在那时，马云就很清楚，自己将来一定会创办一家自己的公司。为别人打工，并不是马云的意愿。

“在这种时候，我要怎么做呢？”马云喃喃自语。大约思考了两分钟，马云深深地点了点头，“我知道该怎么做了！”

想到就马上行动，马云立刻打电话给团队成员，说是有要事宣布，让大家立刻回到住处集合。

当所有人都到齐，目光齐刷刷地望向马云后，马云一脸平和地说：“我最近身体不好，决定回杭州了！”

话音刚落，除了张瑛，大家都异口同声地“啊”了一声。张瑛并不是提前得到了消息，而是从马云最近的反常表现中，察觉到有大事要发生。

楼文胜似乎不敢相信，重复道：“你说要回杭州？”

孙彤宇则不解地问道：“我们现在的工作做得挺好的，又有政府做后盾，为什么要回杭州过那种受制于人的日子呢？”

马云说：“我希望建立一个开放、与人共享的互联网平台，但是与外经贸部的领导们的想法不一致，所谓道不同不相为谋，在这里只会受到更多制约，这是我想离开的第一个原因。

“第二个原因，当初我们放弃杭州的一切来到北京，外经贸部也承诺给我们 30% 的股份。但是当我们真的做出成绩后，他们却食言了。钱不重要，但对我们连最起码的尊重和肯定都没有，让我感觉工作起来很没有劲头……”

马云滔滔不绝地讲述着自己要离开的原因，听的人却只是大眼瞪小眼，面面相觑，一脸茫然，手足无措。

看到这个情景，马云话锋一转：“当然，这只是我自己的想法，你们也可以有自己的打算。我可以给你们指三条路，你们要仔细思考一番。

“第一条路，就是继续留在外经贸部工作，毕竟背靠大树好乘凉，生活安稳，工资也不低；

“第二条路，你们怎么说也是互联网行业的高级人才，可以到新成立的雅虎中国公司工作，那里的工资很高，发展前景也很广阔；

“第三条路，如果你们对外经贸部和雅虎都不放心，也可以去新浪、搜狐，这两家公司也刚成立不久，以后的发展也不会比雅虎差。

“如果你们选择第二、三条路，我会负责推荐，他们一定会录用你们。何去何从，你们自己做决定。我的决心已定，绝不会改变。”

说完这些，马云停了下来，给大家留下了思考和讨论的时间。听得出来，他是在故作轻松，内心其实很沉重。

“还有其他选择吗？”孙彤宇问道。

马云点了点头：“如果你们愿意，我可以带着你们一起回杭州，我们仍然是一个团队，大家一起进行二次创业。”

听到这话，楼文胜非常反对地说：“我们在北京做得好好的，为什么要这么快放弃？我们在北京不也是创业吗？”

谢世煌的反对也很强烈：“我们现在做到这样的业绩不好吗？为什么要不断创业，不断漂泊，这样好吗？”

孙彤宇也感觉很郁闷：“我们干得不错，也得到了很多肯定，有什么理由一定要重新开始呢？”

马云很清楚，这些人都被目前的一点小成绩蒙蔽了，不知道怎么做才是正确的选择。他不打算解释什么，而是继续说：“跟我回去，工资水平没有现在这么高，工作环境没有现在好，工作起来也会比现在累。

“具体来说，你们每个月能有500元的工资，只能在我家办公；我不会提供宿舍，你们要自己租房子住，而且只能在我家附近租，上班步行不超过5分钟。”

在马云说这话的过程中，大家的表情由原本的惊讶到迷茫、由迷茫到失望、由失望到为难，似乎分分秒秒都在产生变化。

说完这些，马云又停顿了一下，过了大约5秒钟又继续说道：“说实话，我现在还不清楚自己到底要做什么，但是我知道，我想要什么，我想要建立一个全球最大的商人网站。

“我知道，这不是一个容易的决定，我给你们3天的时间，你们考虑一下，到底是留在北京，还是跟我一起回杭州。”

听了马云的话，大家都沉默着陆续离开了。马云依旧站在原地，脸上是无奈却坚毅的神色。

大约过了5分钟，团队成员一个个又都回来了，孙彤宇作为代表对马云说道：“马总，我们一起回家吧。”

那一刻，马云的鼻子突然一酸，眼泪流了下来。他看了看这些跟随在自己身边多年的同伴，郑重地点了点头：“我们一起回家！”

马云的团队是个优秀的团队。平时，大家或许会因为意见不合有些小小的摩擦，但是真正到了关键时刻，没有一个人会背离团队，这也是马云具备强大凝聚力的一个表现。

决定回杭州以后，马云和大家在小饭馆里喝酒，算是和北京告别。刚开始，大家还有所节制，到了后来干脆喝开了，抱头痛哭。

哭过以后，孙彤宇用低沉的声音唱起了《真心英雄》。最开始，只有他一个人唱，到后来，变成了所有人的大合唱。

“把握生命里的每一分钟，全力以赴我们心中的梦，不经历风雨怎么见彩虹，没有人能够随随便便成功……”

临近深夜，大家才散场，由谢世煌负责结账。当时的谢世煌已经喝得烂醉，但固执的他却不愿意让人扶，一直重复着“我没醉，没醉”。

走了几步后，伤心的谢世煌干脆一屁股坐在了马路边，大哭起来，一

边哭还一边大喊 :“为什么对我们这么不公平？为什么迷茫的总是我们？”

没有一个人安慰他，所有人的心情都和他一样。这时，一位大妈走过来安慰他说 :“小伙子，别伤心，天下好姑娘多的是，以后你再找个更好的！”

一句话，让原本伤心不已的其他人都笑出声来。

虽说已经决定死心塌地跟着马云回杭州了，大家的心情却高兴不起来。离开杭州已经很长时间了，在这段时间里杭州的互联网行业发生了多大的变化，他们并不清楚。一想到未来充满了未知数，大家的心情也变得更加压抑和茫然。

为了鼓舞大家的士气，马云又一次把大家召集起来。

“咱们在北京工作了这么长时间，经常加班到深夜，几乎没有什么休息的时间，更别说游览北京了。

“俗话说得好，不到长城非好汉，眼看我们就要回去了，我决定带大家一起去爬长城。要求只有一个，把我们的压抑全都留在长城上。”

尽管马云这样说，大家的心情还是特别沮丧和沉重，直到爬到了空旷的长城顶上，大家才恢复了真性情，有人狂喊，有人大叫，有人号啕大哭。

马云看着这群与自己转战南北的战友，心里涌现出一阵阵感动，同时他也暗暗告诉自己 :“马云！你一定要成功！”

第四章

再次扬帆，辛苦迎来第一缕曙光

后来，马云又在路上拦住了几个人，询问他们是不是知道阿里巴巴的故事，有人准确说出了“芝麻开门”的暗号，有人说出了“阿里巴巴和四十大盗”的故事梗概。

马云再也按捺不住内心的喜悦和兴奋，立刻给自己认识的各国朋友打电话，让他们帮忙做关于阿里巴巴的调查，发现几乎所有人都知道这个故事。

南归，筹集“闲钱”创业

由于工作的牵绊，马云的团队是陆续离开北京的。1998 年圣诞节前，张瑛和蒋芳先行返回杭州，来到城西的一个普通小区，走进了湖畔花园风荷院 16 幢 1 单元 202 号。

这里是马云和张瑛的新居，但是还没有入住就被决定用来作为创业的办公室。所以，张瑛和蒋芳对房子进行了简单的装饰，并添置了一些必要的家具。

早在杭州电子工业学院教书时，马云就是买房的先行者。而在几年后，马云又把原来买的房子卖掉，买了这套 150 平方米的房子。

最初，张瑛对马云的这一决定很不解，问：“你陪朋友去看房、买房，怎么自己也动了心思了？那里交通不方便，价格也不便宜。”

后来，在马云的坚持下，还是买下了这处房子。

现在，张瑛才发现马云的决定是正确的。正是有了这处房子，这次创业才有了大本营，还能省下不少房租。

1999 年 1 月，大家陆陆续续回到了杭州。地点的变化也暗示着马云身份的变化，让他从一个合资公司的总经理变成了待业中年。

一向相信自己决断的马云对此并没有难过，也没有时间伤感，便立刻开始筹划二次创业的事宜。

为了筹备新公司，马云召集随他从北京回来的团队成员到家里开会。

他站在一张桌子后面，开门见山地说："大家的住处应该都各自安排好了，现在，我们也该开始二次创业了。"

对于二次创业大家虽然都有所准备，但是没有想到马云会这么快提起，于是都一言不发，或坐或站，表情严肃地围着马云，等着他继续说下去。

马云说："对于二次创业，我们要先筹集 50 万元启动资金。虽然这是我们自己的企业，但也要记住，不能拿父母的养老金，不能向亲朋好友借钱。"

担心大家不遵守，马云又重点强调说："这次创业就像赌博一样，充满了未知数。如果动了父母和亲朋好友的钱，万一我们赌输了，让他们怎么生活呢？"

大家频频点头，表示赞同。

"既然大家都同意我的观点，那我们就利用手头的闲钱来创业。我先第一个来！"说完，马云就把自己的全部积蓄摆到桌面上。

有了马云的鼓励和带头，很快筹集到了 50 万元的创业基金。

这笔钱当然不是闲钱，每个人都几乎将自己的家当全部压在了上面。

马云是有先见之明的，除了提出共同集资筹建公司、让大家为了公司拼命努力外，还告诉他们以后不能在公司论资排辈，高层人才他会另请高明。

马云说得慷慨激昂、手舞足蹈，彭蕾和身边的几个女孩就偷偷翻白眼，她们或许并没有意识到，马云的这次演说是思考了很长时间的结果。

蒋芳是马云的学生，对于马云的这一举动有些不解，会后便私下里问楼文胜："50万元也不多，马老师明明可以自己解决，为什么要让大家集资呢？"

楼文胜笑着解释说："马总当然可以自己解决，但是，如果我们不出钱，就不能享有公司的股份，将来公司也不能成为真正的股份制企业。与其说马总是让我们出钱，不如说是他把股份分给我们，让公司属于我们所有人。"

现在，创业资金已经有了，阿里巴巴网站要实行什么样的运营模式呢？对于这个问题，马云在之前就已经想过，只是想法还不成熟。

马云回想起离开北京前，自己曾带着团队成员爬长城的情景。当时，马云就注意到，在长城的砖墙上，刻着各种字体不一的"某某某到此一游"。

当时，马云就不禁大发感慨："这是我们中国人特有的BBS，以后我们的BBS也要做到这种程度才行！"

现在，马云开始思考，怎么样才能让自己的这一想法变成现实。

2月初，马云在苦恼了一阵子后，突然收到了一份特殊的邀请函。原来，马云由于之前在北京业绩突出，这次受到了在新加坡召开的亚洲电子商务大会的邀请。

在会议上，马云听完欧美式的电子商务模式后，突然受到了启发，认为亚洲应该拥有自己独特的电子商务模式，而且必须要联合中小企业的力量。

这个想法不是突然出现的，早在中国商品交易市场在网上开通后，马云就了解到许多中小企业的需求和自身强大的力量。

不过，马云是聪明的，他并没有把自己研究出来的模式说出来，他决定做一种不同的电子商务，为85%的中小企业服务。

2月21日，完成对阿里巴巴设想构建的马云再次把大家召集到家中，召开了第一次员工大会，向大家讲解有关阿里巴巴的运营模式、目标等。

当时参加会议的创始人一共有15人，但在会议现场，只有13人到场，未到场的两人通过电话参加了会议。

在两个多小时的会议上，马云滔滔不绝地讲着，偶尔想要调动一下气氛，脸上也还是藏着一丝凝重。

在会议中，马云提到，自己从1995年接触网络时起，就立志从事互联网事业。而现在，雅虎、亚马逊纷纷上市，导致很多人都认为，互联网的可能性已经被雅虎开发殆尽。

国外互联网迅速发展，中国互联网市场也不例外。中国的很多网站都复制了美国的模式，获得了很大的成功。

在确定要做一个网站的时候，大部分人就已经在心里构思好了，只要做一个像雅虎、新浪那样的门户网站就可以了。

但马云坚定地表示，如果大家都觉得门户网站好，那么阿里巴巴就没有去做的必要了，因为已经错过了最佳的时机，而且没有丝毫独创性。

阿里巴巴不能做门户，也不能做B2C（企业对消费者的电子商务模式），只能做 B2B（企业对企业之间的营销），而且是面对中小企业的 B2B。

此语一出，立刻引起大家强烈的反对，当时，大家认为电子商务模式不外乎两种，一种是 B2C，一种是 C2C（个人与个人之间的电子商务），而且这两种模式都经过了实践的验证。

另外，还有人认为，马云提出的 BBS 根本不可能实现。要对 BBS 进行分类和人工检查，就会使网络形式化。

马云安慰大家说："我们要一直往前冲，即使失败了，我们的团队也不会消失，有什么可怕的呢？自己一个人闯，你可能会慌张，但是一群人一起往前冲，就没什么可慌张的了。"

在北京为外经贸部工作时，马云就带着大家做梦，告诉大家以后会拥有法国别墅、法拉利跑车。现在，马云又这样做了。

马云说："在以后三五年内，当我们阿里巴巴成为上市公司后，现在所付出的一切都会得到几十倍、上百倍的回报。到那个时候，我们每个人都能拥有 30 套这样的房子。"

在当时，湖畔花园小区的售房价格是每平方米 2800 元，以 150 平方米计算，买一套这样的房子也需要 42 万元，更何况是 30 套呢？

这就是马云与众不同之处，没有高薪，马云就会用梦想激励整个团队，用独有的理念引导整个公司的方向。

对于马云的这番"狂语疯话"，大家虽然动心，但是仍然没有被说服。面对马云对梦想的鼓吹，争论依然在继续。

然而，不管大家怎么说，马云还是不放弃自己的想法，他一直不停地讲着："我们要创办一家不一样的电子商务公司，怎么不一样呢？这家公司要存活80年，要为中小企业服务，要成为全球最大的电子商务公司，而且还要进入全球网站排名前十位。”

虽然没有被说服，但是建立阿里巴巴网站的任务已经刻不容缓。

18个人按照自己的经济实力为公司出了一份钱，都获得了相应比例的股份。当马云把写有股权的证明书交给大家时，郑重地嘱咐道：“回去以后，就把这张纸藏好，不要再把它放在心上。要是天天看着，只会成为做白日梦的空想家。”

所有人都明白，不管他们同不同意，公司的商业模式都已经确定了，就是企业对企业的电子商务，即B2B模式。

现在，马云要集中精力做的事情只有一件，就是想办法把阿里巴巴的英文域名拿到手，这是一个并不容易解决的问题，却意义重大。

阿里巴巴是个好名字

1998年，还在北京为外经贸部工作时，马云就清楚地知道，即使将来公司的规模很小，也不影响自己把公司打造成国际化大公司的设想。

“公司名是第一印象，我们的公司一定要取一个响亮的、国际化的、有知名度的名字，不管用中文还是英文读，都能让人一下子记住。”

在马云给大家讲了取名的要求后，大家立刻着手。第一步，要想一个好的域名。一聚在一起，大家就会热烈地讨论自己想到的域名。

“ok. com怎么样？”

“open. com呢？”

“bargain. com感觉怎么样？”

很快，大家就想出了100多个域名，但是这些域名不是太老土，就是“四不像”，离马云心中的完美域名还相差太远。

既然我们公司做的是电子商务，离不开电脑和互联网，那干脆取一个与此相关的名字，让人一听到就能记住。马云这样想着，然后在大脑中搜索与互联网相关的单词与词组，突然，“Double click”出现在马云的脑海中。

“Double click！ Double click！翻译成中文就是‘双击’，这个名字容易记住，又和互联网有直接的关系！”

马云突然自言自语起来。

然而，Doubleclick. com早已被美国人注册过了，马云只好收起失望的心，继续想一些与互联网有关的词组，但好的名字似乎都被抢注一空了。

1998年底，马云去美国出差，在一个普通的西餐厅里准备点餐时，突然想到了“阿里巴巴和四十大盗”的故事。

其实互联网和阿里巴巴发现的宝库是一样的，都有无穷的宝藏。要是我们公司能承担起阿里巴巴的角色，帮助大家一起挖掘互联网的宝藏，该有多好！

想到这儿，马云突然愣住了：阿里巴巴——芝麻开门！这个寓意多好啊！阿里巴巴与财富有着天然的联系，很容易吸引人关注。

但是，将“阿里巴巴”做公司名合适吗？做域名合适吗？中国人都知道阿里巴巴的故事，但国外对阿里巴巴的认可度高吗？

马云正一心一意地思考着这个问题，这时，餐厅的服务生过来要求他点餐："先生，请问您想吃点什么？"

马云心不在焉，敷衍似的问道："这里有 Alibaba 吗？"

服务生愣住了，西餐厅里西式快餐很多，但 Alibaba 是什么呢？服务生以为自己听错了，立刻又问了一遍："不好意思先生，您想要吃点什么？"

服务生这一问，让马云终于意识到自己身处餐厅。他随即改口道："我是想问你，你知道阿里巴巴的故事吗？"

"哦，阿里巴巴啊，"服务生也很配合，"当然听说过，阿里巴巴说一句'芝麻开门'，就可以打开藏有金银财宝的山洞大门。"他对这个故事似乎很熟悉。

"啊，谢谢！谢谢！"听到这话，马云兴奋极了，刚刚还饿得"咕咕"直叫的肚子仿佛一瞬间填满了食物，充满了饱腹感。

马云立刻站起身来，从身上掏出一些钱塞到服务生的手中，当作小费："谢谢！你帮了我一个大忙！"说完，马云立刻快步走出餐厅，留下一脸茫然不知道发生了什么事情的服务生。

后来，马云又在路上拦住了几个人，询问他们是不是知道阿里巴巴的故事，有人准确说出了"芝麻开门"的暗号，有人说出了"阿里巴巴和四十大盗"的故事梗概。

马云再也按捺不住内心的喜悦和兴奋，立刻给自己认识的各国朋友打电话，让他们帮忙做关于阿里巴巴的调查，发现几乎所有人都知道这个故事。

这时，马云才终于感觉到，这些日子以来的工夫都没有白费，不管在哪个国家，对“阿里巴巴”的故事都耳熟能详，而发音也几乎都是“a — li — ba — ba”，无论是做公司名还是域名，都再好不过了！

回到杭州后，马云立刻把自己的决定告诉了众人，果然获得了一致认可。马云相信，在“阿里巴巴”的帮助下，会有无数人走上致富道路。

重金购买阿里巴巴域名

在想到“阿里巴巴”这个名字后，马云没有丝毫的犹豫，立刻登录网站，想要注册阿里巴巴的英文域名。

当马云兴致勃勃地在网上填入“alibaba. com”时，却出现了“此域名已经被注册”的英文提示，顿时，马云感觉从头顶凉到了脚底。

冷静下来的马云开始想对策，要么换一个名字，要么出钱把这个域名买回来。想来想去，马云都不想放弃这个名字。

当然，这些是大家回到杭州前，在北京发生的事情。

现在，创业资金已经有了，大家又开始重新讨论阿里巴巴域名的问题。最终，大家决定与两年前注册“alibaba. com”的加拿大人联系，把域名买过来。

一开始，事情进展得很顺利，对方也同意出卖域名。谈到价格问题时，对方要价 3000 美元，可公司的启动资金一共才 50 万人民币，谈判进入僵局。

这个时候，马云只好使用之前注册的“alibaba-online. com”和“alibabaonline. com”作为网站的临时域名，建立了“阿里巴巴”中文网站。

事实上，马云的顾虑很多，既担心买域名是挥霍金钱，又担心钱打过去以后对方不认账。意识到自己实在做不出决定后，马云给在雅虎担任高管职务的吴炯打去了电话。

吴炯是互联网专家，也是雅虎搜索引擎技术的专利发明人。1997 年年底，雅虎为了宣传开通中文服务，派吴炯和杨致远一起到北京做宣传，那时马云便与他认识了。

后来，吴炯又回到了美国，而马云也经常因为工作关系到美国出差，两人便常常见面，成了很好的朋友。

马云和吴炯不只是闲谈，还会经常一起讨论互联网的一些问题。虽然马云很希望吴炯来阿里巴巴帮自己，但吴炯放不下美国雅虎的工作，一直没有答应。

不过，出于和马云之间的深厚友谊，吴炯主动担任了马云的免费顾问，经常为他出谋划策。

“吴炯！你觉得，我要是花 3000 美元买域名，值不值得？”一上来，马云连寒暄都没有，立刻抛出了自己的问题。

吴炯直言相告说：“才 3000 美元？我觉得一点都不贵！既然你想办一个全球化的公司，那域名当然也要是高级别的！别犹豫了，立刻买！”

马云原来就倾向于买域名，现在听到连吴炯都这么说，自然更不想放弃了。他狠了狠心，把 3000 美元打到了对方指定的账户中。

大约过了一周，马云终于得到了“alibaba. com”这个域名。这是一小步，但是马云知道，这一小步将会让整个公司获得丰厚的回报。

艰苦创业，月薪 500 元也快乐

2 月 21 日的会议结束后不久，阿里巴巴的筹备建设工作就展开了。按照马云的设想，阿里巴巴要做成 BBS 的形式，要有清晰的行业分类。

但是，到了真正做网站的时候，团队的其他人却不同意，为此，大家进行了多次讨论。尽管马云一再催促，程序员还是不愿意那样做。

后来，马云去外地办事，仍不忘发电子邮件要求大家按照他的想法做。看到他们拒绝自己的邮件，马云生气地抓起长途电话，怒吼：“我不管你们怎么想，现在要立刻按照我说的做，不能再往后拖了！现在！立刻！马上！做！”

尽管大家很不乐意，阿里巴巴最后还是按照马云的构想一步步开始了建设工作。

当然，这并不代表马云是个不讲民主的专权者，他只强调大的方向，至于具体怎么做，还是由大家说了算。

当时，虽然阿里巴巴只有 4 个人负责写程序，即吴泳铭、师昱峰、周悦虹、托尼，但大家并没有因为工作辛苦就降低对网站的要求，仍努力精益求精。

吴泳铭从马云创立中国黄页时，就一直跟随在他左右。从北京返回杭州之前，吴泳铭介绍自己的网友师昱峰认识了马云，结果师昱峰被马云的激情感动，放弃了在中央气象局的工作，随他们跑到了杭州创业。

周悦虹是马云的学生，技术精湛，为人却很低调。在关于如何建设网站的问题上，也有很多自己的看法。

托尼是马云一个香港朋友的儿子，虽然只有 20 岁，却对互联网非常感兴趣，是个 IT 高手。

阿里巴巴的一切工作都刚刚开始，对于技术人才马云自然求之不得，托尼也是那个时候高高兴兴地从香港赶到杭州的。

刚一见面，马云就实话实说："托尼，不知道你父亲有没有告诉你，在我这边工作可以，但工资很低，每个月只有 500 元。"

托尼愣住了，他没有想到马云一见面就和他说这个。更让他意外的是，每个月工资居然这么低！托尼不敢相信地问了一句："500 元？是 500 美元吗？"

马云摇摇头说："人民币！"

托尼大惊，两只眼睛瞪得圆圆的，大叫："天啊，我真不敢相信！500 元人民币？这点钱都不够我给在加拿大的女朋友打电话！"

马云没有任何解释，只是不动声色地说："你可以好好考虑一下，有什么要帮忙的就给我打电话。"然后，转身就走了。

有些不甘心的托尼又去了其他几家做电子商务的公司。交谈下来，托尼觉得还是阿里巴巴能让自己的理想、抱负得到实现，便立刻回来找到马云说："我干！"

公司刚刚创立，马云并不希望用严格的管理制度或工作流程限制大家的思维，所以在阿里巴巴的标识怎么设计、页面要什么样子、买卖信息通过什么样的方式放到网上、怎么核实信息、怎么进行分类等问题上，都由大家商量着进行。

为了打造出更好的网站，大家总是不停地争论，在设计阿里巴巴的LOGO（标识）时，大家先后提出了20几个方案，都被一一否定掉了。

作为阿里巴巴的设计师，盛一飞虽然学习的一直都是传统美术，却更喜欢商业美术，他的设计更注重用户的感受和需求，以此拉近用户和企业之间的距离。

对自己高要求的盛一飞废寝忘食，一个月内就设计了100多个LOGO，但都被他自己否决了。后来，盛一飞想到了人脸，设计出了a形状的LOGO。

看到这个LOGO，大家一致认可，就连马云也赞不绝口："a是开始，也是结束，象征着有始有终。a与阿里巴巴的英文名相一致，也像一个笑脸。"

就这样，阿里巴巴的LOGO确定了。

在其他问题上，大家也都是一起商量着做出决定。虽然工资少，工作量大，没日没夜加班是家常便饭。即便如此，也没有人叫苦叫累，个个都非常开心。

当时，条件非常艰苦，每个人的工资都只有500元，住得简陋，吃的也都是便宜盒饭，谁也不例外。

有一次，大家正在埋头吃盒饭，戴珊突然大声宣布："等以后我有钱了，要做的第一件事就是买一屋子的霉干菜！"

即使是6块钱的盒饭，到后来也吃不起了，只好改吃4块钱一份的。

结果有一次，由于盒饭中的鸡块变质，导致大家集体食物中毒到医院里挂盐水。

对成员们来说，到餐馆吃饭是一件非常奢侈的事情。为了解馋，大家偶尔会到餐馆吃一顿，服务员也惊讶地发现，每上一道菜都会一扫而光。

了解到大家的这种心理，马云就开始用“烧鸡翅”诱惑大家。阿里巴巴新版发布一次，马云就会亲自下厨，做一道人人爱吃的烧鸡翅。

虽然当时条件很差，马云却对阿里巴巴的4个工程师关爱有加，允许他们自己安排作息时间。为了能在安静的环境里工作，他们特意在晚上10点到凌晨4点这段时间工作。

工程师的辛苦是有目共睹的，但客服的工作也不轻松。

由于一开始马云就要求大家与客户一对一在线沟通，所以每个客服都有一个个人邮箱，并通过这个邮箱给客户写电子邮件。

虽然是通过邮件沟通，客服们却可以做到及时回复，甚至工作到半夜一两点，也要把客户的邮件处理完。

当然，除了4个程序员外，其他人也都会做一些编辑和客服工作。每个人都身兼数职，以一当二、当三、当四……

虽说在离开北京之前，马云就告诉大家回到杭州后要自己租房子。但是，由于每天都要加班到很晚，大家直接把自己的被褥拿来，在会议室里打地铺，方便第二天早起工作。

更多的时候，大家累到倒地就睡，也不管自己睡的是什么地方。

每当有人一大早来到公司，就会看到一个震撼的场面：一屋子到处都是人，有的趴在桌子上睡着了，有的直接躺在了地板上，横七竖八，满地狼藉，就像刚刚经历了一场台风。

由于白天黑夜都有人，所以风荷院 16 幢 1 单元 202 号显得尤为神秘。在这里，整夜灯火通明，不分白天晚上，总有一群人进进出出，室内还传出嘈杂的声音。

时间一长，保安们就开始猜测："这些人到底在捣鼓什么？"

后来，有一个师傅上门给马云他们送电脑，一开门，看到一群人坐在电脑旁敲打着键盘，地上还有一些被褥，大吃一惊。

走出小区大门时，送电脑的师傅告诉保安："202 号，那里好像是个黑网吧。"直到这时，保安才觉得好像是这么回事。

有一次，小区发生了案件，202 号的创业团队成了警察怀疑的对象。当警察敲开办公室的大门后，看到了墙上李岚清、吴仪、石广生接见马云的照片后，什么都没问，就悄悄地离开了。

这天上午，马云刚到办公室，就有人跑来向他报告："托尼他们不见了！"

之所以会这么说，是因为通常这个时候，这几个人都会在地上呼呼大睡，但是这天却没有他们的身影，而且服务器也死机了。

"这是怎么回事啊？"

"出了什么事情？"

"要不要报警啊？"

一时间，大家议论纷纷，工程师失踪可是大事，既没有和办公室里的其他人打招呼，也没有留下任何字条，怎么不让人担心？

此刻，马云的脸色也有些难看了，心里隐隐有些担心，但他还是努力让大家安静下来，说："再等等！"然后走到阳台上，向远处望去。

紧接着，办公室里的其他人也跟在马云身后，个个表情严肃。

终于，马云看到了几个人的身影，这才放下心来。

等到几个人回到了屋里，大家立刻围了上来，"你们怎么回事啊？""怎么一声不吭就不见踪影？""你们去哪儿了？"

马云拍拍他们的肩说："没事了，回来就好！"

几个人解释了外出的原因。

吴泳铭说："工作了一晚上，我们居然一点都不想睡觉，便打车去了西湖边。大喊大叫、大唱大笑，好好折腾了一回。"

周悦虹抢着说："然后，我们又跑到知味观美美地吃了一顿，哇，真好吃！"

不等周悦虹说完，师昱峰和托尼同时亮出了手中的背背佳，说："我们吃完饭，又去了新华书店，每人买了一个这个，这下子不怕成驼背了！"

听了他们的解释，所有人都笑了出来。

苦中作乐，每个人都抱着乐观的心态，让这个团队散发出不一样的青春活力。

拒访，踏实做好阿里巴巴

在投入网站建设之前，有人建议马云利用媒体给阿里巴巴造势，因为当时不管是搜狐网，还是新浪网，频频被媒体报道。

马云一向喜欢利用媒体的力量，但这一次，他却对自己的团队成员一遍遍强调："在这半年里，我们要专心做网站。不管是谁，都不能把阿里巴巴的消息透露给媒体。"

最初，大家对马云的这一决定并不理解，但出于对马云的信任，大家都一心一意扑在了工作上。

一开始，阿里巴巴就实行会员制，只为会员提供免费的信息交流和产品展示。与其他可以随意浏览的网站相比，知道阿里巴巴的人并不多。

虽然每天需要提交的信息只有10条左右，大家仍然很兴奋，认真地核实每一条信息，然后把它们放在网上。

后来，阿里巴巴的员工每天都会放几百条商业信息在网站上，当信息多起来之后，大家便按照之前计划的那样，进行分类管理。

1999年5月的一天，大家在一家报纸上看到了题为《想做全球贸易，阿里巴巴拒访》的短篇报道，似乎才明白了马云的用意。

"不接受媒体采访，能让我们专心工作，也能吊起更多媒体的胃口，不用花钱就能让他们免费给咱们做广告。"

"马总真聪明！"

"我突然想到了白居易的一句诗——犹抱琵琶半遮面！"

…………

当时为了鼓励大家，马云预言阿里巴巴一年就能发展10000个会员，但是大家都不相信。在马云说过这话的两个月后，会员人数就增加到了20000以上。

除了会员人数增加外，阿里巴巴的团队也在不断壮大。这年6月，毕业于耶鲁大学、做过律师的蔡崇信，果断放弃了瑞典投资公司银瑞达（Invest AB）亚洲区投资经理一职，加入阿里巴巴大家庭。

阿里巴巴的员工一心一意打造网站时，外界也开始关注阿里巴巴。由于马云一直避开媒体，反而让媒体抓着不放。

由于阿里巴巴一开始就推出了中英文两个网站，所以在网络发展迅速的美国，人们很快发现了这个网站。不管双方身处何地，都可以通过这个网站看到产品，进行交易。

得知创办阿里巴巴的人是杭州的一个英语教师，美国人很意外，美国媒体对此更是很感兴趣。经过一番交涉，1999 年 8 月，《商业周刊》得到了采访阿里巴巴和马云的机会。

但是，这次采访是有条件的，即接受采访，但是采访稿不能立刻发表。《商业周刊》的记者虽然不明白马云的用意，但还是答应了。

直到这些记者跟着马云绕来绕去，终于走进了阿里巴巴当时的办公室后，才明白马云不让报道阿里巴巴的原因。

当时，阿里巴巴的办公室位于马云 150 多平方米的四居室，而大家的工作也充满了灵活性，即使是上班时间，也是干什么的都有。

尽管美国记者见多识广，也被阿里巴巴的办公场面惊得面面相觑。在这样的环境中，记者很快完成了采访，而且也按照约定的那样，访而不发。

马云是聪明的，有《商业周刊》做宣传，阿里巴巴很快就能在欧美产生巨大的影响，但是，现在还不是公开阿里巴巴的时候。

随着阿里巴巴的不断壮大，资金问题也越来越严峻，随时都可能弹尽粮绝。由于之前中国黄页的教训，马云便专心为阿里巴巴寻找新的资金来源。

事实上，和启动资金相比，这次支撑的时间也不算短了。在阿里巴巴，每一分钱的开支都要精打细算，绝不浪费。

出于工作的需要，外出办事时，大家也基本靠走，很少打车。只有在外出采购办公用品的时候，才会打车。

有一次，大家又外出采购物品，拎着大包小包在路边打车。结果，一辆桑塔纳开了过来，大家却没有坐，一直等到来了一辆夏利才坐上去，因为夏利便宜。

不仅仅是外出，即使是在湖畔花园的办公室里，大家也都非常节省。杭州的冬天很冷，但是为了省电，屋里只开一个取暖炉。

马云知道，大家这样做都是希望阿里巴巴可以撑得久一些，撑到成功。此时，资金已经成了制约阿里巴巴发展的因素，到了非要融到一笔资金不可的地步。

第五章

激情燃烧，打造不一样的阿里巴巴

孙正义露出了一个稍微苦恼的表情，拿起计算器又想要计算，但是很快，他就把计算器放在一边，毅然决然地说：“3000 万美元，要 30% 的股权。”

这一次，蔡崇信没有立刻拒绝，而是向马云使了个眼色，两人一同走出会议室，商量了一会儿后，觉得可以接受。

“错过”的 38 次投资

和其他公司相比，阿里巴巴从诞生那一刻起，似乎就是强势的。作为阿里巴巴的掌舵人，马云更是坚信，客户第一、员工第二、投资者第三。

但是，在创业四五个月后，阿里巴巴就没有钱了。是存是亡，就看马云能不能找到投资者，将阿里巴巴从困境中拉出来。

事实上，从阿里巴巴网站推出后，马云就开始动用自己的人际关系，为阿里巴巴寻找合适的风险投资，只是一直没有找到。

在《商业周刊》采访前的一个月，马云又一次接到了投资商的电话。这一次，他没有告诉其他人，而是走到主管财务的彭蕾身边，轻声说：“你和我去个地方。”

彭蕾很有默契地点点头，将桌上略微破旧的记账本拿在手上，一声不响地跟在马云身后，走出了办公室。

等到两人走到楼梯口，马云才对彭蕾说：“上海来了几个汇亚基金的投资人，想投资咱们公司，我们去和他们谈谈。”

汇亚基金是香港的一家公司，在上海设有分支机构。在此之前，他们已经进行过考察，对阿里巴巴的情况也比较满意。

彭蕾明白，汇亚基金总部一定是同意投资阿里巴巴了，但是投资人可以最终决定是否投资以及投资多少，所以这次的谈判可以说是一场决定战。

马云和彭蕾很快就到了杭州世贸饭店，与3个投资人见了面。当时，双方并没有专门找一间会议室，而是在投资人的住处进行了详谈。

简单地寒暄了几句后，对方就给出了一个投资数额，然后说希望用这笔钱获取阿里巴巴一定的股权。

“如果你同意，我们就可以签订合同。”

马云对投资多少钱不是很在意，他在意的是，对方要占阿里巴巴多少股权。看到对方强硬的态度，马云意识到，要他们少要一些股权似乎是不可能的。即便如此，马云还是继续和对方聊了几句。突然，马云看了一眼坐在单人沙发上的彭蕾，然后说道：“抱歉，我们需要商量一下。”

听到这话，彭蕾也有所领悟地站了起来，跟着马云走出了房间，来到了楼下的曙光路人行道上。

马云没有立刻说话，而是在人行道上来回踱步。彭蕾有些紧张，但仍然安静地站在一旁，等着马云开口。

过了好几分钟，马云大概察觉出了自己和彭蕾之间的沉闷氛围，这才停下脚步，转身问彭蕾：“你觉得，这次的条件怎么样？”

马云不是要询问彭蕾的意见，只是想打破沉默而已。彭蕾也知道这一点，从马云刚才的行动中猜测，他又要放弃这次投资了。

尽管彭蕾很敬佩马云，但是她很清楚，如果不接受这笔投资，这个月大家的工资都发不出来了。所以，她还是用略带请求的口气说：“马云，公司已经没钱了。”

马云不是没有想过团队成员的温饱、阿里巴巴的发展问题，但是，马云相信阿里巴巴具有更大的价值，认为这笔钱买不到阿里巴巴那么多股份。

所以，马云还是选择不妥协，和彭蕾一起回到了饭店的房间。

马云不卑不亢地说："我们认为你们低估了阿里巴巴的股份价值，而且低估了很多。对于你们提出的条件，我们不能接受。"

和马云一起走出房间后，彭蕾不禁在心里感叹："100 多万，就这么没了！前前后后几十分钟，这场谈判真是速战速决！"

在对方看来，马云是错过了一个好机会，但是马云有自己的标准。投资者的投资风格过于中国化，不信任马云和阿里巴巴的管理层是原因之一，而另一方面，马云希望除了可以从投资公司得到资金外，还希望以后能得到进一步的风险投资和其他的海外资源。

就这样，马云断断续续拒绝了 38 笔金钱，"错过"了 38 次投资。

事实证明马云的决定是正确的。尽管拒绝了那么多次投资，马云依然相信，阿里巴巴一定能得到自己想要的风险投资。

这笔风险投资很快就来了，在此之前，阿里巴巴要先迎来一员大将，他就是来自瑞典银瑞达的蔡崇信。

弃 6 位数年薪的蔡崇信

说起蔡崇信，就要把时间退回到 1999 年 5 月的一天。这天，蔡崇信作为全球著名风险投资机构瑞典银瑞达（Investor AB）集团的投资人来杭州，由于之前经常听到马云和阿里巴巴的大名，蔡崇信便借到内地寻找投资项目的机会拜访马云。

马云正在为引入投资着急，得知蔡崇信的来意后，立刻滔滔不绝地说了起来。马云分析了阿里巴巴的未来形势、谈论了自己打造80年企业的远大理想。

马云说这些话时，依旧慷慨激昂，手势夸张。在蔡崇信眼中，这就是马云富有创业激情的标志。

看到蔡崇信满脸认可，马云也觉得很高兴，讲得更带劲了。

等马云说完了自己的想法，突然听到蔡崇信问自己："马总，我能去你们阿里巴巴看看吗？"

当时，阿里巴巴还没有成立公司，办公室依然设在马云那150多平方米的公寓里。所以听到这话，马云略微有些惊讶地问："去公司看看？"

蔡崇信点点头。

马云知道，自己是拒绝不了了，只好答应，于是带着蔡崇信走进了湖畔花园小区，走进了16幢1单元202号，一套四居室的房子门前。

一进门，蔡崇信就像马云预料的那样，显得很震惊。在这个普通的居民房里，密密麻麻地坐着20多个人，地上还满是床单，每个人都显得忙碌而又热情洋溢。

再看看马云和大家的交谈态度，自信而又亲和，听的人则频频点头，表示赞同。这是一种非常难得的关系，既有亲密又有崇拜。

这给蔡崇信留下了深刻的印象。回到香港后，蔡崇信立刻向银瑞达总部汇报了自己在阿里巴巴的考察结果。

银瑞达是一家非常有实力的投资公司，也拥有很多国际资源。如果能和银瑞达达成投资意向，对阿里巴巴的发展将非常有好处。

时间过得很快，马云一边寻找其他投资人，一边等待蔡崇信的消息。

大约过了半个月，蔡崇信再次来到杭州，这让马云很高兴，但是，让马云奇怪的是，蔡崇信这次把自己的妻子也带了过来，而且每次和马云交谈时，太太都在场。

更让马云不安的是，蔡崇信对投资的问题似乎故意避而不谈，反而一直问他的创业经历和一些其他的私人问题，这让马云疑窦丛生。

这天，看着天气不错，马云收起了自己的焦虑，邀请蔡崇信去西湖划船，蔡崇信的太太也一起去了。

3 个人说说笑笑，很快就把船划到了西湖中央。

看着荡漾的微波，蔡崇信的表情突然严肃起来。他看着马云，用低沉的声音说道："马云！我打算辞职，加盟阿里巴巴，你觉得怎么样？"

马云非常惊讶，大声说："你别开玩笑了！"发觉自己的语气很尖锐，马云立刻恢复了平常的语调，但声音仍然有些颤抖，"你在香港年薪 6 位数，我这边人人月薪 500 元，养不起你！"

蔡崇信的太太表现得比马云镇定多了，她缓缓地说："马云，如果不让他加入阿里巴巴，他以后一定会后悔的。"

表面上，马云是在拒绝蔡崇信的加入。实际上，自从见了蔡崇信第一面后，马云就在想，如果阿里巴巴也有一个像蔡崇信那样懂法律、懂财务的高级人才就好了！

现在，蔡崇信主动提出加入，马云心里真是乐开了花。

这时，蔡崇信又进一步强调说：“你看，我把太太都带来了，说明我是一心想要留在杭州啊，你一定要同意！”

听到这话的马云也不再假装，立刻答应了：“好吧，既然你愿意，我也是求之不得！你来了就帮我们管钱，当 CFO（首席财务官）！”

得到了马云的首肯后，蔡崇信立刻回到香港，辞去了自己在银瑞达的投资经理一职，然后赶回杭州，成为了阿里巴巴中的一员。

6 月，蔡崇信正式加盟阿里巴巴，担任阿里巴巴的 CFO。刚上班，马云就交给蔡崇信一个重要的任务，筹备公司。

马云的团队人才很多，但是，像蔡崇信这样既懂法律，又懂财务的人却一个都没有。所以说，在阿里巴巴几乎没有任何制度可言。

阿里巴巴是由大家一起创立的，每个人都根据自己的出资额占有阿里巴巴一定的股份。由于信任马云，即使没有参股合同，大家也一点不在意。

但是，蔡崇信并不这样认为，为了规范阿里巴巴的管理体制，蔡崇信亲自做了一份参股合同，并在上面明确了每人占有的股权和应尽的义务。

由于大家看不懂那份参股合同，蔡崇信只好给大家上了一堂关于股权的课。讲课时，由于天气很热，蔡崇信的衬衫都湿透了，但是，这一课也让大家对蔡崇信心服口服。

听了蔡崇信的讲解之后，马云了解到，签了这份参股合同，大家的股东地位就有了法律的保障，便立刻带头签了合同。

其他人见状，也都毫不犹豫地签了。

除了筹备公司外，蔡崇信也到处奔波，为阿里巴巴寻找可能的投资。当时针对互联网公司的风险投资很多，但很少有他看中的。

吸引来蔡崇信，马云对阿里巴巴的前途更有信心了。他知道，蔡崇信不仅是财务人才，还拥有一张强大的“金融网络”。

很快，蔡崇信就利用自己的这张网络，为阿里巴巴吸引来了第一笔“天使基金”——足足500万美元，而且来自著名的高盛集团。

来自高盛的“天使基金”

1999年，中国互联网行业发展火热，吸引了很多对钱敏锐的国际风险投资机构。这些机构以老虎基金、高盛和软银为代表，大大促进了中国互联网市场的发展。

当时，新浪、搜狐纷纷获得了高额投资，发展迅猛，这一点虽然让马云很羡慕，却没有影响他的判断力。

在加入阿里巴巴后，蔡崇信就开始掌管公司的财务运作、国际市场推广等，并以香港为重点城市，在各地寻找风险投资。

转眼间，蔡崇信加入阿里巴巴已经两个月了。8月的一天，蔡崇信到香港和一家风险投资机构的经理人谈判。

谈判结束后，蔡崇信给马云打了电话，虽然谈判没有成功，但他的语气反而有些高兴，这让马云感觉很意外。

“高盛可能会投资我们阿里巴巴！”蔡崇信大声说。

马云有些诧异，高盛是美国有名的投资公司，有长远的战略眼光，而且不会干涉投资公司的运作。可是，高盛为什么突然要投资阿里巴巴呢？

“你是说投行三巨头之一的高盛吗？怎么回事？”马云忍不住问道。

蔡崇信没有卖关子，立刻把具体情况告诉了马云。

原来，在和风险投资经理人谈了一会儿后，大家便中场休息，蔡崇信走出房间，打算到酒店外透透气。

这时，走到走廊里的蔡崇信突然停下脚步，因为他看到了一个熟悉的身影。对方显然也注意到了他，高兴地同他打招呼。

“嗨，约瑟夫（蔡崇信英文名），好久不见！”

“真是很长时间不见了。你还是这么神采奕奕，真是不错！”熟悉的身影正是老朋友林小姐，能偶遇老朋友，蔡崇信也是非常高兴。

蔡崇信和林小姐是多年的知交，在他还在耶鲁大学读书时，两人就在飞机上认识了。当时蔡崇信坐飞机回台湾，而林小姐就坐在他旁边，两人聊了一路，成了朋友。

后来，蔡崇信在香港为瑞典的银瑞达投资公司工作，林小姐也成了大投行高盛公司（香港区）的投资经理人，作为同行，两人的联系更密切了。

两个月前，蔡崇信因加盟阿里巴巴离开了香港，与林小姐见面的机会少了些。这次见面，两人少不了一番寒暄。

作为曾经的同行，两人很快把话题聊到了工作上。

“林小姐，你最近忙什么呢？”蔡崇信很自然地问道。

林小姐一点也不隐瞒，用略显疲倦的声音说：“我最近三天两头往硅谷跑，想找合适的新项目。”

蔡崇信有些惊讶，在他的印象中，高盛一直以投资传统产业为主，往往会关注一些大型制造业，很显然，这样的项目在硅谷并不存在。

“硅谷？据我所知，高盛很少投资高科技行业啊！”蔡崇信疑惑地问。

林小姐解释说：“嗯，现在互联网行业发展这么快，高盛也很感兴趣，想要找一些项目尝试一下。”

蔡崇信听了，心里一动：我不就是来香港找投资的吗？如果能让拥有更多资源的高盛投资阿里巴巴，那就太好了！

于是，蔡崇信向林小姐表示，希望高盛考虑一下阿里巴巴，她很爽快地答应了。

尽管蔡崇信很中意高盛，但马云对此似乎并不抱太大的希望，立刻找回了蔡崇信，两人一同到深圳找投资。

而林小姐并不是说说而已，很快派出考察团，对阿里巴巴进行了详细的调查。根据调查结果，林小姐写了一份调查报告交给总部。

就在林小姐做这些事情的时候，马云和蔡崇信正在深圳和一家颇有名气的投资机构谈判。虽然谈得差不多了，马云和蔡崇信决定再好好商量一下，第二天再决定是不是签约。

就在那天晚上，两人收到了来自高盛的传真，写明了投资阿里巴巴的具体条件。

蔡崇信和马云都知道，阿里巴巴已经弹尽粮绝，在这生死攸关的时刻，高盛500万美元的投资无异于雪中送炭。

“高盛的条件真是挺苛刻的。”蔡崇信拿着传真，一边看一边对马云说。

马云也点头表示赞成，接触了那么多家投资公司，高盛提出的投资条件和金额并不是最合适的，吸引马云的是“高盛”的牌子。

“高盛有很好的国际背景，在投资界也占有重要的地位，我们阿里巴巴要想长期持续地发展，就需要高盛这类公司的帮助。”马云提出自己的看法。

蔡崇信也表示同意：“我也这么认为，以后我们开拓海外市场肯定离不开高盛的帮助，在进行战略规划时也有优势。”

“更重要的一点是，”马云接过话头说，“和国内投资者相比，高盛不会干涉我们对阿里巴巴的管理，这样我们才不会受到束缚，能按照自己的想法打造阿里巴巴。”

两人你一言我一语商量了十多分钟，便果断地给高盛回了传真，表示接受高盛的 500 万美元投资。

这年 10 月，由高盛牵头，多家一流投资机构参与，共同为阿里巴巴注入了 500 万美元的风险投资。

高盛的投资让大家将目光全都集中到了阿里巴巴身上，但这并不是结束，而是一个小小的开始。很快，阿里巴巴就吸引来了一笔更大的投资。

6 分钟融来 2000 万美元

1999 年夏末秋初，马云突然收到了一个印度朋友的电子邮件。在邮件中，朋友故作神秘地写道：“马云，北京来了个神秘人物，想和你秘密见个面，这个人对你一定有用。”

这个朋友叫古塔，是摩根·士丹利亚洲公司资深分析师，跟马云交情颇深。

要是在以前，马云肯定想都不想就去北京，但是现在阿里巴巴得到了高盛的500万美元，马云需要利用这笔钱做很多新的安排，如给阿里巴巴找新的办公地点、招聘新人等，所以根本没有把古塔的邮件放在心上。

古塔似乎预料到了这一点，过了几天，他给马云又打来了电话，专门又说了这件事。

“古塔，你说的神秘人物是谁啊？我认识吗？”马云没有工夫猜测，直接问道。

古塔却不愿意透露：“现在我还不能说，等你来了就知道了……”

“可是我现在真的很忙，恐怕见不了了，下次吧。”马云拒绝了。

“马云，你可不能这样，”古塔突然着急了，“这个机会真的非常非常难得，你一定要来！”他故意用夸张的语气强调。

马云很好奇，是什么样的神秘人物居然让古塔这么说。“见就见吧，又不会有什么损失。”马云在心里对自己说。

几天之后，马云让彭蕾管好招聘，让谢世煌找办公楼，然后一句话都没有透露，就独自一人飞往北京。

到了北京，古塔热情地告诉马云：“我让你来，是想让你参加一个见面会，也是一个秘密的项目评估会。而召开这次会议的人，是日本的‘大鳄’——孙正义！”

古塔的话让马云愣了一下。

孙正义是投资行业鼎鼎有名的传奇人物，被誉为日本的“比尔·盖茨”。马云虽然不在意孙正义的这些光环，却暗暗认为孙正义是个和自己聊得来的聪明人。

看着意气风发的孙正义，很少有人能想到，他竟然经历了那么多的磨难。小时候，孙正义捡过垃圾、养过猪，在父亲的鼓励下努力学习，终于得到了去美国读书的机会。

读书期间，孙正义迷恋上发明创造，并在19岁时发明了袖珍翻译机。后来，孙正义把翻译机卖给了夏普公司，用得到的一百万美元创立了自己的公司。

毕业后的孙正义卖掉公司，回到日本成立了软件银行公司，原本只是以代理软件销售为主业，后来发展为顶尖的投资公司。

马云当然知道，当初要是没有孙正义给雅虎的投资，雅虎不可能这么快成为实力强大的互联网公司。看在孙正义投资小公司的魄力上，也值得见一面。

会议当天，马云提前走进富华大厦，到了会议室他才发现，会议室里已经坐满了人，个个西装革履，侃侃而谈，自信满满。

“马云！”不远处，身穿西装的古塔冲马云招手，快步走到马云身边，接着说，“我帮你介绍一些人认识！”

在古塔的介绍下，马云和很多人握手寒暄。到了这个时候，马云才恍然大悟，这些人都是国内有名的企业家。

当孙正义和其他投资人到场后，会议也很快开始了。在这次会议上，想争取投资的经理人有20分钟的时间说服孙正义和其他投资人。

最开始，马云仔细听了听几个人的演讲，无非是他们的一些商业计划。表面上看慷慨激昂，计划也很宏大，实际上却没有任何吸引力。

很快马云就厌烦了，开始闭目养神，对外界的声音充耳不闻。不知道过了多久，坐在旁边的古塔突然碰了碰他的胳膊，低声提醒："马云，该你了，孙正义让你上去讲讲。"

马云这才睁开眼，看到大家都把目光集中在了自己身上。他像没有注意到一样，站起身来，整理了一下自己的衣服，走上台讲了起来。

由于阿里巴巴刚刚得到了高盛 500 万美元的投资，所以他并不需要孙正义的投资，在演讲的时候也没有任何说服孙正义的意图，只是简单介绍了阿里巴巴的情况。

结果等到马云讲了大约 6 分钟的时候，孙正义突然说道："不要再讲了！"

马云大为不解，刚想问原因，就听见孙正义掷地有声地问道："我要投资你们公司，你要多少钱？"

马云愣了一下，明朗地回答："我不要钱。"

孙正义有些不理解地问："不要钱你来这里做什么？"

马云指着古塔，据实相告："这个朋友介绍我过来，说是见你对我们公司的发展有好处。"说完，脸上摆出一副"我也不想来，他非让我来"的表情。

对于马云的坦白，古塔有些尴尬，孙正义却一点也不在意。他饶有兴致地看着马云，没有再说什么。

为了化解尴尬，也为了替阿里巴巴做一次免费宣传，马云立刻说道："如果你同意，我可以给你具体介绍一下我们阿里巴巴的情况。"

孙正义笑着点头后，马云开始了介绍。他利用台上的电脑登录阿里巴巴的网站，然后进行了演示和介绍。

在马云讲解之前，孙正义从来没有注意过阿里巴巴网站。看完马云的演示后，他郑重地看着马云说："我一定要给阿里巴巴投资，多少钱都行，我要占49%的股份。"

马云没有接受，但也没有表示拒绝，而是选择避开这个问题，和孙正义聊了一些其他话题，让投资的事情留下了商量的余地。

马云前脚回到杭州，孙正义派出的考察团后脚就跟来了。他们并没有和马云谈什么，只是在公司里随意看了看，马云也没有特别当回事。

让马云没有想到的是，考察团回去后没几天，孙正义就让人带话给他："马云，以后有机会来东京的话，记得来找我，咱们单独聊聊。"

本来马云并不缺钱，光高盛的500万美元就够阿里巴巴花上一年半载了。马云认为孙正义有大智慧，和他交流一下也不错。

当天晚上，马云就给蔡崇信打了电话："孙正义要给我们投资，让我们去东京谈。你回来一趟，咱俩好好商量一下。"

接到马云的电话后，蔡崇信很快就从香港赶回了杭州。一见面，他就给马云泼了一盆冷水："我们没必要去，现在咱又不缺钱。"

能说这话倒不是蔡崇信财大气粗，而是依据自己多年经验做出的判断。高盛资金刚刚到位，马云应该专注于"花钱"，用这笔钱建设阿里巴巴。

可是马云并不这么想，钱是会花完的，多要一点投资对阿里巴巴有益无害，而且，孙正义的影响力有目共睹，软银的实力不容小觑。如果阿里巴巴能和软银统一战线，将来就能更快地发展为世界顶尖的互联网公司。

所以，他试图说服蔡崇信从阿里巴巴的长远发展角度重新考虑这件事，并开玩笑似的说："既然孙正义已经敲门了，我们把人家关在外面也不好，不如和他一起玩玩。”

蔡崇信丝毫没有动摇的意思，依然坚定地说：“我们现在不缺钱。”

马云说：“我们现在是不缺钱，可是多点钱有什么不好？钱已经很多了，再多一点也没有什么不可以！”

2000 年 1 月，蔡崇信知道自己根本无法说服马云。不仅如此，蔡崇信又一次把自己“搭了”进去，和马云一起坐上了飞往东京的航班。

一走进会议室，马云就察觉到，和以前的投资谈判相比，这次的谈判显得非常正式。马云和蔡崇信坐在长会议桌边，孙正义和一大排人坐在马云他们对面。

孙正义也不寒暄，一句话直奔主题：“我们就不客套了，你说你想怎么谈？”

马云也是痛快人，立刻回答：“谈之前，我想先说说我们在投资款外的条件，如果不答应，我们就不必谈了。”

听了这话，孙正义表现得很镇静，倒是他两侧的其他人都大吃一惊，直勾勾的眼神仿佛在问：“你是不是搞错了？找软银投资，还敢谈条件？”

孙正义点点头，很平静地说：“没问题，你说吧。”

马云这才不急不缓地说道：“第一个条件，我们只能接受软银的独立投资。”

马云之所以这么说，是因为刚刚到账的 500 万美元名义上是高盛投资的，实际上包括了多家投行。如果是软银独立进行投资，对阿里巴巴的帮助会更大一些。

孙正义点点头说：“这个不难，第二个条件呢？”

马云接着说："第二个条件，希望软银能尊重阿里巴巴的长远发展策略，而不是一味追求短期收益。"

孙正义"嗯"了一声，示意马云说下去。

马云继续说："第三个条件，我们希望孙先生成为阿里巴巴的董事。"

听到这话，刚才还表情平和的孙正义眼睛微微睁大了一些，想都不想就一口拒绝了："这不可能，我不会成为我所投资公司的董事。"

马云知道，孙正义说的是事实。软银每年对200家左右的公司进行投资，能让孙正义亲自过问的，只有十几家而已，而那也仅仅是简单的过问，做董事是从来没有过的事情。

但是，并不急需用钱的马云也很固执："我们接受软银投资的最重要理由，就是因为软银有孙先生，如果您不能参与到阿里巴巴的建设发展中来，软银的投资对我们来说也没有什么意义。"

孙正义很苦恼，看得出来，他对阿里巴巴很满意，可是又不愿意违背自己的原则。想了一会儿，他提出这条可以商量，由双方找一个折中的办法。

听到这话，马云和蔡崇信对视了一眼，然后由马云开口："那就只好这样了！"

没有任何的停顿，双方很快就开始讨论投资额度的问题，由孙正义报价，然后马云、蔡崇信商量是否合适。

在谈判前，马云就已经和蔡崇信商量好，由马云唱红脸、蔡崇信唱黑脸。提条件时由马云来，到了讨论投资额度时，则由蔡崇信出马。

所以，当孙正义报了一个价钱后，马云没有说话，蔡崇信想都没想就坚定地拒绝了："NO，你这个报价，在我这儿都过不去，更别说拿到董事会上讨论了。"

听到这话，孙正义并没有表现得很吃惊。从马云一出场就开出三个条件这一点来看，他早知道这次谈判不会那么简单地结束。

孙正义没有说话，而是拿起了眼前的计算器，"啪啪啪啪"地按了一通之后，又迅速地说出了第二个价格。

结果，蔡崇信还是果断地摇摇头，说了个"NO"，表情和语气比第一次还要严肃坚定。一时间，场上的空气都好像凝滞了。

孙正义依旧没有说话，又在计算器上按来按去，然后，第三次报价。

结果和前两次一样，等待孙正义的仍然是一句坚定的"NO"。这一下，整个会议室的气氛更加让人窒息。

孙正义露出了一个稍微苦恼的表情，拿起计算器又想要计算，但是很快，他就把计算器放在一边，毅然决然地说："3000 万美元，要 30% 的股权。"

这一次，蔡崇信没有立刻拒绝，而是向马云使了个眼色，两人一同走出会议室，商量了一会儿后，觉得可以接受。

回到会议室，仍由蔡崇信开口："我们接受这个条件。"

刹那间，整个会议室的氛围也变得欢快起来，每个人脸上都露出了笑容，孙正义更是紧紧握住了马云的手。

马云和蔡崇信兴高采烈地回到杭州后，立刻召开了董事会。值得一提的是，在高盛的资金到位后，阿里巴巴的股东结构也进行了较大的调整，董事会体制初步建立。

也由于这个原因，阿里巴巴不再像以前那样由马云一个人说了算，尤其是涉及投资等重大问题时，马云必须跟董事们协商。

董事会上的讨论特别激烈，大部分人都反对这个决定。他们不是反对软银的投资，而是认为给孙正义的股权太多了。

经过大家的提醒，马云如梦初醒：如果让孙正义得到阿里巴巴 30% 的股权，会稀释管理层的股权不说，还会影响股东结构的平衡，以后也很难再利用股权进行融资。

更让马云担心的是，孙正义现在就控股 30%，以后很有可能把阿里巴巴变为由他控股的公司，这是马云绝不允许发生的。

最后，由马云提议，董事们经过商量后决定，接受软银 2000 万美元的投资，多了的话不行。

董事会结束后的第二天，马云就找到孙正义在国内的助手，说道："请你转告孙先生，软银的投资我们只要 2000 万！"

这名助手愣了一下问道："我做风险投资这么多年，第一次听到这种说法，难道你们嫌钱多吗？"

马云点点头说："你说对了，我是嫌钱多。对我们阿里巴巴来说，2000 万就足够了，3000 万反而容易坏事。"

这个助手认为，投入阿里巴巴的资金越多，对软银越有利，便想要说服马云收回这个决定。他用略带威胁的声音说："你这样做，可能会惹恼孙先生。错过了这次，以后再想找软银投资就难了！"

马云意识到，两人立场对立，再谈下去，也是双方各抒己见，争论不休，谁也说服不了谁。一时间，氛围非常尴尬。

就在这个时候，蔡崇信把马云拉到一旁说："再谈下去也不会有结果，不如我们直接给孙正义发个E-mail。”

马云点头，当着这个助手的面，给孙正义发了封电子邮件。在邮件中，马云不卑不亢地表示，即使合作不成功，两人也还可以做朋友。

看着马云这样大胆，孙正义的助手感觉很不可思议。他像马云一样，盯着电脑屏幕，等待孙正义的回信。

过了5分钟，邮件来了，事情成了，孙正义同意了马云的要求。

至于马云提出的让孙正义做阿里巴巴董事的条件，由于孙正义平时很忙，即使成了阿里巴巴的董事，也无法经常参加董事会。思前想后，马云提出让孙正义当阿里巴巴的顾问，孙正义最终同意了。

就这样，阿里巴巴与软银公司终于正式签约，软银独立投资2000万美元，为阿里巴巴注入了第二笔资金。

有了这笔钱，阿里巴巴开始在全球范围内进行扩张，发展势头迅猛，在香港设立总部，在美国有研发中心，在日本、韩国以及欧洲设有合资公司或办事处。

但是，马云没有想到，在接下来的两年里，整个互联网行业将进入寒冬，阿里巴巴也会受到巨大的冲击。

阿里搬家，一个全新的开始

2000年1月，整个杭州都处在热热闹闹迎新春的氛围中，阿里巴巴的每个人都像中了彩票一样高兴。贫困交加的阿里巴巴一下子有了2500

万美元的巨款，怎能不欢欣雀跃？

在公司所有要处理的事情中，搬家成了头等大事。在阿里巴巴，每个人都高兴地表示，以后再也不用藏着掖着工作了。

马云当然也考虑过这个问题，实际上，在高盛500万美元到位后，马云就已经让谢世煌物色合适的办公地点了。

谢世煌平时说话慢言细语，做事仔细认真，对算账也很在行。所以进入阿里巴巴后，谢世煌经常和彭蕾一起决定阿里巴巴的钱怎么花。

找一个合适的办公地点不是件容易的事情，却像是专门为谢世煌安排的。谢世煌的细心与对数字的敏感，使他成为做这件事的最佳人选。

很快，谢世煌就看中了离湖畔花园不远的华星科技大厦。

华星科技大厦是刚刚建成的大厦，设施并不完善，还没有几家企业入驻。与周围人员进进出出的其他大厦相比，华星大厦显得格外冷清。

谢世煌对此并不在意，与设施相比，这座大厦的房租很划算，甚至可以说是很低廉，这一点让谢世煌很心动。

但是，当谢世煌找到大厦的管理者，提出想要入驻大厦时，却遭到了拒绝。管理者的理由很简单："我们华星大厦是高科技园区，只接受高科技公司入驻。"

虽然阿里巴巴刚刚获得了2500万美元的投资，但和新浪、雅虎相比，阿里巴巴的知名度实在很低。在杭州城内，也没有任何关于阿里巴巴的正式报道。

2000年3月，对方终于同意租给阿里巴巴，租金也不高，即使把大厦整个租下来，一年的租金也不过200万左右。

了解到这一情况，马云很大气地说："既然租金这么便宜，我们不如把整个9层都租下来，反正我们有的是钱。"

谢世煌却不同意，阿里巴巴刚刚告别发不出工资的处境，这才几个月，就这么不把钱当回事，以后用钱的地方多着呢！

不仅是谢世煌，其他的创业者也表示反对："2500万美元看着很多，实际上做不了多少事情，现在就这么铺张浪费，阿里巴巴还要不要发展？"

马云笑着劝大家："别看我们现在只有几十个人，但用不了多久，就会有几百人、几千人，到时候就半层的办公室怎么够用呢？"

大家还是反对："阿里巴巴怎么可能发展得这么快？""万一真有那种时候，我们就再租下9层的另一半好了，大厦有的是办公室！"

马云知道，自己无法说服这些人，只好无奈地妥协了，租了半层楼。即便如此，他最后还是强调："你们是鼠目寸光，很快就会发现我是对的。"

当时没有人在意马云的话。谢世煌忙着为新办公室装修，其他人则忙着处理搬家事宜，每个人都兴高采烈、欢天喜地，准备迎接新的开始。

虽然新办公室的装修很简单，但能从拥挤的居民楼搬出来，能不用躲躲藏藏，大家都感觉非常满足。

搬到华星大厦之后，阿里巴巴开始建设规章制度，对任何一家想要有大发展的公司来说，这都是一件重要的事情。

马云就把这件事交给了彭蕾。彭蕾尽职尽责，很快就把公司制度和工作流程草拟了出来，只不过，一旦想要实施，就遇到了意料之外的阻力。

这时，马云发现随着空间环境的变化，大家的心态和整个公司的氛围也发生了变化。以前大家在工作中享有很大的自由，现在突然用制度和流程进行规范，一时间大家都很难适应。

马云和彭蕾根本不需要商量，都决心将规章制度推行开来，哪怕是强制执行，也要让大家遵守，这是让公司规范化的必经之路。

随着公司规范化的开始，原本分工不明确的局面也得到了改变。在划分部门、明确分工后，部门负责人也被选了出来。

孙彤宇、张瑛和彭蕾，这3个原本还和大家一起平起平坐的人，一下子都成了部门经理，这让大家很难接受。

一直以来，团队的领导只有马云一个，现在突然有了这样的变化，很多人心里都藏着不满。

马云敏锐地注意到了这一点，由于相信自己的团队，相信大家可以完成这个心理过渡，马云并没有干涉，而是给大家时间适应。

这天，马云打开电子邮件，突然看到了一封长长的邮件。邮件是楼文胜发来的，里面写满了大家的不解、疑惑和埋怨。

马云大吃一惊，他没有想到，一起睡地铺、吃盒饭的团队现在内部居然有这么多的误解和不理解，有这么多的矛盾和怨气。

这封邮件是怎么来的呢？

原来，就在前一天晚上，除了马云、张瑛、孙彤宇和彭蕾之外的创始人到了一家咖啡馆聚餐。原本说好只聊天不谈工作，但是这十几个人都是同事，聊着聊着难免就说到了工作。

结果，一发不可收拾，每个人都把自己的不解、疑惑和怨气说了出来。直到半夜，声音才渐渐平息下来。

后来，楼文胜说："今天我们说了这么多，是因为我们对公司、对团队有很深的感情。如果不把这些问题解决掉，早晚我们也得散伙。我们应该让马云知道我们的想法，大家一起解决。”

此语一出，大家纷纷表示赞同。楼文胜从咖啡馆要来纸和笔，将大家所说的要点记录下来，而后回家整理好发给了马云。

傍晚，马云把大家召集起来说：“现在，公司大了，人多了，我们大家见面和沟通的机会也少了。今天我收到楼文胜的电子邮件，才知道大家有诸多委屈和埋怨。”

马云说完，看了看在场的十几个人，眼里透露出一丝无奈，然后又斩钉截铁地说：“问题既然已经出现了，我们就要解决掉，今晚就要解决。现在，我们所有人都在，干脆就摊开说好了，不说完谁都不能走。”

马云说完，不等催促，大家就依次说开了，把之前抱怨过的事情又说了一遍，表达了对马云、张瑛、孙彤宇和彭蕾的不满。

这里面对他人的批评并不是太强烈，对孙彤宇的指责却异常激烈，以至于这个会议像是专门针对孙彤宇召开的批判会。

孙彤宇性格大大咧咧，说话直言直语，做事也常常不讲方法，不经意间就伤害到了别人，而自己却不知道。

马云知道，大家这样批评孙彤宇，并不是因为孙彤宇成了部门经理，职务升迁只是导火索而已。这些矛盾，很大程度上是由于孙彤宇的性格造成的。

孙彤宇也知道这一点，知道自己在和别人沟通时存在一些问题。以前在北京为外经贸部工作时，他就和张瑛、盛一飞大吵过，这是不容否认的事实。

对于自己身上的缺点，孙彤宇并不想否认。听到大家这样批评他，孙彤宇也很委屈，但他还是以大局为重，请求大家的谅解和接纳。

后来，大家又提出马云的一个亲戚作为阿里巴巴的程序员并不合格，应该让他走人。对于大家的指责，马云也表示接受。

会议就这样一直进行着，从晚上 9 点一直持续到第二天凌晨 5 点多。在这 8 个多小时的时间里，很多人情绪激动，很多人失声痛哭，很多人激烈争吵。

与以往的会议不同，在这次会议上，马云并没有说多少话，而是让大家尽情发泄。当会议快结束时，他才说出了自己的心声。

马云一脸严肃地说："我们刚刚开始对公司进行规范化建设，可以说是非常关键的时期。这才分了几个部门，就这样争论不休，以后有了几万员工，我们要怎么办？

"俗话说，天外有天，人外有人，每个人身上都有不同的闪光点，你们要学会欣赏、学会谅解，而不是做无谓的争吵。

"现在虽然不像以前那样天天泡在一起，但也经常能见面。等以后咱们阿里巴巴做大了，想见一面都有困难，是不是又要后悔了呢？"

马云的话，让在场所有的人都沉默了。

这场风波结束后，每个人都回到了自己的岗位上，继续为创造更好的阿里巴巴、创造世界最伟大的公司而努力。

马云认识到，依靠在湖畔花园创业时的那种盲目的热情，阿里巴巴很难继续走下去，他需要全力打造一种新的价值观，新的企业文化。

事情果然像马云在会上说的那样，阿里巴巴搬进华星大厦不到两个月，员工人数就超过了 300 人。如果当时没有在会议上解决创始人之间的矛盾，这 300 多人恐怕很难管理过来。

为了提供更好的工作环境，谢世煌需要重租办公室。此时，9 层已经满了，而其他楼层也没有整层的办公室可以出租了。

没办法，谢世煌只好高价租了其他办公室，结果 3 层、8 层、9 层都有阿里巴巴的办公室。如果当初听马云的，阿里巴巴就可以在 9 层集中办公。

这件事虽然让马云感觉有些烦恼，但却有另一件事很快让他高兴起来，那就是吴炯正式加入阿里巴巴，担任技术总监一职。

招揽"搜索器之王"

吴炯是互联网专家、"搜索器之王"，在全球第二大软件公司美国 Oracle 公司（甲骨文公司）担任了 5 年的服务器技术部开发经理，后来又加入了雅虎工作。

再后来，吴炯负责搜索引擎和电子商务技术的开发，是雅虎搜索引擎核心技术专利的发明人，在雅虎有高达 7 位数的收入。

早在 1997 年，马云就和他认识了。当马云犹豫要不要买下阿里巴巴的英文域名时，多亏了吴炯的话才下定决心。

原本，吴炯只是出于友谊担任阿里巴巴的首席技术顾问，并为马云出谋划策。但是，随着阿里巴巴想要在美国建立研发中心，马云意识到，阿里巴巴缺少独当一面的高级人才。

当时，国内这样的高级人才并不多，马云几乎连想都没想，就敏锐地察觉到，吴炯是阿里巴巴最需要的人才。

2000 年，吴炯回国探亲，马云认识到这是一个千载难逢的机会，或许可以将吴炯拉到阿里巴巴的阵营中。

于是，马云向吴炯发出了邀请：“你难得回国，不如来杭州一趟，我好好招待你，顺便来我们阿里巴巴看看。”

吴炯欣然赴约。

当时，阿里巴巴还没有搬家，大家仍然挤在马云的房子里不分昼夜地工作着，所以当吴炯走进湖畔花园的创业基地后，立刻惊呆了。

看到吴炯受到触动，马云带着他参观了 150 平方米的办公室，并向他介绍创业的情况：“现在，我们所有人每个月都只拿基本的生活费……”

马云的话让吴炯有些心动，再看看那些坐在电脑前的年轻人，虽然昼夜工作，却一点也看不出疲倦的神色，个个都非常振奋。这种使命感，顿时让吴炯想起了当年的雅虎。

后来，马云又给吴炯介绍了阿里巴巴的模式：“我们没有拷贝国外的模式，而是独创了一种新模式，专门为中小型企业服务。”

马云知道，对于吴炯这样的人才，高薪对他是没有吸引力的，而马云也不打算这样做，他只是希望可以用阿里巴巴宏伟的远景吸引他。

最后，马云恳切地对吴炯说：“你知道我是学英文的，对于互联网基本就是外行。如果你能加入阿里巴巴，我就更有信心了。”

吴炯彻底被马云的真诚打动了。

吴炯觉得，在什么公司工作不是最重要的，最重要的是和怎样的一个团队一起工作，阿里巴巴的团队很有战斗力和凝聚力，而马云也很有领导力和个人魅力。

比起专业人士，马云或许并没有掌握多少技术，但是吴炯知道，马云有一种很强大的能力，能组合出一个优秀的团队，并指导整个团队为了同一个目标而努力。

有这样的人做领导，阿里巴巴又怎么能不成功呢？

随后，吴炯加盟了阿里巴巴，即使会为此降薪，失去每年7位数的雅虎股权收入，吴炯依然觉得，这是一个正确的决定。

自从有了吴炯，马云再也不用为自己是技术菜鸟的问题担心了。他将公司的工程师都交由吴炯管理，然后把心思放在了研究阿里巴巴下一步的发展战略上。

第六章

寒冬危机，走出互联网泡沫带来的逆境

经过了这番调整，阿里巴巴每个月的支出迅速减少了一半，这样一来，阿里巴巴至少可以再存活一年。

对于马云来说，现在重要的不是自己的心情，而是如何让阿里巴巴的员工走出情绪的低谷，激发出奋斗的热情。

全力以赴的海外扩张

在马云的计划里，2000 年是阿里巴巴扩展海外市场的关键年。2500 万美元到位以后，马云就在考虑海外扩张计划。

“我们要在香港设立总部，在英国设立办事处！”

“我们要在美国硅谷成立阿里巴巴研发中心！”

“我们要在日本、韩国、中国台湾成立合资公司！”

“不要怀疑，我们会一个国家一个国家地杀过去，杀到南美，杀到非洲。等到 9 月份时，把旗插到纽约，插到华尔街，然后大声宣布：我们来了！”

马云不仅在心里想着这些计划，还将自己的计划说出来，让每个人都为阿里巴巴未来的发展感到振奋，为未来的无限可能而努力。

在蔡崇信的规划下，阿里巴巴香港总部很快成立。马云一刻也不放松地忙碌着，用高薪为总部招来一大批高级管理人才和社会精英。

总部建成后，马云又积极筹备在美国成立研发中心。美国是互联网的诞生地，在硅谷成立研发中心更容易吸引大量的人才不说，还能利用研究成果促进阿里巴巴进一步发展。

有了钱，不管是成立总部，还是成立研发中心或者办事处，都是一件容易的事情。不容易的是，如何为这些机构招入优秀的人才。

这天，蔡崇信给马云打来电话："今天总部这边又有两个人被别的互联网公司挖走了，薪水比我们多一倍，怎么办？"

其实，蔡崇信的言外之意很明显，在互联网行业烧钱的形势下，阿里巴巴仅仅用梦想打动员工是不够的，也要不可免俗地采用高薪策略。

挂掉蔡崇信的电话没多久，在硅谷负责研发中心工作的吴炯也打来了电话，表达了相同的意思。

两人的话让马云又一次陷入了沉思。

一直以来马云都认为，人才用金钱是留不住的，但是以目前的状况来看，如果不用高薪，就很难为阿里巴巴招入人才，像蔡崇信、吴炯那样放弃高薪加入阿里巴巴的人并不多。

为了挖到人才，防止人才流失，马云决定给香港总部员工和硅谷精英开出高价年薪，仅研发中心的开销就比杭州200多名员工的开销高好几倍。

不仅如此，为了真正地完成国际化，阿里巴巴核心高管团队、中层管理团队的组成人员，几乎都是"海归派"。

在马云看来，这些付出是值得的。没过多久，杭州、硅谷的工程师们迅速推出多种语言版本的阿里巴巴网站，包括韩语、中文繁体、日语、英语（针对澳洲）……一时间，阿里巴巴大有攻入世界各国的趋势。

马云的好时光

早在 1999 年 8 月，《商业周刊》就采访了阿里巴巴和马云，由于与马云有过访而不发的约定，《商业周刊》的采访稿一直保留着。

直到阿里巴巴搬进新的办公楼，《商业周刊》才将最初那篇采访稿发表。一发表不要紧，国外媒体立刻紧盯马云，马云立刻成了国际媒体的宠儿。

2000 年 5 月，马云到上海参加某中国互联网公司的演讲会。演讲结束后，有一个人突然找到马云，主动做了自我介绍："你好！我是《福布斯》的编辑……" 并把名片递了过去。

马云看了看名片，原来对方是《福布斯》的高级编辑，便和对方聊了几句，把自己的名片也递了过去。

《福布斯》是一本商业杂志，在世界范围内具有广泛的影响。由于与那名编辑只有一面之缘，马云并没有把这件事情放在心上。

没过多久，马云又接到一个电话："马云先生，你好！我是《福布斯》的记者贾斯汀·杜布勒，我们经过商量决定，想要采访你和阿里巴巴，不知道你怎么想？"

《福布斯》是权威的国际财经媒体，有《福布斯》免费为阿里巴巴做宣传，马云自然求之不得，立刻答应："欢迎欢迎，随时欢迎！"

几天后，贾斯汀·杜布勒就从纽约飞到杭州，可事情偏偏这么不巧，马云因工作上有急事要去上海。

机会难得，马云不想放弃，就试探地说：“现在谈是来不及了，不如你和我一起坐车去上海怎么样？我们可以在路上谈。”

贾斯汀·杜布勒作为一名专业记者，没有表现出一点不满，毫不犹豫地答应了。

在车上，贾斯汀·杜布勒表现得非常敬业，和马云一谈就是好几个小时。之后，为了确保报道的真实性和客观性，贾斯汀·杜布勒又独自返回杭州，进行更深入的调查。

贾斯汀·杜布勒采访了阿里巴巴的员工和会员，还参观了阿里巴巴的老办公室，等他做完这些回国时，已经是 6 月中旬了。

随后，贾斯汀·杜布勒又发来一份事实核对单，上面有 180 个问题需要马云核实。不仅如此，贾斯汀·杜布勒还电话采访了马云讲述的事件当事人，尽管他们远在国外。

“真是没有想到，一次采访居然搞得这么麻烦！”马云嘀咕着，可事到如今，想要后悔已经来不及了。

转眼到了 7 月的一天，马云走在香港的街道上，在地摊前短暂停留时，发现自己居然上了《福布斯》封面。

就在那期的《福布斯》上，有一篇全面深入报道阿里巴巴的文章——《小虾米的 B2B》，阿里巴巴也被评为全球最佳 B2B 站点。

马云受到关注，《福布斯》只是开始。

一次，马云去阿里巴巴英国办事处视察，这个办事处虽然刚刚成立，但很多事情已能有序运转，马云对此很满意。

就在这一天，办事处公关部经理收到了英国 BBC 的邀请函。

BBC 即英国广播公司，是英国最大的新闻广播机构，也是世界最大、最著名的广播公司，在全球具有巨大的影响力。

公关部经理立刻将这个消息告诉了办事处的负责人和马云。

马云小时候学习英语听的就是 BBC 广播，听到这个消息后自然非常高兴，他兴奋地问："采访是什么时候？"

"今天下午 6 点 15 分。"说完，公关部经理又将邀请函上的注意事项告知马云。

"邀请函上说，这次采访是采取录播而不是直播的形式，您只需要按照采访提纲准备就行了。要回答的问题有 5 个，您要不要提前看一下，准备准备？"

"没关系，不用了。"马云淡定地回答。

马云对此一点也不担心，他的演讲能力不是一般的好，素有"铁嘴"之称。即使不准备，马云相信自己也能顺利完成采访。

下午 3 点，BBC 又发来了传真，嘱咐马云好好准备采访大纲上的 5 个题目，马云仍然一笑置之。

下午 6 点，马云和主持人一起提前走进了 BBC 的演播大厅。主持人叮嘱说："马云先生，那 5 个问题您都准备了吧？"

马云这时才想起来，拿出了抄有 5 个题目的纸条，扫了一眼。

等上了演播台，主持人大声宣布："大家好！现在是 BBC 总部全球直播。"

听到这话，马云愣了一下。BBC 总部全球直播的节目在全球有 3 亿观众，这可是宣传阿里巴巴的好机会。想到这里，马云变得兴奋起来。

突然，镜头切到马云身上，主持人开始发问，而问题和之前让马云准备的那5个题目根本不搭边。

“你们是中国的公司，想要占领英国的互联网市场，你觉得能成功吗？”“你是不是想当百万富翁？”“你当得了百万富翁吗？”……

问题一个接一个，马云虽然很紧张，但仍然面带微笑，不卑不亢地一一作答。即使采访结束，马云仍然不忘向主持人宣传阿里巴巴。

在互联网行业不如之前火热的大背景下，阿里巴巴的一切似乎都在朝好的方向发展。紧接着，马云又在筹划一件大事，让他在中国互联网行业声名大振。

震惊业界的“西湖论剑”

一个午后，马云看着金庸为他题的“神交已久，一见如故”8个大字，想着自己的江湖梦，暗暗为自己没能实现“大哥梦”感到可惜。

突然，马云灵机一动：江湖无处不在，互联网不也是不见血的江湖吗？《射雕英雄传》中有华山论剑，我何不组织一个西湖论剑，让整天斗得你死我活的互联网老大们一较高下？

想到这里，马云非常兴奋，立刻给负责阿里巴巴公关活动的市场部副总裁李博达打电话。

马云兴奋地说：“我突然有个想法，现在国内互联网行业的老大们都在明争暗斗，如果我把大家组织起来，搞一个论坛让大家辩论，怎么样？”

李博达不太明白马云的意思，问道：“具体点呢？”

马云说：“就是说，我想请金庸和新浪、搜狐、网易、8848 的老大们一起搞个‘西湖论剑’，你觉得怎么样？”

李博达感觉非常诧异，说：“你在开什么玩笑？我知道你善于借媒体造势，也善于借活动造势，可办‘西湖论剑’是不可能的！”

“为什么？”马云问道，语气中有几分赌气的意味。李博达来阿里巴巴之前，曾任北京奥美公关公司总监，对于他的想法，马云还是很想听一听的。

李博达用一副“这还用问吗”的语气说道：“你和金庸几个星期前才见过一次，恐怕他很难答应你的邀请。而那几个老大们的关系也并不好，没有道理聚到一起。”

虽然李博达没说，马云还是听得出来，他的潜台词是：“那几个老大在国内的知名度都比你高，他们怎么可能听你指挥？”

马云固执地说：“我想试试。”

李博达只好先敷衍马云道：“为保险起见，你要不先邀请试试？如果成功的话，我们再具体商议。”

李博达知道，马云在业界的威望并不高，想要请到其他互联网行业的老大，绝不是一件容易的事情。所以，他希望以此让马云放弃。

马云可不这么认为，对于认准的事情，他一定要做做看。当天晚上，马云就将“西湖论剑”的会议要点和邀请人员名单列了出来。

第二天上午，马云先给金庸打了电话。他觉得，如果“西湖论剑”有金庸坐镇，邀请其他人也会相对容易些。

不久前，一位记者得知马云是铁杆“金庸迷”，主动介绍马云和金庸认识。

那天，马云和李博达一起去“庸记酒家”，在那个小酒馆里，马云见到了金庸，激动得差点说不出话来。

马云很小就已经读过金庸的武侠小说，百读不厌。对《笑傲江湖》中的风清扬更是崇拜不已，甚至以“风清扬”自称。

见到金庸后，马云与他畅谈了3个多小时，十分投缘，“神交已久，一见如故”8个大字就是当时题的。

金庸果然没有辜负马云的期待，爽快地答应了。

请金庸是马云的第一步棋，接下来，他还要努力说服网易的丁磊、8848的王峻涛、新浪的王志东、搜狐的张朝阳参加，这似乎就不容易了。

经过了解，马云意外得知丁磊、王峻涛居然和自己一样，也是武侠迷，这让马云大为兴奋。

“老榕，”马云给王峻涛打电话时底气十足，“我要办一个互联网行业的‘西湖论剑’，想请你参加。你来不来随便，反正金庸要来。”

老榕原本是王峻涛的笔名和网名，后来大家都这样称呼他，反而很少有人叫他的本名了。

说完这话，马云在电话这一头偷笑。

面对马云的玩笑话，王峻涛一点也不生气，当即表态：“金庸大侠都去了，我岂有不去之理？去，一定去！”

随后，马云又给丁磊打了电话。正如他预料的那样，听说“西湖论剑”由金庸主持，丁磊也满口答应。

在给张朝阳和王志东打电话时，马云明显变得慎重多了。

张朝阳是海归派，想要用“金庸”这块牌子打动他似乎并不容易。让马云感到意外的是，张朝阳却一口答应了，还给自己找了一个必须参加的理由。

张朝阳对马云说：“我对武侠了解得太少，正好可以利用这次的机会上上武侠课！机会这么好，我一定去！”

王峻涛、丁磊和张朝阳的加入让马云信心大增，想着趁热打铁继续邀请王志东，但是，邀请王志东的难度显然比邀请前三人大得多。

王志东的新浪网可以说是当时国内第一门户网站，王志东也算是中国互联网行业的老大。而阿里巴巴呢？说是处于创业阶段也不过分，凭什么号令天下？

尽管如此，马云还是给王志东打了电话。电话里王志东含糊其词，既没有拒绝，也没有答应。

马云故意装傻，一厢情愿地说：“老大，既然你没有拒绝，我就当你答应了。到时候，你可一定要过来参加啊！”

王志东不知道怎么回答，只好“嗯嗯”了几声，勉强地答应了。

邀请完这些重量级人物，马云开始着手筹备“西湖论剑”。为了让活动圆满完成，马云特地找阿里巴巴新闻官金建杭谈话，让他负责“西湖论剑”的具体指挥工作。

金建杭是马云特别倚重的人，在马云受聘于外经贸部中国国际电子商务中心信息部前，就受到了机关报《国际商报》记者的采访，这个记者就是金建杭。

后来，马云到外经贸部就职，随后任隶属于外经贸部的国富通公司总经理，与金建杭经常一起聊天。当时外经贸部政府网站也需要一个主编，马云第一时间就想到了金建杭。

在马云的建议下，毕业于上海复旦大学新闻系的金建杭从《国际商报》辞职，担任了这一职务，这是对马云极大的信任。

马云带着团队返回杭州创业，金建杭也毅然决然地辞职，开始跟随马云创业，负责公关推广工作，成为阿里巴巴的发言人。

“建杭，”马云找到金建杭说，“这次的论坛很重要，相信你也知道，不要忽视任何细节，好好做。”

金建杭点点头，决心做好。

眼看“西湖论剑”就要开始了，王志东却给马云打来了电话：“马云啊，我公司事情太多，‘西湖论剑’我就不过去了。”

这可不行，王志东是业界老大，老大不参加，由几个小弟撑场面怎么行？但在电话里说不通，于是马云亲自跑到北京去请。

一见到王志东，马云就给他戴“高帽子”：“老大，你是我们大家公认的老大，你不参加，我们几个小弟还搞什么论剑啊？……”

马云不仅诚心诚意地劝说，还紧跟王志东左右。王志东意识到，自己是躲不过去了，只好同意。

就这样，2000 年 9 月 10 日这天，金庸、王志东、张朝阳、丁磊、王峻涛如期出席了阿里巴巴举办的“西湖论剑”，到场的还有上百名记者。

在“西湖论剑”会场上，马云看到一条悬挂着的横幅，上面写着：新千年、新经济、新网侠。

“新网侠，我们都是新网侠。”马云笑着说道。网侠把网络与江湖扯到一起，让中国网络江湖化。

“西湖论剑”一开场，金庸便说道：“最近，我和张朝阳先生聊起了一个故事。一位老先生在几千年前用直的鱼钩钓鱼，说是愿者上钩。后来他到了杭州，不钓鱼了，改用网捕鱼，愿者上网……我想说的是，西湖上网，愿者上钩，大家都快乐地谈论。”

有了金庸的这个开场白，大家都兴致勃勃地聊了起来，当然，所有的话题都是从武侠聊起。

王志东是个金庸迷，在接受采访时也会经常引用武侠小说的内容。他讲到自己十几年前第一次见台湾的朋友时，畅聊金庸，最后就像跟宿舍同学聊天一样自在。

在王志东看来，想要练就高深的武功，需要拥有年轻活跃的心态，并在各路高手的指点下，集各家所长，融会贯通；需要热爱生活，用平常心对待功名；需要待人友善。

而在从事互联网行业时，王志东也努力这样要求自己，感觉武侠对自己的启发特别大。

张朝阳没有读过金庸的小说，来参加“西湖论剑”，从大家的交谈中了解到，武侠小说中不仅有关于武侠的道理，还涉及人世间很多道理，便打算开始看金庸的著作。

丁磊认为，互联网能有突飞猛进的发展，是因为技术的发展，而技术相当于金庸小说里面的武林秘籍，而丁磊也会一直为了这样的秘籍而努力。

王峻涛出差时，包里一定会装一本金庸的书。王峻涛认为做人要有侠气，要讲义气，要虚心好学，练就属于自己的功夫。

在经营和从事互联网业时，王峻涛还认为应该讲一点侠气，讲一点义气，练出中国市场需要的互联网独门功夫。

对于大家的发言，马云都认真听着，也谈了自己的感受。

马云很清楚，阿里巴巴一路走来，很多人都说阿里巴巴一分钱不赚，只是在瞎折腾，但马云却不在意，觉得自己是外练一层皮，内练一口气。别人怎么骂是别人的事，没必要一一理会。

至于练气，就是要做好公司内部的管理。阿里巴巴员工来自 17 个不同国家和地区，管理起来比较困难，要好好做，才能留住员工、吸引人才、发挥人才。

在会上，大家也谈到了网站模式。大家对门户网、B2C、C2C 都很看好，对 B2B 模式却不屑一顾。马云对此毫不在意，坚信 B2B 最有前途。

“西湖论剑”后，马云又邀请金庸到阿里巴巴参观。参观完毕后，金庸大笔一挥，题了一幅字：“善用人才，为大领袖成功之要旨，此刘邦刘备所以创大业也，愿马云兄常勉之。”

收到这样一份特别的礼物，马云非常高兴。

在马云的精心策划和组织下，第一届“西湖论剑”圆满结束了。正如马云预料的那样，在“西湖论剑”后，阿里巴巴和他本人的名声急速上升。

在“西湖论剑”前，新浪、搜狐、网易是互联网界公认的三大门户网站，王志东、张朝阳和丁磊是“三大掌门”；在“西湖论剑”后，开始有了“五大网站”“五大掌门”的说法。

马云并没有因此忘形，表情反而一天比一天严峻。虽然阿里巴巴向世界进军是件好事，但马云的内心却一天天不安起来。

挽救阿里巴巴的“西湖会议”

2000 年 10 月 1 日至 3 日，马云和阿里巴巴的高管在西湖西子宾馆召开了一次内部会议，研究如何调整公司战略和发展方向。

这 3 天里，整个会议室的气氛一直异常激烈，为了得出最终结论，高管们各个争得面红耳赤，分毫不让。

当时，阿里巴巴的势力范围除了杭州外，还攻入了中国香港地区、美国、欧洲和韩国。杭州的阿里巴巴问题不大，但中国香港地区、美国、欧洲、韩国的网站每个月开支高昂，而且没有一分钱收入。

不仅如此，由于阿里巴巴在 13 个国家和地区都建立了办事处，为了提高阿里巴巴在当地的知名度，用在市场推广和广告宣传上的费用也是一笔天文数字。

对于这些，马云一开始就有自己的考虑。一直以来，马云都认为中国人在商业运作上主要看人，不如西方用制度进行管理来得可靠。

马云会有这样根深蒂固的观念，和一开始创业时的经验分不开。

当初马云创办海博翻译社时，曾经请了一个做过出纳的女孩子收钱。

由于翻译社规模很小，也没有人过问每天进账多少、出账多少。

直至三四个月后的一天，翻译社非常忙，马云估算一天应该有1000多元的营业额，可是最后算来算去，都只有400多块钱。

马云感觉很奇怪，便开始仔细核对账目，发现这个女孩子每天都会从营业额里拿走一两百块钱。

在那一刻，马云才认识到，做企业光靠人是不够的，还需要制度，需要体系。如果没有好的制度和体系，公司消失是迟早的事情。

当然，仅仅引进西方的制度还不够，让中国人完全按照西方的理念工作也是不现实的，所以马云为阿里巴巴引入了很多国际型人才。

马云认为，阿里巴巴的英文网站应该放在硅谷研发中心，那里有很多技术精英。但马云却忽略了一点，在硅谷缺少进行网上交易的贸易人才。

为了解决这个问题，马云又高薪从纽约、旧金山引进了大批贸易人才。而这些贸易人才的交通工具，是专机！

包机接送外籍员工的事情一直持续了一个半月，马云才叫停。

截止到这次西湖会议前，这样烧钱的事还有很多，导致阿里巴巴的运营成本大大增加，账上的钱也迅速减少。

对外扩张除了导致成本增加外，还加大了管理的难度。在“湖畔时代”时，阿里巴巴内部虽然也有争论，但到最后总能达成共识，执行是第一位的。

现在呢？阿里巴巴成了一家跨国公司，员工来自13个国家，较大的文化差异让他们之间很难达成共识。

会议前，硅谷研发中心的工程师与香港总部的高管仍在热烈争论。

工程师们认为要沉下心来做好阿里巴巴网站，香港总部则认为应该让阿里巴巴尽快上市。

当初，是马云和阿里巴巴的高层一起制定的国际化战略，现在看来，如果阿里巴巴继续这样运营下去，很快就会倒闭。

看到阿里巴巴现在的情况，马云才意识到，公司现在还不具备走向世界的实力，必须按部就班地发展才行。

而且，随着美国证券市场纳斯达克市场的不景气，华尔街的风险投资全部采取保守策略，不再对中国互联网市场进行投资，即使是之前承诺的新投资，也全都作废。

一时间，中国的网站纷纷倒闭，马云意识到：互联网泡沫开始破裂，整个行业的冬天就要来临了！

认识到这一点，马云决定提前采取措施，让阿里巴巴安全渡过危机。

“杀”到骨头里的裁员

从阿里巴巴进行海外扩张时开始，每个月都要支出近百万美元，虽然花钱很多，但此时账上尚有 700 万美元，比起其他公司来说，还算是富裕的。

问题是，经过一年的努力，阿里巴巴仍然没有赚钱。只花不赚，吸引再多融资也会有花完的那一天。

而且，随着账上的钱越来越少，股东们的脸色也越来越难看。有的股东甚至找到张瑛，直接威胁她说：“再不想办法让阿里巴巴盈利，我们就把这个网站关了。”

这让张瑛很难过：“我们账上现在还有钱，就已经受到了这样的攻击，以后钱花完了，要怎么办？”

实际上，就在前几天，张瑛还听到阿里巴巴的员工私下里议论，认为阿里巴巴做的根本就不是电子商务，B2B 模式根本不可能成功。

当张瑛把这些言论告诉马云时，马云似乎表现得很镇定。

马云安慰张瑛道：“这些不算什么，我听到的比这过分多了！说什么我们阿里巴巴能上《福布斯》存在背后交易，想让阿里巴巴成功就像将巨轮放到珠穆朗玛峰上那么难。”

虽然马云表面上不在意，其实也隐隐感到担心。网站没有大的进步，导致很多员工陷入迷茫，网站建设也陷入停顿。

一直以来，马云都希望阿里巴巴做全球概念的 B2B，为全球商人提供方便，这是所有员工都知道的。

但是，员工们认为，按照现在的发展步伐，在实现这一目标前，阿里巴巴可能就已经死掉了。而且，媒体一直猛烈批评互联网，很多互联网站纷纷关门，也加剧了员工心中的不安。

尽管马云非常乐观，现实情况却是要挽救阿里巴巴就要开源节流。现在找不到新的资金来源，也没法狠下心来彻底节流。

就在马云感到进退两难的时刻，猎头公司为马云推荐了一个人才——关明生。此人在美国通用电气公司工作长达 15 年，4 年之内就将该公司医疗器械中国销售收入从零提高到 7000 万美元，在业界享有盛名。

按理说，关明生有这么好的背景、这么高的收入，不应该在互联网行业如此不景气的时候加入才对，但是，关明生也非一般人，对于事情的看法也与一般人不同。

在关明生看来，表面上互联网行业的发展并不好，实际上却是危机与机会并存。所以，当猎头公司找到他时，他就决定和马云谈谈。

很快两人就见面了。原本是约好一起吃饭的，但谁也没有动筷子。基本上是马云在滔滔不绝地说，关明生认真地听，两人都感觉很满足。

马云发现，关明生对阿里巴巴的目标、使命、价值观都很赞成。而关明生也表示，只要阿里巴巴愿意，他随时都可以到阿里巴巴上班。

2001 年 1 月 6 日，关明生从香港飞到了杭州，两天后，他走进阿里巴巴正式上任，担当 COO（首席运营官）一职。

关明生果然是有担当之人，上任后当天，就立刻展开了工作。

“我们还有多少钱？”

“不到 700 万美元。”

“按照以往的经验，还能撑多久？”

“这个……”蔡崇信看了站在身旁的马云一眼，坦率地说：“按照现在这种花法，能不能支撑半年都是个问题。”

听了这话，关明生一下子明白阿里巴巴面临的状况了。

随着关明生的到来，阿里巴巴召开了会议。在这次会议上，马云和决策层最终决定让阿里巴巴回到中国、回到沿海、回到中心。

回到中国，就是要全面收缩战线，撤站裁员；回到沿海，是指将业务重心放在沿海六省；回到中心，是指回到杭州本部，香港则降格为中国区总部。

做出这个决定不容易，怎么执行，更是一个难题。

“照你看，要怎么裁员？裁多少人合适？”马云问关明生。

实际上，这个问题马云和阿里巴巴其他高层一起讨论过，裁员的对象是拿着高薪的外籍员工，但一直为是大裁还是小裁犹豫不决。

经过短暂接触，关明生已经感觉到马云是个讲义气的人，而蔡崇信和吴炯也因为同事情谊不忍彻底裁员。

为了阿里巴巴的发展，关明生知道，自己必须做一次恶人，于是态度坚定地说：“既然决定裁员了，就要裁得彻底，否则只是治标不治本，无法从根本上解决阿里巴巴的问题。”

接下来杭州被选为裁员第一站，被裁掉的员工反应不甚强烈，此事很快就结束了。

在杭州进行裁员时，吴炯从硅谷给马云打来了电话：“我这边快撑不住了，今天又有几个工程师给我打了辞职报告。”

马云安慰了吴炯几句后，便没有再说什么。他知道，即使这些人不辞职，等到关明生和蔡崇信杀过去，一样会把他们辞掉。

马云回想起当初在美国硅谷建立研发中心的事情。那时，阿里巴巴刚刚得到了 2500 万美元的投资，未来的一切充满了希望。

为了拥有最前端的技术，为了以后可以和微软、雅虎、eBay 抗衡，马云和吴炯商量后决定在硅谷成立研发中心，让技术最强、经验最丰富的工程师为阿里巴巴服务。

阿里巴巴只是一个小公司，也没有良好的国际背景，要吸引这些技术顶尖的高科技人才，只能采用高薪战略。为此，阿里巴巴用 6 位数以上的年薪聘请了 30 名工程师。

到了现在这个时候，发展壮大阿里巴巴已经成了次要问题，首要问题是怎么活下来。不裁掉这批高薪工程师，阿里巴巴必死无疑。

2001 年 1 月 24 日，农历大年三十，也就是在吴炯给马云打告急电话的几天后，关明生和蔡崇信到了硅谷，走进了阿里巴巴研发中心。

没过多久，关明生就给马云打了电话：“这边的裁员基本上已经结束了，现在只剩下吴炯和托尼了。”

吴炯是阿里巴巴的 CTO，负责硅谷研发中心的工作；托尼两年前加入阿里巴巴，是那个说“500 元钱都不够给在加拿大的女朋友打电话”的香港小伙子。

硅谷研发中心裁员结束后，吴炯回到了杭州。

这天，马云正坐在办公桌前苦思，想着这次裁员带给员工的情绪影响。虽然这样做可以暂时挽救阿里巴巴，但是带来的心理失落、郁闷也是不可避免的。

突然，马云听到门外传来了脚步声，再抬头时，吴炯已经一声不响地站在了自己面前，一副欲言又止的样子。

两人对视了大约半分钟，吴炯才沮丧地开口说道：“硅谷的研发中心已经名存实亡，我这个 CTO 也没有什么用处了，不如你把我也裁了吧。”

马云看了看吴炯，没有直接回答，而是先安慰他说：“吴炯，我知道你心里不好受，硅谷裁掉的工程师大多都是你亲自聘用的，研发中心也耗费了你大半年的心血……

“阿里巴巴现在的情况你也很清楚，我们真的需要你。就算你在硅谷什么都不做，也是阿里巴巴的 CTO，是我的好朋友……”

马云说的是心里话，当初吴炯放弃雅虎的高薪和股票期权加盟阿里巴巴，让马云非常感激。而私下里，两人也是多年的好朋友。

后来，在马云和蔡崇信的劝说下，吴炯决定留下。

在解决了硅谷研发中心的事情后，关明生和蔡崇信又飞到香港。在这里，他们很快又裁掉了 22 人，只留下了 8 个人。

香港是蔡崇信的阵地，从他加入阿里巴巴时起，大部分的时间都在香港办公。眼看着自己的同事、朋友被裁掉，他心里也很难过。

但阿里巴巴的裁员工作仍要继续，两人又赶往韩国，进行了一系列裁员减薪，并要求每个月只能开支 12000 美元，并在 3 个月内达到收支平衡，否则就全部裁员。

做过这样的约定后，关明生和蔡崇信又回到了国内，先是关闭了昆明办事处，然后将上海办事处裁员至 10 人左右，接着又把北京办事处从中国大饭店搬到了泛利大厦。

不仅仅是对别人下手，马云、蔡崇信等也主动将自己的工资减至一半，并取消了公司的广告预算，要求员工出差也只能住三星级宾馆。

尽管裁员和撤站都是为了阿里巴巴的生存考虑，是不得已而为之，但马云的内心如同处在冰火两重天，备受煎熬。

从小时候起，马云就把友谊视为最重要的财富，经常为了朋友与别人打架。走上工作岗位后，马云因为自己的重情重义和诚信赢得了一大批追随者。

从裁员的那一刻起，马云就变得郁郁寡欢，原本下班后他总喜欢和大家一起神侃，可现在公司的气氛呢？充满了失落和压抑，也没有人愿意多说什么。

每当关明生告诉他又裁掉了一批员工时，马云就感觉非常痛心，仿佛是将亲人赶出了自己的大家庭。

马云陷入了深深的自责：都是我的错，如果当时我没有同意向海外扩张，我们仍然一步一步踏踏实实地往前走，就不会出现这样的情况。

马云感觉非常难过，也开始对自己产生怀疑，他拿起电话，打给了李博达："你认为我是个不好的人吗？"

李博达原以为马云是有什么事情交代，没有想到他会提出这样一个问题，他本能地反问道："为什么这么问？"

马云说："让大家离开，我感觉很难过。因为我的失误，让这些想要和阿里巴巴一起奋斗的人离开，并不是我想做的事。"

挂了电话，马云感觉情绪好了一些。

经过了这番调整，阿里巴巴每个月的支出迅速减少了一半，这样一来，阿里巴巴至少可以再存活一年。

对于马云来说，现在重要的不是自己的心情，而是如何让阿里巴巴的员工走出情绪的低谷，激发出奋斗的热情。

尽管外界一直怀疑马云，怀疑阿里巴巴，认为阿里巴巴不能赚钱，马云却一直相信，阿里巴巴不但可以赚钱，而且还会赚大钱。

现在，马云最重要的任务是，带着阿里巴巴渡过这个"寒冬"。

三大运动过好冬

对于阿里巴巴来说，冬天从 2000 年 9 月 20 日马云宣布阿里巴巴进入紧急状态那一刻时，就提前来临了。

2000 年年底时，马云察觉到，自从注入了 2500 万美元，阿里巴巴的员工变得不像以前那么努力了，工作也缺少激情。

2001 年 1 月 13 日，在大裁员之前，由关明生主持，马云、金建杭、彭蕾等人集体召开了一次会议，一开就是整整一天。

在阿里巴巴的高层会议上，马云一改往日的作风，几乎没有说什么话。不是马云不想说，而是关明生在不停地讲。

关明生讲的是目标、使命、价值观，而且一再强调这些都很重要。后来，关明生毫不客气地问马云："我们阿里巴巴有长远的目标，也有使命和价值观，这些有没有明确地写出来？"

马云沉默了，在创业之初，他就向团队成员描述了一个大目标，也经常告诉大家阿里巴巴的使命和价值观，但是却从来没有想过要将这些内容写出来。

马云沉默了，若非关明生提醒，他不会意识到，原来这么简单的一件事，自己竟然拖到现在都还没有做。

时间一分一秒过去了，最后马云终于开口："我们没有写出来，仅仅只是放在脑袋中。"

会议仍然在继续，马云却陷入了深深的思考中。

一直以来，我都崇拜英雄，喜欢那种一人呼百人应的感觉，即使阿里巴巴内部有矛盾，也是放在桌面上说，没有往上面放过多心思。

现在想来，在阿里巴巴如此困难的时期，情感深厚的创业元老之间却矛盾重重，是什么原因造成的呢？

最初一起创业时，每个人都充满激情，为了一个美好的目标不顾一切地努力。但是，缺少了真实的目标、使命与价值观的维系，这种创业的激情也逐渐消失。

想到这里，马云对关明生说："我现在觉得，在阿里巴巴工作就像参加一场球赛，球在哪里，所有人就冲向哪里，结果谁也没有碰到球。"

关明生直接相告："这便是阿里巴巴的问题所在，我们必须完善企业价值观，并用这些观念激励大家，让每个人各司其职，让足球比赛真正成为一场比赛。"

正是在这次会议上，阿里巴巴的理念"客户第一，员工第二，股东第三"被确立下来，而且一直不曾改变。

在之后的日子里，高层绞尽脑汁，最终总结出了九大价值观：群策群力、教学相长、质量、简易、激情、开放、创新、专注、服务与尊重。

后来，这九大价值观被称为"独孤九剑"。确立价值观只是第一步，最重要的还是执行。

"很多企业的价值观都只是做做样子，在阿里巴巴就不能这样，是时候进行一次整风运动了。"马云看着关明生，认真地说道。

对于马云的这个想法，关明生深以为意，说："是的，我们必须抓一抓阿里巴巴的企业文化建设，将阿里巴巴的价值观灌输到每一个员工的大脑里。”

在这场向员工灌输价值观的整风运动中，马云给公司每个员工都提了要求，既要将九大价值观牢牢记在心里，还要身体力行。

为了让大家记住，公司把九大价值观制作成卡片，让员工随身携带；为了督促大家身体力行，把九大价值观作为绩效考核的硬指标，与工资挂钩。

而在阿里巴巴全国各地的公司里，都贴着这些价值观。马云也是从这时意识到，做企业一定要从一开始确定企业文化，确定章法。

经过这些举措，那些无法认同九大价值观的员工被请出了阿里巴巴，在公司里，人和人的关系又变得和谐，工作氛围也比创业之初更显团结向上。

马云知道，对于处于寒冬中的阿里巴巴来说，这些还不够。这时，关明生又给他提了一个很好的建议。

他说：“我们要把公司系统做出来，光为公司进行‘消毒’还不够，还要进行‘输血’，对我们的员工进行培训。”

就这样，在关明生的提议下，马云也认识到培训是决定公司命运的重要一步，并决定投入100万进行培训。

培训采用自下而上的方式进行，依次对主管级的员工、中层干部、高层干部进行培训。而进行授课的讲师，都是来自著名管理咨询公司的高级顾问。

除此之外，培训还特意设了销售培训班，专门针对销售人员进行培训，帮助公司创造更多的利润。

阿里巴巴的培训果然引起了一片质疑，但马云对此毫不在意。如果说没有经过培训的阿里巴巴拥有的是一支游击队，那培训后就成了一支真正的王牌军。

尽管马云、关明生等人都在为阿里巴巴努力着，但股东们对此并不关心，他们关心的是：什么时候赚钱？

其实，这也是马云非常关心的问题。想让阿里巴巴继续生存下去，光“节流”还不够，还要“开源”。

自从在西湖会议上确定了盈利模式和主打产品后，阿里巴巴销售团队就开始了“中国供应商”“诚信通”的销售大战。

中国供应商其实就是一个面向全球的贸易市场，只不过和真实的市场不同，这个市场是建立在网上的。在阿里巴巴的市场里，商家可以“开店”，发布自己的商品信息，从而获得订单。

中国供应商是会员制，普通会员每年的服务费用是 4 万元，高级会员则是 6 万元，这成了阿里巴巴的盈利来源。

与“中国供应商”不同，“诚信通”建立在诚信的基础上，通过与信用管理公司合作，对不同的网商进行诚信认证。

通过“诚信通”，可以查到企业的诚信档案，包括企业的荣誉和污点。而企业给其他网商的评价，也会记录在诚信档案中。

当然，要查看“诚信通”上的信息，需要是会员才行。由于价格不高，受到了很多中小企业的欢迎。

但是，马云并没有因此满足，他善于揣测商家的心理，增加了一项新的服务——内部信息排名服务。

马云很清楚，不管是传统市场的商家还是阿里巴巴的商家，都希望自己的店在市场最显眼的地方。

在阿里巴巴，商家可以通过竞价得到显眼的位置，将自己的信息放在上面，从而获得更多的关注和更大的利益。

经过2001年1年的奋斗，12月时终于盈利。虽然就整个2001年看，阿里巴巴的财务状况仍然亏损严重，但12月的盈利让马云看到了希望。

“2002年，我们的目标是——实现全年盈利1元钱！”马云大声宣布。

当时，阿里巴巴的账上只有400万美元了，按照预算，最多只能撑半年。所以在鼓励大家搞好业务的同时，马云也开始寻找新的投资公司。

2002年2月，日本的亚洲投资公司向阿里巴巴注入了500万美元，成为阿里巴巴成立以来的第三笔融资。

尽管钱不多，但是在当时整个互联网行业都处于寒冬的状态下，这笔钱无异于雪中送炭，能让阿里巴巴再多撑上一年。

这次互联网行业的寒冬让马云的大脑也清醒了不少，而他相信，度过这次冬天后，阿里巴巴会迎来更美丽的春天。

第七章

开拓疆土，打造“两宝”与“一剑”

这一切都在马云的预料中，虽然当初支付宝是在淘宝网建立之后打造的，但马云的眼光绝不仅仅局限在解决淘宝网的支付问题上，他想解决的是国内电子商务的支付问题。

在脱离了淘宝后，支付宝真正成了第三方支付平台。在与国内所有有影响力的银行达成战略合作后，支付宝才算真正壮大起来。

迎战“非典”，将危机变成业绩

2003 年 4 月的某一天，马云并没有像以往那样气定神闲，而是不停地在办公室里走来走去，一副犹豫不决的样子。

“到底要不要去参加广交会呢？”马云低声问自己。

犹豫了许久，马云意识到，这件事并不是自己可以决定的，便立刻召集阿里巴巴的高管们开会。

一开始，马云就开门见山地说道：“我们都知道，这次的广交会很快就要开始了。由于今年广州情况特殊，所以想和大家讨论一下，我们还去不去参展。”

此语一出，在座的所有高管脸色一下子变得凝重起来。

经过短暂的沉默，有人说话了：“广交会是广州每年春秋两季都会举行的贸易会，可以说是一场综合性的国际贸易盛会。与其他贸易会相比，广交会历史长、规模大、效果好，我们不能错过。”

另一个人反对说：“没错，广交会是宣传阿里巴巴中国供应商客户的绝佳机会。但是，现在广州的情况大家都很清楚，那可是 SARS 病毒的疫区和重灾区。”

很快，大家的立场就鲜明地展现了出来。双方你一言我一语，在企业使命感与员工人身安全问题上争论不休，反复讨论了几个小时。

最终，大家一致将目光投向了马云。

马云总结道：“今年的广州不比往常，但为客户参展是我们阿里巴巴的义务。这次，一定要去！”

看到马云拍板，大家才松了一口气。

很快，负责广交会事宜的员工就赶赴广州。会场上除了参展企业和人员骤减外，并没有其他特殊的事情发生。

广交会结束后，阿里巴巴的员工纷纷回到了杭州，马云算是松了口气。这样一来，阿里巴巴的使命感和员工的健康问题就都解决了。

然而，广交会结束没几天，马云就听到了一个消息：当初赴广州参加广交会的员工中，有一个名叫宋洁的女孩被确诊为“非典疑似病例”。

马云一下子愣住了，半天才反应过来说：“这不可能！”当时，整个浙江省只有3例“非典病例”。然而，不管马云相不相信，事实就是如此。

从广州回来后，宋洁就出现了感冒迹象。由于有些工作亟待处理，宋洁并没有回家休息，而是回公司工作。

虽然吃了药，但毫不见效。看到自己高烧不止，宋洁担心这种状态会影响到工作，这才正式就医，结果被诊断为“非典疑似病例”，后又转为“非典临床诊断病例”。

理清了思路后，马云给全体员工写了一封道歉邮件，将当前公司的状况开诚布公地说了出来。

虽然马云的心情很沉重，虽然他对所有人都感觉很抱歉，但是他相信，当前不是互相埋怨指责的时候，而是应该团结一致，共渡难关。

所以，在邮件中，马云呼吁阿里巴巴的所有成员在为生病的同事祈祷的同时，一起迎接挑战。

宋洁生病的消息一经公布，整个华星大厦都沸腾了，所有人都把目光投向了马云和阿里巴巴。面对他们，不是怒目相视，就是唯恐避之不及。

马云当然理解大家的这种心情。在威胁到生命安全的“非典”面前，大家都变得异常紧张。面对带回“非典”的人，他们自然意见很大。

“真是对不起，我们会采取措施的……”马云不停地拜访华星大厦里的其他公司，鞠躬、赔礼道歉、承诺采取措施。即便如此，还是不断地遭人白眼。

对马云而言，受到其他公司的指责并没有什么，让他难过的是，阿里巴巴的员工以及他们的亲人都私下里指责整个管理层，尤其是马云。

“明明知道在广州‘非典’闹得那么厉害，为什么还要让员工去？”

“那个广交会有多了不起，竟然比人命还重要？”

“现在的公司，真是不管员工死活！”

一时间，马云似乎走到哪里都能听到这样的问题和指责。马云也开始怀疑，自己当初是不是不应该拍板让员工去广州。

但是，马云又想到，越是在这样困难的时期，阿里巴巴更要为电子商务做出贡献，这样才是对企业负责。

通过这次的事情，马云也认识到，以后阿里巴巴要想取得大的发展，在维护客户利益的同时，也要想好社会责任。

即使当初为了应对“非典”，阿里巴巴做了非常细致充分的预防工作，但是在疫情面前，再谨慎也不为过。

就在不久前，杭州市茅临生市长还考察了阿里巴巴，肯定了电子商务和阿里巴巴的重要作用，让大家备受鼓舞。

然而几天后，一切都变了。

5月6日下午4点，马云戴着大口罩，向大家宣布：“我接到了市政府的正式通知，我们整个华星大厦都会被封锁，而我们阿里巴巴的所有人都要接受隔离。”

就在马云宣布这个消息的时候，华星科技大厦其他公司的员工早已打包好办公用品，匆匆奔跑，一副乱糟糟的样子，仿佛逃难一般。

阿里巴巴的员工也露出恐慌的神态，但仍旧努力镇定下来，在马云和高管们的指挥下，一部分人快速将办公用品打包，另一部分人则整理通讯录，协助电信公司和阿里巴巴工程部的技术人员安装宽带、调试通信设备，设置好工作所需的必备装置。

在将所有的业务电话分配到各个员工家里后，阿里巴巴的500多名员工无须任何仪式，就成了特殊的“SOHO”一族。

之所以说“特殊”，是因为“隔离”不同于“SOHO”。隔离，意味着阿里巴巴的员工要和家人一起“囚于”定时消毒的家中，不能外出，三餐也由专门人员配送。

此时，比起阿里巴巴的前途，马云更担心员工的人身安全。

“据我所知，有些员工住在郊区的简易房里，条件特别艰苦，连个窗户都没有。一直待在这样的房子里，不知道他们能不能忍受。”马云不无担心地对妻子说。

妻子也叹了口气，虽说因为“非典”的关系，阿里巴巴在杭州无人不知，但“非典”也让阿里巴巴受到了前所未有的考验。

“在家里办公，不知道结果会怎么样。”张瑛也非常担心。

阿里巴巴的员工大多是年轻人，平均年龄不足 26 岁。在办公秩序被打乱的情况下，很难想象他们能创造出好的业绩，似乎连守住阿里巴巴都很困难。

很快，事实证明，马云的担心是多余的。阿里巴巴的工作有序地进行着，与在办公楼里的情况几乎没有什么不同。

由于无法外出，大家都用电子邮件和“雅虎通”保持联系。为了鼓舞士气，马云也常常与大家一起聊天。而对在医院就医的宋洁，马云更是一天一个电话，表达关怀之情。

让马云感到高兴的是，在公司如此困难的时期，员工之间的关系反而变得更加亲密。原本那个让人感到陌生的大公司，仿佛一下子变成了创业团队。

在被隔离了 12 天后，阿里巴巴全员没有发现一个人受到感染，而宋洁也很快出院，返回了工作岗位。

在“非典”期间，阿里巴巴的网站却稳定运行，有一半以上的会员企业业务不但没有下降，反而实现了爆发式增长，阿里巴巴也得到了快速的发展。

后来，马云将每年的 5 月 10 日定为“阿里日”，邀请员工家属到阿里巴巴参观、用餐，并为阿里巴巴的员工举行集体婚礼。

事实上，在阿里巴巴被隔离的员工中，少了几个人。之所以免于被隔离，是因为他们在宋洁返回杭州前，就已经离开了总部，到马云位于湖畔花园的房子里进行秘密创业。

“秘密小组”打造淘宝

事情还要从2003年年初说起。当时，马云带着李琪、金建杭等人从东京考察回来，只字不提关于短信、网游市场考察的情况，而是把自己关进了办公室。

2002年10月时，阿里巴巴终于实现了全年收支平衡。到了年底，终于实现了全年盈利，盈利当然不止一元钱。

从那时起，马云就不再像以前那样，紧盯着阿里巴巴的发展，而是开始思考，怎么样为阿里巴巴融得更多的资金，怎么进行二次创业。

马云开始寻找新的风险投资，但由于对方的条件与公司的战略安排相冲突，融资的事情也就暂缓下来。

去东京前，马云突然想到，阿里巴巴和全球最大的在线交易平台eBay（易贝网）其实是一样的。

eBay是一个可以在线上拍卖及购物的网站，拥有大量注册用户，卖家也来自全球各地，每天都有大量商品销售，是世界上最大的电子集市。

在整个考察期间，马云一直心不在焉，一心想着回杭州找几个人商量商量。就在他到达机场准备离开时，被孙正义的一通电话留住了。

一见面，还不等马云开口，孙正义就神采飞扬地对他说："马云，你们阿里巴巴和 eBay 的平台是一样的！"

就这么一句话，让马云豁然开朗。

按照孙正义的说法，eBay 虽然是神话般的存在，但在日本却败给了雅虎，被其占据了日本 70% 的市场份额。

马云想：如果雅虎日本公司可以做到，阿里巴巴也能做到。

想到这里，马云决定建立一个 C2C 网站，与 eBay 展开正面战争。

在建设 C2C 网站方面，马云最先想到的人就是孙彤宇。孙彤宇在马云创办中国黄页时就已经跟在他身边了，一直奋斗在销售一线。

2002 年年底，孙彤宇被任命为新成立的投资部经理。由于刚刚成立，还没有其他成员，孙彤宇是名副其实的光杆司令。

这样一来，如果让孙彤宇负责新项目，对公司的业务不会有任何影响。

考虑成熟后，马云把孙彤宇叫进了办公室，问道："如果我们阿里巴巴也做一个像 eBay（易贝网）那样的 C2C 网站，你觉得怎么样？"

一直以来，孙彤宇熟悉的都是销售、市场等业务，至于 C2C、B2C 的概念，他了解甚少。面对马云突如其来的提问，孙彤宇坦言："我还不知道 C2C 是怎么回事，给我点时间研究一下吧。"

马云点点头。

那天以后，马云几乎每天都找孙彤宇，让他聊聊对 C2C 的感想。孙彤宇也是现学现卖，对 C2C 的认识也一点点加深。

过了一段时间，马云感觉时机成熟了，就告诉孙彤宇说："经过我们研究决定，撤销投资部。你着手准备一下，很快就会进行一个 C2C 项目。"

孙彤宇非常高兴，因为C2C是面对消费者的行业，正是他的兴趣所在，还能用到他以往积累的经验。

C2C项目靠孙彤宇一个人领导就足够了，但要让项目正式启动，还要说服阿里巴巴的其他高管，尤其是CTO吴炯。

吴炯是很务实的互联网专家，在攻克技术难题时，这确实是非常好的品质。但物极必反，过分的谨慎往往也使得吴炯身上缺少冒险精神。

马云很清楚这一点，决定先把这件事情告诉吴炯。

“吴炯，我决定打造一个像eBay那样的C2C网站，和eBay争夺国内市场份额，你觉得怎么样？”

“你疯了吗？”吴炯大声反对，“你这样做会害了阿里巴巴。我以前在雅虎跟eBay交锋了很多年，输得一塌糊涂！”

对于这一结果，马云早已料到，但他还是努力说服了吴炯和其他高管。不管他们心里怎么想，C2C项目最终决定运行。

2003年3月的一天，阿里巴巴的员工像往常一样，有的下班，有的在办公室加班，有的则一声不响地被叫出了办公室。

这一个个被叫出办公室的人，最后都走进了CEO马云的办公室。办公室里坐着的除了马云外，还有公司的其他高管。

此时，马云的面色十分复杂，既有高兴，又有严肃；既有期待，又有慎重。而整个办公室的氛围，也非常凝重。

马云严肃地看着他们，说道：“公司要交给你们一个秘密任务，你们可以选择做还是不做。”停顿一下后，马云指着反扣在桌上的文件说，“如果愿意，就签了这份文件；不愿意，现在就可以离开。”

不出马云所料，这几个人虽然不知道要做什么，虽然不知道为什么要对家人保密，但还是决定在文件上签字。

等到全部签完字后，马云走过来，拍拍他们的肩，高兴地说："走，咱们一起吃饭去，我给你们详细说说这次要执行的任务。"

这几个人仍旧一头雾水，跟在马云和一群高管后面，怀揣着一堆问题来到了公司附近的一家饭店。

"我们已经决定，要秘密打入 C2C 市场。交给你们的秘密任务就是，做一个像 eBay 那样的 C2C 网站。"饭桌上，马云的一句话让大家目瞪口呆。

看到大家不解的样子，马云一点也不意外，开始给大家讲述自己对 eBay 的研究心得，并最终告诉大家：阿里巴巴和 eBay 是一样的。

年轻人的思想毕竟很活跃，了解了自己的任务以后，他们很快问道："做这样一个网站，不知道我们有多少时间？"

马云想都没有想就回答道："一个月，到 5 月 10 日时，一定要让 C2C 网站上线！"

大家听了面面相觑，虽然都没有说什么，但那眼神分明表达了各自的想法：一个月？能完成吗？不是开玩笑吧？

看着马云严肃的表情，大家谁也没有把自己的担心说出来。

临别时，马云打气似的和这批受命者一一握手，拍着他们的肩膀，说："你们都是好样的，这次创业就靠你们了。放手去做，做不好也没关系，尽力就好！"

很快，C2C 网站正式启动。

在湖畔花园，总负责人孙彤宇一开始就对网站做出了明确的要求：

“各位，我们需要做一个日均浏览量超过1000万的C2C网站，你们能做到吗？”

“1000万？”6个人异口同声地反问道。接着，每个人都把头摇得像拨浪鼓一样，说：“怎么可能做到啊！”

孙彤宇当然不会降低要求，“现在做不到，就想办法做到，你们现在就研究，我等着你们的最终方案。”

说是这么说，孙彤宇对做一个日浏览量在1000万以上的网站也没有信心。毕竟，阿里巴巴网站做到现在，也没有实现这个目标，更何况是一个新生的网站呢？

坐等大家研究出解决方案，当然不是孙彤宇的做法。每隔几个小时，他就跑进会议室，问那群挠头抓耳的人：“能做到吗？”迎接他的，总是一张张苦闷的脸和一句“NO”。

终于有一次，孙彤宇再问大家时，有个人小心翼翼地说：“让我们试试吧。”虽然6个人没有十足的把握，这也足以让孙彤宇感到高兴。

很快，大家就开始了这项似乎不可能完成的任务，购买服务器、动手做系统设计，开始正式做网站。

就像最初创建阿里巴巴网站一样，6个人虽各有所长，但没有各司其职，而是共同为网站的建设工作出谋划策。

就在网站建设进入重要阶段后，阿里巴巴因“非典”被全部隔离，马云担心这6个人的状态，经常打电话慰问，鼓励大家将项目进行到底。

有了马云的鼓励，吃住都在湖畔花园公寓里的6个人并没有在意外界的变化，2003年5月10日，淘宝网终于成功上线。

由于被隔离在家，马云无法亲自到湖畔花园，只得通过视频和这个特殊的团队一起庆祝淘宝网的诞生。

说起淘宝网名字的由来，也是一件有意思的事情。由于马云酷爱金庸的小说，手下的人也对这些小说非常熟悉。

有一次聊天时，大家聊到了《鹿鼎记》中韦小宝和 7 个老婆开店的故事，笑闹不已。

受这个故事启发，大家把网站的名字定为“淘宝”。而且从字面意思上看，也可以理解为没有淘不到的宝贝，没有卖不出的宝贝。

淘宝网虽然上线了，但是并没有产品可卖。马云并没有担心，因为这个团队很快就自己想到了解决办法，把自己的东西拿到网站卖，你买我的，我买你的，为淘宝网造人气。

按照马云的构想，在淘宝网尚未成熟之前，并不会向公司内部员工公布。但是让他没有想到的是，淘宝网上线不久，就引起了阿里巴巴员工的注意。

有一个员工在阿里巴巴内网上发表了一篇文章，并致信马云：“马总，我们发现了一个有意思的网站——淘宝网，虽然现在规模很小，但很有可能在以后成为阿里巴巴的强敌……”

很快，大家都开始关注这个网站，甚至开始对网站进行详细的分析，与阿里巴巴做比较。一时间，公司上下全都在讨论淘宝网。

马云感到很为难，除了默不作声外没有其他更好的选择。随着猜测的进一步深入，公司的氛围甚至比外面的骄阳还要热烈。

忍到了 7 月，马云再也忍不住了，提前 3 个月向员工宣布：“5 月时，我们秘密开发的C2C网站正式上线，名字就叫——淘宝！”

一时间，整个阿里巴巴杭州总部热闹非凡，像庆祝大事一般。马云更高兴，开始安排新闻发布会事宜。

7月7日，马云和阿里巴巴高层在杭州召开了新闻发布会，正式对外界宣布，阿里巴巴创办了C2C网站淘宝网，并将投入1亿元人民币正式进入C2C市场。

实际上，淘宝当时面对的业界情况不容乐观。6月12日，易趣网公开宣布，全球最大在线交易网站eBay将追加1.5亿美元，收购易趣67%的股份，实现全资控股易趣。

对于这一结果，马云早已料到。在2002年，eBay购买了易趣33%的股份时，马云就知道，eBay必将全面接收易趣。

原本马云对此并不关心，但是现在，eBay正式入主的是中国最大的商务拍卖网站，可见其对中国拍卖市场的野心，这对刚刚诞生不久的淘宝网来说，是个不好的消息。

不过这也从另一个方面反映出，中国C2C市场很有潜力，否则，eBay也不会在易趣身上下这么大的血本。

对此，马云一点也不胆怯，他很清楚，易趣的模式完全抄袭美国，与其说是C2C网站，不如说是一个买卖双方评级系统的拥有者。

为了打败收费的易趣，马云决定让淘宝网实行免费策略。卖家不用提交商品登录费和销售佣金，就可以在淘宝网上开店。

要实现这一点，阿里巴巴就要不断为淘宝网投入大量的资金。虽说阿里巴巴已经盈利，但要想让淘宝获得足够的资金，以阿里巴巴的实力来说还是有些困难的。

资金，又成了马云面临的一个难题。

不过，这个难题没过几天就变得不值一提，因为有一笔高达 8200 万美元的融资主动找到了马云。

洗手间里融资 8200 万美元

2003 年 7 月，孙正义主动联系了马云："你知道我向盛大网络公司注入 4000 万美元的事情吧？现在，我想注资阿里巴巴，你有时间可以来东京聊聊。"

软银对盛大的投资，是当时中国互联网史上最大的单笔融资，马云当然知道。几天后，马云就带着蔡崇信一起飞到东京，和孙正义会面。

马云知道，孙正义迫切地想对阿里巴巴投资。两人见面后，孙正义却没有开门见山地谈论此事。马云也不着急，而是和孙正义讨论互联网的发展趋势。

"虚"的玩完了，自然也得做一番"真刀真枪"的较量。

与上次融资 2000 万美元的谈判一样，代表阿里巴巴进行谈判的仍然是马云和蔡崇信两个人，而软银方面依旧以孙正义为首，其他人一言不发坐在左右。

"孙先生，说起我们阿里巴巴和软银的合作，已经有 3 年多了。在这 3 年里，即使是在互联网行业的寒冬时节，您也像当初约定的那样，没有干涉我们的发展。对于这一点，我是充满感激的。”谈判开始前，马云就向孙正义表达了自己的谢意。

感激归感激，一旦进入了正式谈判阶段，马云就变得严肃起来，一点也“不讲情义”。

当时，除了常规融资谈判需要讨论的投资方控股问题没有谈妥外，马云坚持让阿里巴巴员工全员持股也让孙正义很难理解和接受。

一时间，双方在这两个问题上僵住了，整个会议室的气氛也变得异常紧张，完全没有合作伙伴之间的友好感觉。

“不好意思，我去下洗手间。”看到孙正义脸色很阴沉，马云意识到，再这样下去很可能会谈崩，便想出这个办法缓和气氛。

就在马云离开座位后，孙正义也起身和马云前后脚走进了洗手间。

“我觉得8200万美元挺合适，你觉得呢？”望着镜子中的孙正义，马云沉默了片刻，开口问道。

面对这一提议，孙正义愣住了，但他毕竟是在商场历练已久之人，很快就反应过来：“8200万美元，我觉得很好，就这么定了！”

说完，两人一同走出洗手间，孙正义笑着宣布：“谈判有结果了……”一时间，蔡崇信和软银的代表们都愣住了。

就这样，一场原本可能破裂的谈判，最终有了一个好结果。

在融资的途径中，融资金额大、速度快的莫过于上市，也就是公开招股。马云当时没有这样做，完全是出于为阿里巴巴的未来考虑。

马云选择私募，阿里巴巴就不必急于追求短期利益。虽然私募会使股东的控制权削弱，甚至影响上市，但阿里巴巴的股东对此完全理解。

不必为阿里巴巴的后续资金问题烦恼后，马云将自己的精力重点放在了淘宝网的发展上。他很清楚，即使是蚍蜉撼大树，与 eBay 一战也不可避免。

为了打赢这一仗，马云和阿里巴巴高层开始研究 eBay 高层的资料，研究他们管理团队的方法和占领市场的手段。

eBay 是上市公司，但阿里巴巴不是，eBay 可以做到知己，却很难做到知彼。而马云，早已在知己知彼的基础上思考对策。

“游击战”，应对 eBay 的“大封杀”

2003 年 7 月， eBay 成立了新的 eBay 易趣，eBay 女总裁梅格·惠特曼公开宣布，不出 18 个月，eBay 易趣就会终结中国电子商务的战争，实现绝对垄断。

毫无疑问，在全球 C2C 市场上，eBay 是个超级强大的对手。无论是市值、营业额还是品牌影响力，都比淘宝强太多太多。如果把淘宝比喻成蚂蚁，eBay 就是巨象，差距可想而知。

“他们不愿意投放我们的广告，真是没有想到，送上门的钱都没有人要！”孙彤宇有些生气地对马云说。

“怎么回事？”马云不解地问道。

在淘宝网正式对外公布后，阿里巴巴就准备了 1 亿元资金，希望通过网上推广的方式对淘宝网进行大规模宣传。

要想实现网上推广，最好的方式当然是在各大门户网站投放广告，这样用户只需轻轻一点，就可以进入淘宝网页面。

但是，当孙彤宇去谈投放广告时，却遭到了拒绝，新浪、搜狐、网易、TOM 无一例外。

问及原因，门户网站负责广告投放的负责人也毫不隐瞒：“我们和 eBay 已经签订了广告合同，不接受与 eBay 易趣同类网站的广告。”

“那就只能想想别的办法了。”

听了孙彤宇的解释后，马云并没有泄气，建议道：“门户网不行，我们就在二线网站投放好了。”

孙彤宇很快又杀到了二线网站，仍然吃了闭门羹。原来，这些网站也像门户网一样，和 eBay 签订了针对淘宝的“封杀”协议。

对于知名度不高、亟待宣传的淘宝网来说，这无疑是个巨大的灾难。

如何避开 eBay 的封杀，这个难题让马云每天都坐立不安，也让孙彤宇愁眉苦脸。

这天，马云找到了孙彤宇，问：“既然一线、二线网站都被 eBay 控制了，那我们就把广告投放到个性化的小型网站怎么样？”

孙彤宇立刻深表赞同：“现在国内个性化的小型网站很多，虽然是由个人制作完成的，力量很小，但全部集中起来，也是一股强大的力量。”

马云深深点头说：“是这样，eBay 再狠，也不可能和所有三线网站签订封杀协议，这个办法绝对可行，相信效果也会不错。”

出身于广告界的孙彤宇对小网站的广告投放也很了解：“这些小网站投放广告的报价都很低，以我们的经济实力，拿下它们是小菜一碟。”

马云接着说道："虽然是小网站，却多有联系，联合起来就能形成很大的规模，合在一起的浏览量绝不比大的网站逊色。"

说到这里，马云意识到：比起和大的门户网合作，和小网站合作简直就是一本万利，绝对值得一试。

在淘宝全体员工大会上，马云一针见血地指出："现在，敌人采取了非常卑劣的手段，想要将我们淘宝扼杀在摇篮里，我们也要想出对策才行。

"俗话说，条条大路通罗马。毛主席领导革命时，总结出了'农村包围城市'这样创造性的军事理论，最终取得了胜利，我们也可以这样做。"

在这个想法的支配下，谈判很快展开，淘宝和一批站点达成了合作意向，广告也很快得以投放。

紧接着，随着淘宝网影响力的扩散，越来越多的网站主动找到淘宝，淘宝投放广告的事情也变得更加顺利。

在淘宝网努力开拓疆土的时候，还有一件事情让马云特别高兴，那就是自己的偶像、小鹿纯子的扮演者荒木由美子要来中国了。

见偶像，大战中的充电

小鹿纯子是日本电视剧《排球女将》的女主角，在马云心中，"小鹿纯子"是勇敢、坚强、奋勇拼搏的代名词。

"什么？你说你知道小鹿纯子是谁了？"马云接到朋友的电话，高兴地大声叫道，把在一旁的张瑛吓了一跳。

问清楚小鹿纯子的扮演者是荒木由美子后，马云高兴地说：“我一定要见到她，请她到中国，到杭州，到阿里巴巴来做客。”

在《排球女将》中，小鹿纯子是一名高中女生，也是校排球队的队员，后来代表学校参加全国高中排球联赛。为了给学校争得荣誉，她每天都刻苦训练，全力拼搏，并最终取得了胜利。

能够取得这样的成绩，小鹿纯子也是从最基本的垫球开始练习的，后来练出“晴空霹雳”和“幻影旋风”的绝技，为此不知洒了多少汗水，流了多少眼泪。

小鹿纯子专注忘我的坚忍以及全力拼搏的精神，鼓舞了一代人。而当时，马云正处在高考失败的痛苦中，是小鹿纯子不服输的精神鼓舞着他，让他重新燃起斗志。

之前，马云曾经到过日本几次，也托日本朋友帮忙寻找小鹿纯子的扮演者。但是，当马云说出电视剧的名称是《排球女将》时，很多人却都不知道。

直到后来，朋友知道《排球女将》在日本的原名是《青春的火焰》，这才弄清楚，小鹿纯子的扮演者是荒木由美子。

从朋友的口中，马云听说了很多关于荒木由美子的事迹。马云没有想到，小鹿纯子的饰演者荒木由美子也如小鹿纯子般坚强。

在荒木由美子的事业高峰期，她选择了与比自己大 13 岁的歌手汤原昌幸结婚。婚后一周，因婆婆病倒，荒木由美子退出了演艺界，精心照顾老人。

马云知道，荒木由美子是很多 60 后、70 后的偶像，单在阿里巴巴就有很多的崇拜者。而扩展到整个中国，那就更多了。

在见到荒木由美子后，马云非常激动，高兴地告诉她，在中国，仍有无数影迷希望见到她。在马云的邀请下，荒木由美子决定访问中国。

2003 年 9 月，荒木由美子作为中日民间文化大使第一次访问中国，先后走访中国大城市上海、历史文化名城杭州、首都北京，并在杭州度过了 3 天。

在荒木由美子来中国之前，马云就苦思要用什么样的方式迎接自己年轻时的偶像。能够学几个《排球女将》中小鹿纯子的招牌动作最好，但那些动作难度很高，非专业人士想要在短时间内掌握，是件非常困难的事情。

想来想去，马云最终决定：用倒立迎接荒木由美子。

倒立一直是阿里巴巴的独特文化。在“非典”时期，由于被隔离在家，倒立便成了大家十分喜欢的锻炼项目。

在接到马云的指令后，公司员工开始练习倒立，甚至还倒立出了不同的花样，就像一个精心准备的节目。

当荒木由美子来到阿里巴巴访问时，看到阿里巴巴的员工用排球女将倒立的形式来迎接自己，大为惊讶。

在杭州期间，马云精心招待自己的偶像，陪她游览了杭州西湖、西溪湿地等著名景点，为她讲述杭州城的悠久历史。

不仅如此，尽管公司的事情很忙，马云仍然陪在荒木由美子左右，还陪她接受了浙江电视台“谈话”特约制作专题节目的采访。

看到马云及中国影迷这么热情，荒木由美子也感动不已。

荒木由美子书法了得，回到日本后，她便亲笔写了一封信，寄给马云，表达了自己的谢意。

荒木由美子表示，能够在 20 年之后和大家见面，她感到非常开心，也很激动。来中国之前，她很担心阿里巴巴和中国影迷不接受她，没想到大家都非常真诚、热烈地欢迎她，对小鹿纯子也非常喜欢。

这在荒木由美子看来，原本是不可实现的事情，没有想到因为马云的邀请，让一切变成了现实，她对马云的感谢之情无以言表，并期待下一次重逢。

荒木由美子信上写的都是事实。得知她要来中国，各类媒体都非常关注，就连中央电视台的“小崔说事”节目都相约采访，影迷们更是兴奋不已。

收到荒木由美子的信后，马云非常激动，不管是《排球女将》中小鹿纯子的青春靓丽，还是20年后荒木由美子的坚强执着，都让他欣赏不已。

见过荒木由美子后，马云斗志更高了。即使接下来与易趣 eBay 的战争更加激烈，马云相信自己也能从容应对。

撼动大树，战胜易趣 eBay

终于到了2004年2月，淘宝网迎来了新的转机。随着融资8200万美元正式注入，淘宝也得以被注入3.5亿元人民币，其余资金则作为淘宝的运营资金留存在阿里巴巴账上。

“太好了！这样一来，淘宝需要的资金就足够了。即使和 eBay 打持久战，淘宝也不用为资金问题担心了。”马云高兴地对孙彤宇说。

好消息不止这一个。

随着 eBay 和门户网站签订的“封杀协议”到期，搜狐主动向淘宝伸出橄榄枝，与淘宝签订了广告投放协议。

与此同时，淘宝网的线下宣传也在有条不紊地进行着。公交车车厢上、地铁广告栏、电影中，都出现了淘宝的广告，效果很好。

这一战持续到2004年9月，情况终于出现了转机。当月17日，易趣eBay决定让国内平台和eBay国际平台对接，实现易趣“升级”。

但是，这种转型让易趣网的老用户很不习惯，而在平台整合后，由于系统不稳定，经常发生掉线的事情，导致用户“离家出走”。

这虽是易趣的灾难，却是淘宝获得发展的好时机。相比易趣，淘宝网的系统非常完美。马云早有先见之明，请专业的IT服务商SUN公司对淘宝网进行了全面升级改造。

易趣网站的用户“离家出走”后，纷纷到淘宝开店，让淘宝壮大了不少。很快，淘宝在会员数、交易额、网站流量等方面都有了跨越式进步。

就在马云为淘宝网初战告捷感到高兴时，听到了易趣eBay决定加大广告投放量的消息。“不懂从根本上找原因，反而做这些无用功，淘宝必胜！”马云有些鄙夷地自言自语。

表面上看，易趣eBay似乎牛气冲天，广告铺天盖地，而在北京、广州、南京等六大城市电视台，也有相应的广告片播出。

但是，广告并没有挽回易趣eBay面临的局势，这让梅格·惠特曼有些着急，决定对易趣eBay追加1亿美元的投资。

“我们搭顺风车的机会来了！”马云找到高管开会，并最终决定砍掉2/3的市场预算，冻结头7个月的广告费用。

面对这一决定，孙彤宇有些不理解。不做广告，那么淘宝要怎么和花巨款做广告的易趣eBay竞争呢？

“易趣做广告，实际上是在培育市场。我们不是不战，而是要等到易趣把市场培育成熟后再战，这样淘宝才能有更大的发展。”马云解释说。

事情果然如马云预料的那样发展。易趣的广告虽然铺天盖地，但用户数量却没有明显增加。反观淘宝，接着易趣培养的市场，用户量一天天增加。

2005 年 3 月，易趣 eBay 在中国市场推出了分类广告网站“客齐集”，用户可以在上面获取租房、找工作、结识朋友、交易大件旧货以及各种生活服务信息。

客齐集一推出就吸引了大众的目光，这让马云有了一种紧迫感。纵观国内网站，业界最大的生活消费平台口碑网与客齐集十分相似，似乎有抗衡的可能。

口碑网是李治国创办的网站，创办时，李治国希望口碑网可以成为让大家评说事物优劣的点评平台。

李治国曾于1999年年底加入阿里巴巴，张瑛是他的顶头上司，后来，李治国在 2004 年年中时离开了阿里巴巴。

由于创办口碑网比较艰难，辞职在家的张瑛就以私人名义借给了李治国 200 万元，帮助他继续创业。后来，口碑网用户数量暴增，突破百万大关。

有了这样一层关系在，马云和李治国洽谈起来就容易多了。不过，还没有等到收购口碑网，和易趣 eBay 的战势就开始逆转了。

看到市场基础已经被易趣 eBay 培养起来，阿里巴巴在 2005 年 10 月 20 日对外宣布，将向淘宝投入 10 亿元人民币，并在未来 3 年继续实行免费策略。

马云是精明的，易趣也越来越招架不住。尽管比易趣晚了整整一年，淘宝却以惊人的速度发展着。

从一开始，淘宝就实行免费策略，易趣 eBay 一再下调登录费、交易费等费用，用户还是觉得免费的淘宝更有吸引力，大量易趣 eBay 用户转投淘宝的怀抱。

而现在，阿里巴巴又有了这样的大动作，eBay 不能不紧张。不管 eBay 采取什么样的策略，败局都已注定。

后来，淘宝网的市场份额和用户数量都超过了易趣 eBay，成为国内 C2C 市场的领头羊。

2005 年 11 月 17 日，马云在亚太经合组织峰会上说："游戏即将结束，同 eBay 的竞争已经提不起我的兴趣。"

2006 年 10 月，阿里巴巴收购了口碑网。

口碑网成为阿里巴巴的一分子后，阿里巴巴的电子商务理念也成功地在百姓生活消费领域得到扩展，口碑网也迎来了更加快速的发展。

2006 年冬，eBay 撤出中国，TOM 全面收购易趣，淘宝与易趣的战争终于结束。

在这场战争中，有一个功臣不能不提，那就是——支付宝。

《天下无贼》与支付宝

马云非常有先见之明，看到电子商务的发展非常迅猛，他相信，将来网上购物一定会成为大趋势。

现在，淘宝网已经建立了，付款的问题要怎么解决呢？

看到马云又一言不发地坐在房间里思考问题，妻子张瑛端着一杯水，想要悄悄退出去。就在这时，马云叫住了她：“张瑛。”

张瑛停住了脚步，走进房间，把水放下，说：“说吧，什么事？”她轻轻地坐在椅子上，一副洗耳恭听的姿态。

“在我们淘宝网建立之前，国内就有很多人对网上购物感兴趣，但是真正这样做的人却很少，你知道原因是什么吗？”

张瑛想了想，说道：“网上购物，说到底没有保障，买的人不知道钱打过去以后对方会不会发货，也不知道自己能不能收到货。”

马云点头说：“你说得对，大家是对电子商务的资金流和物流有所怀疑。事实上，阿里巴巴的发展有投机取巧之嫌，我们当初避开了最困难的资金流和物流，而是在信息流平台上下功夫。现在，淘宝网也上线了，我希望能解决这些困难。”

作为阿里巴巴的创始人之一，张瑛对此完全了解。物流问题，可以交给邮政系统或快递公司解决，但资金流问题，或者说是网上支付问题，却必须自己解决。

想到这里，张瑛说：“咱们国家的人早就习惯一手交钱，一手交货。现在让他们在网上付款，并不是一件简单的事情。”

马云点头，他了解张瑛所说的不简单，并不是指单纯的技术问题，而是指国民对于这种陌生支付方式的接受和认可。

“所以，我们必须提供一种保障，让大家敢于利用网上支付的方式进行在线交易，这样淘宝才能发展。”马云总结说。

张瑛犹豫了一下，说："要说保障的话，PayPal（贝宝）是个不错的支付工具，可就是不知道中国人对它能不能接受。"

马云胳膊撑在扶手上，用手轻轻托着脸庞："这个很难，PayPal 是典型的 P2P，也就是个人对个人模式。就像你担心的那样，付了钱以后对方不承认，你也没办法。"

"可以通过银行找回啊！"张瑛不解地说道。

"这就要说到 PayPal 存在的另一个问题。在 PayPal 上注册时很简单，不用严格的身份审查，只需一个电子邮箱就行，这不是刺激犯罪吗？"

"照你这么说，PayPal 漏洞这么多，为什么西方国家都在用呢？"

"在欧美国家，有严格的信用体系和完善的法律体系，但是在我们中国，信用体系和法律体系都不健全，要怎么保障？"

听到马云这么说，张瑛突然反应过来，问："这么说来，你有什么想法了？"

马云笑了，"现在是时候试一试了，我想打造一个安全的支付体系，消除大家对财产可能遭受损失的恐惧，建立一个真正的电子商务平台。"

和张瑛谈话后不久，马云就花重金为淘宝网打造了一个符合中国消费习惯的在线支付工具，无须任何费用，人人都可以注册使用。

有了支付宝做媒介，买家只要把钱汇到支付宝的虚拟账户中，卖家就会收到订单，然后发货。当买家确认收货后，支付宝就会将钱转移到卖家的虚拟账户中，交易就宣告完成。

在 2003 年 10 月，支付宝成为淘宝网推荐的支付手段。但由于淘宝网遭到易趣 eBay 的全面封杀，知道支付宝的人少之又少。

在得知导演冯小刚将拍贺岁大片《天下无贼》后，马云又开始出动，将淘宝网的广告插入到影片中，在电影拍摄结束后，广告贴片、海报宣传、新闻发布会，全都有淘宝的影子。

“这下，我们淘宝网真是火了！”看完电影后，孙彤宇对妻子彭蕾说道。面对这一营销策略，彭蕾也是点头称赞。

电影播放完后，影迷们的东西、影片中明星使用过的道具都开始在淘宝网上拍卖，一下子吸引了众多目光。

这还没有结束。2005年2月，在支付宝全面升级后，马云又一次利用《天下无贼》为支付宝拍了一个广告片。

为了这个广告，马云请出了华谊兄弟公司的老板王中军和影片中的明星大腕为支付宝摇旗呐喊。广告最后，更是出现了“用支付宝，天下真无贼”的广告词，与电影情节和支付宝的安全理念结合得非常紧密。

“用支付宝，天下真无贼”这句广告词几乎让支付宝一夜成名，但是，这仅仅是开始，PayPal、雅虎等电子支付国际巨头绝不会坐视不理，马云必须采取行动，防止支付宝被扼杀在摇篮里。

所以，马云努力寻求合作。

3月2日，很快脱离淘宝、成为阿里巴巴第二个独立子公司的支付宝网络科技有限公司与中国工商银行达成战略合作伙伴协议，共同进军电子商务第三方支付平台。

紧接着，3月16日支付宝公司与中国农业银行达成战略合作协议，为此，马云专门出席了携手仪式现场。

捷报频频，4月20日，支付宝公司又与VISA国际组织最终达成战略合作协议，6月，支付宝和招商银行全面携手。

看到支付宝取得的成绩，越来越多的公司开始做第三方支付工具。有些是互联网公司，有些则是物流公司，大家似乎都想进入这个新的领域。

但是，支付宝已经做了两年，拥有的优势并不是轻易就能被超越的。在与银行签约后，马云又和多家公司协商合作，支付宝龙头老大的地位确定无疑。

这一切都在马云的预料中，虽然当初支付宝是在淘宝网建立之后打造的，但马云的眼光绝不仅仅局限在解决淘宝网的支付问题上，他想解决的是国内电子商务的支付问题。

在脱离了淘宝后，支付宝真正成了第三方支付平台。在与国内所有有影响力的银行达成战略合作后，支付宝才算真正壮大起来。

从“独孤九剑”到“六脉神剑”

2004 年，马云决定提高阿里巴巴员工的整体战斗力，却无从下手。这个时候，邓康明出现在了马云的视线中。

邓康明在多家顶尖企业做过人力资源总监，包括微软（中国）、甲骨文（中国）、达能（中国）及强生下属公司杨森制药。

马云第一次见邓康明，是在他来阿里巴巴面试时。那天，邓康明西装革履地站到了马云面前，而马云则像面试官一样，先递给邓康明一张写有“风清扬”的名片。

在随后的面试中，马云一直和邓康明聊金庸、聊武侠，聊的过程中，还不停摆弄着一把剑，比画来比画去的。

后来，马云告诉邓康明，阿里巴巴在创立时，就确定了“成为世界上最伟大的公司”的目标，这让邓康明大为感动。

“这真是一个有意思的CEO，一个有意思的公司！”告别马云后，邓康明自言自语道。从一进办公室开始，邓康明就察觉到阿里巴巴很不一般。

7月，邓康明加入阿里巴巴，依旧做他最擅长的事情，即负责整个阿里巴巴的人力资源管理工作。

加入阿里巴巴后，邓康明首先就对“独孤九剑”提出了质疑：“建立一套阿里巴巴的价值观是好的，‘独孤九剑’也发挥过作用，但现在却无法展现出阿里巴巴的全部特质和个性。而且，‘独孤九剑’不便记忆，以后阿里巴巴发展到数万人，也不容易大范围推广。”

听了邓康明的话，马云也意识到，当初匆忙制定出来的“独孤九剑”，现在确实需要做一些改变。

9月，邓康明组织召开了一个关于“独孤九剑”的专题会议，邀请集团高层、各层员工代表共300人参加讨论。

会议内容很简单，由与会人员谈谈在实践“独孤九剑”时有什么感受。然后，在邓康明的引导下，会议议题发生了变化，大家开始讨论如何调整“独孤九剑”。

会议整整进行了一天，结束时，所有人提出的价值观都归纳到了6个主题下。

10月，马云决定将“独孤九剑”精练成六条价值观，即客户第一、团队合作、拥抱变化、诚信、激情、敬业，并称其为“六脉神剑”。

价值观确定下来是一件简单的事情，关键在于执行。为了让员工知道如何执行，每一条价值观又被细化成5个行为指南，成为价值观考核的内容。

马云知道，仅仅有行动指南还不够，于是想到通过抓典型案例、反复传播与讨论的方式让员工记住，并且按照价值观的指引开展工作。

对于“六脉神剑”，马云很满意。

“六脉神剑”的第一剑是“客户第一”。

事实上，从阿里巴巴成立时起，就一直把客户放在第一位，强调要给客户提供最好的服务。后来，马云又提出，客户是公司的父母，投资者只是“娘舅”。

马云知道，不管什么公司，如果一味追求公司利益，不顾客户需求，就不可能有长远的发展。要想立足和发展，必须为客户创造价值。

“客户第一”的理念既是公司的价值观之一，也是阿里巴巴考核员工的标准。如果做不到这一点，就会被请出公司。

有一次，一个业务员将某房地产商发展为中国供应商，虽然给阿里巴巴带来了收入，但仍然遭到了公司的处理。

作为阿里巴巴的员工，谁都知道阿里巴巴不可能帮助房地产商把房子卖到全世界。业务员将其发展为中国供应商，就是没有考虑到客户的利益，违背了“客户第一”的理念。

后来，阿里巴巴把钱退给了客户，并向客户郑重道歉。

马云知道，只有把客户放在第一位，阿里巴巴才能赢得更多的客户，获得更大更快的发展。

“六脉神剑”的第二剑是“团队合作”。

马云知道，要想打造一个好的互联网公司，需要整个公司的人不分部门、共同合作，而不是相互间不闻不问。

马云一直非常重视团队力量，不管是创立中国黄页还是成立阿里巴巴，没有团队，马云就不可能成功。

所以，当这一条价值观被提出来后，马云当即表示赞同。

“六脉神剑”的第三剑是“拥抱变化”。

互联网的发展速度飞快，瞬息万变。阿里巴巴要想生存和发展，就要拥抱变化，寻求创新，在变化中求生存。

所以，在公司发展过程中，马云一直不断提高公司产品的竞争力，在变化中抓机遇，让公司不断强大。

“六脉神剑”的第四剑是“诚信”。

马云认为，不管做什么事情，最重要的是讲诚信。如果不讲诚信，企业不可能走远；如果讲诚信，会得到很多回报。

所以，在阿里巴巴，马云一再向员工强调：不能作假、不能作弊、不能欺骗客户、不能夸大服务、不能给客户回扣、不能为客户垫款等。

在一次业务知识考试中，有几个业务员的试卷答得一模一样，如果不是舞弊，不可能出现这种情况。查明情况后，阿里巴巴以不讲诚信为由开除了他们。

还有一次，公司高管在抽查业务员通话录音时，听到一名员工向客户承诺回扣。调查属实后，马云当天就开除了他。

马云的坚持也得到了回报，为阿里巴巴以后成为最伟大的互联网公司打下了基础。

“六脉神剑”的第五剑是激情。

在阿里巴巴，永远不缺少激情。不管是创立阿里巴巴还是建立淘宝，马云的团队总是充满激情，即使遇到困难，也决不退缩。

对马云而言，他身上充满的激情正是他的魅力之一。在马云的感染下，阿里巴巴上下近似“疯狂”。也正是这种“疯狂”，让阿里巴巴创造出了一个又一个佳绩。

“六脉神剑”的第六剑是“敬业”。

敬业一直是马云非常推崇的工作态度。马云认为，既然选择了一份工作，就应当尽职尽责，认真钻研，让自己有所发展和提高。

在阿里巴巴，马云一直很重视员工责任心的培养。如果一个员工没有责任心，即使很有能力，也会被辞退。

为了让员工用价值观规范自己的言行，阿里巴巴将价值观放入了绩效考核，而且与业绩的比重一样，各占50%。

通过考核，员工会被分为三种：有业绩没团队精神的为“野狗”；老好人但没有业绩的为“小白兔”；有业绩也有团队精神的为“猎犬”。

对阿里巴巴而言，“猎犬”是最好的人才。这样的员工会受到公司重用，并接受良好的培训，在提高自身的同时为公司创造更大的效益。

对于“小白兔”，阿里巴巴会进行相应培训，努力帮助他们获得阿里巴巴需要的专业素质。

接受培训后，如果“小白兔”的业绩还不好，就会被淘汰。在阿里巴巴，对员工的任用实行优胜劣汰原则，任用“小白兔”是一种浪费。

对于“野狗”，初期会进行价值观灌输，如果无效，业绩再好也要辞退。

从“独孤九剑”到“六脉神剑”，阿里巴巴的价值观也变得标准而规范。在马云的不断努力下，阿里巴巴拥有了一个高度透明、行动统一的团队。

第八章

世纪并购，互联网史上最大的一次收购

新闻发布会按计划进行，而马云的心早已跑到了发布会之外，在考虑着如何整合阿里巴巴和雅虎中国。

马云相信，有了雅虎中国，阿里巴巴会变得更加强大，也能成为像 eBay、MSN 那样的国际化大公司。

高尔夫球场上的一次笑谈

2005 年 5 月，马云接到了一个电话："马云，我是吴鹰，美国加州有个'数字中国论坛'要召开，我们一起参加，再打打高尔夫球怎么样？"

吴鹰是 UT 斯达康（中国）公司总裁兼首席执行官，面对他突如其来的邀请，马云有些诧异。临近 5 月 10 日，马云要为"阿里日"以及淘宝成立两周年忙碌，因此也没有多想，他就直接拒绝了吴鹰。

但吴鹰并没有体谅马云，提出一定要和他在美国见面。

"吴鹰，要是平时我就去了，可现在我真的很忙。我对论坛没兴趣，至于高尔夫球，我都不会打，就更没有必要专门跑一趟美国了吧。"

"不行，不会打不是理由，不会打正好趁这次机会学学……"吴鹰不依不饶地劝说道。

劝说了半天，马云还是没有答应。

吴鹰挂了电话，并没有放弃邀请马云。他开始给一帮朋友打电话，让他们对马云进行电话"轰炸"。最终，盛情难却之下，马云答应了。

虽然不了解吴鹰是什么用意，马云还是去了，他的想法很简单：就是打球而已，不会打就观战，结束后立刻回来。

很快，马云按照约定的时间到了加州卵石滩高尔夫球场。这个球场非常有名，泰格·伍兹曾在此打球，米克尔森也在这里拿过冠军。

到了球场，马云才发现，除了吴鹰外，在场的还有一些投资界、互联网界的名人。与其说是打球，不如说是一场业界人士的聚会。

这时，一个熟悉的身影映入了马云的眼帘。他是雅虎创始人之一，号称雅虎“酋长”的杨致远。

和杨致远寒暄了几句后，马云发现，大家都做出了要打球的姿态，便立刻声明：“我不会打球，你们自己玩，不要把我算上。”

“这样就没意思了。”大家纷纷说道。

后来，有人说：“正好吴鹰也不会打球，可以让他和马云一起比赛打定点，谁打得远，就算谁赢。”

众人纷纷赞同。

没办法，个头矮小的马云只好和身高接近 1 米 8 的吴鹰一较高下。打了几次后，除了第一次吴鹰打空、马云获胜外，其他几次都是吴鹰得胜。

简单的比试结束后，大家各自散开，开始打球。马云则和杨致远一起散步，聊起了互联网的话题。

“杰瑞（杨致远英文名），”马云先开口了，“我们有 7 年没见了吧，你关注着我们阿里巴巴，我也关注着你们雅虎。这些年，我们都有很大的变化啊！”

杨致远点头称是。

两人边走边聊，聊到后来，马云试探似的对杨致远说：“杰瑞，我们阿里巴巴也打算进入搜索引擎领域。”

杨致远大吃一惊：“有这回事？有什么具体想法吗？”

马云略一点头，说道：“嗯，我想过了，国内现有的搜索引擎，我们可以选择一方加入，这样肯定能占领国内市场。”

“为什么不自己做一个搜索引擎呢？以阿里巴巴现在的实力，做到这一点并不困难。”杨致远不解地问道。

马云叹了口气，然后吐出两个字：“晚了！”

停顿了一下，马云继续说：“现在，阿里巴巴是有钱，可是没有时间和精力，想要从头创办一个搜索引擎，再把它打造成优秀品牌，代价太大了！”

说到这里，马云用意味深长的目光看着杨致远。杨致远若有所思地点点头，感觉马云的话很有道理，但并没有往雅虎方面想。

看到杨致远没有领会自己的用意，马云继续说：“杰瑞，如果你对我这个想法有兴趣，我们可以商量一下，让阿里巴巴和雅虎合作。”

马云的这句话，杨致远始料不及，一脸惊讶。

马云这么说，是有自己的打算。在国内，百度、Google都比雅虎中国要强。Google强在技术，百度本土化做得很好。Google太强势，很难和阿里巴巴融为一体；而百度只是在中国做得好，很难帮助阿里巴巴实现搜索引擎全球化。

和百度、Google相比，雅虎中国的状态很糟糕，但仍然很有实力，有机会成功，这一点是马云最为看重的。

如果能和雅虎合作，那么阿里巴巴在搜索技术上的缺陷就能得到弥补。虽然目前这种缺陷并没有限制阿里巴巴的发展，但未来的电子商务是离不开搜索引擎的，需要提前做好准备。

而且，由于雅虎本身具有名牌效应，肯定能帮助阿里巴巴在世界范围内进一步开拓市场，而非只提供技术上的支持。

没等杨致远开口，马云又若有所思地说："如果能合作，阿里巴巴一定要雅虎百分之百的股份，否则就不合作。"

马云语气很坚定，让杨致远一时不知道如何回应，只好"呵呵"笑了笑，敷衍道："现在说这些还为时尚早，希望以后有合作的机会。"

马云也察觉出杨致远的心思并不在这上面，便转移了话题。

回国后，马云又开始为阿里巴巴的工作忙碌着，与雅虎中国合作的事情，也暂时被放到了一边。

"闭门会议"达成交易

在马云和杨致远见面后不到一个月，第九届《财富》全球论坛会上，马云又一次见到了杨致远。在杨致远的引荐下，马云认识了特里·塞梅尔。

特里·塞梅尔是雅虎公司的董事长兼首席执行官，在对雅虎的决策上很有发言权。

三人一见面，马云就滔滔不绝地说开了。当然，这次他谨慎很多，没有把想要并购雅虎的想法说出来，而是讲述了阿里巴巴的价值观、管理理念等。

在近两个小时的交谈中，几乎都是马云在说，塞梅尔和杨致远在听。

短暂的交谈结束了，三人的交流却远远没有结束。

这次见面结束后，杨致远邀请马云到拉斯维加斯与塞梅尔进行了一次“闭门会议”。遗憾的是，双方的谈判并没有结果。

当时，雅虎中国的情况不容乐观，很有可能随时崩盘。

2003年，雅虎决定进入中国市场，为了更好地攻城略地，雅虎决定将整个公司托管给本土创业团队。

经过一番调查，雅虎选中了以周鸿祎为首的3721。11月21日，雅虎收购了周鸿祎的3721团队，并让他们负责运作雅虎中国的业务。

很快，周鸿祎就带领着3721团队开始为雅虎中国开拓疆土，并取得了不错的盈利。但是，对于盈利手段，雅虎高层并不满意。

与此同时，Google和百度在中国强势崛起，这也让雅虎高层对周鸿祎团队很不满。Google占领了中国市场45%的份额，百度占了47%。

作为搜索技术的最早发明者，雅虎在中国市场所占的份额还不足8%，这让雅虎高层一时间感觉既难堪又心急如焚。

作为雅虎创始人之一，杨致远自然希望阿里巴巴可以解救雅虎中国。

但是，董事会迟迟不做决定，杨致远也无能为力。郁闷的他谁也没有告诉，就开车跑到旧金山和停留在这里的马云喝酒聊天。

很快，事情就有了转机，eBay想要和阿里巴巴合作，摆脱在中国经营困难的局面。而且，eBay提出的条件也比雅虎的好。

面对这一局势，雅虎董事会终于坐不住了，经过简单的商量后，董事会一致同意，和阿里巴巴达成合作意向。

阿里巴巴全面收购雅虎中国

在并购事宜决定以后，上海《第一财经日报》就此发表了一篇文章，标题为《阿里巴巴鲸吞雅虎中国，雅虎十亿美元陪嫁》，引起了极大轰动。

此后不久，《福布斯》也进行了一番报道，报道却说，雅虎近日计划以 10 亿美元价格收购阿里巴巴 35% 的股份。

10 亿美元，绝不是一个小数目。除了对这笔巨款感兴趣外，业界也不断猜测，到底是雅虎并购了阿里巴巴，还是阿里巴巴买下了雅虎中国？

答案很快出现了。

2005 年 8 月 11 日，在北京中国大饭店十号会议厅里，会务公司的员工在调整机器、布置新闻发布会的会场，阿里巴巴北京办事处的员工则冷静地监督着。

下午，阿里巴巴与雅虎公司全面战略合作新闻发布会正式开始。现场除了有雅虎和阿里巴巴的高层外，还有全球数百名电视台、网络媒体、报纸杂志的记者。

这是一场重要的发布会，马云依旧像往常一样，表现得气定神闲。反倒是台下的记者，紧紧盯着马云，生怕听漏他说的一句话。

马云不紧不慢地开口了："虽然我们召开了这个新闻发布会，实际上，我却不知道有什么新闻可以发布。"

记者们笑了笑，并没有因此放过马云。很快就有记者提出了一个大家议论纷纷、关心已久的问题："我们很想知道，究竟是雅虎购买了阿里巴巴的股份，还是阿里巴巴并购了雅虎中国？"

此语一出，全场一片寂静，连摄影记者都忘了拍照。

在此之前，每当马云出席公开活动，总是被记者问及此事。而他总是闭口不言，被问得多了，便以一句“中国互联网会有大变”来堵住记者的嘴。

现在，马云无须隐瞒，直言道：“这次，是我们阿里巴巴收购雅虎中国的所有资产，包括雅虎的门户、一搜、IM、3721 以及雅虎在一拍网上的所有资产。”

一搜原来是雅虎中国旗下的搜索引擎，是雅虎公司在全球第一次推出的独立品牌；3721 由周鸿祎创立，2001 年 10 月宣布盈利，2003 年被雅虎斥资 1.2 亿美元收购；一拍网由新浪和雅虎成立的合资公司建立，是一个网上买卖社区。

马云话音刚落，场上一片哗然。

紧接着，马云继续说道：“同时，雅虎会给阿里巴巴投入 10 亿美元，以此换取阿里巴巴 40% 的股份以及 35% 的投票权。新公司仍归阿里巴巴领导，我继续担任 CEO。”

“10 亿美元？原来是真的啊！”一时间，记者们纷纷发出感叹。

雅虎中国的全部资产不必说，单就 10 亿美元的现金，就是大手笔。可以说，这是中国互联网史上最大的一次收购。

看到记者们的反应，马云沉默地笑了笑，将目光转向大屏幕上的照片：“7 年前，阿里巴巴与雅虎的合作就开始了。当时，杨致远到北京访问，我和他一起爬长城。很高兴，我们的友谊也让双方所在的公司达成了合作。”

马云谈笑风生，意气风发地说：“我认为，这次并购绝对意义重大，

10 亿美元不是一笔小数目，恐怕连华尔街都会受到影响。”

新闻发布会按计划进行，而马云的心思早已跑到了发布会之外，考虑如何整合阿里巴巴和雅虎中国。

马云相信，有了雅虎中国，阿里巴巴会变得更加强大，也能成为像 eBay、MSN 那样的国际化大公司。

现在，马云要思考一个重要的问题，就是如何协调各种资源、稳定军心。这其中，稳定军心是马云第一步要做的。

开会、谈话，留住雅虎中国的核心

新闻发布会后，阿里巴巴并购雅虎中国的事情被传得沸沸扬扬，马云却冷静地意识到，成功并购并不是结束，而是刚刚开始，自己即将面临真正的挑战。

马云相信，与雅虎中国的资产相比，人才是最重要的。所以在宣布阿里巴巴并购雅虎时，为了解决原雅虎中国员工的去留问题，马云就给雅虎中国制定了“N ＋ 1 计划”政策。

这个计划是给雅虎中国的员工一个月的考虑时间，一个月内雅虎中国的员工如果辞职，阿里巴巴会提供 N+1 个月工资作为离职补偿金。

按照国家规定，员工主动辞职时，企业不需要给予补助，阿里巴巴却主动提供“离职补偿金”，善待原雅虎中国员工。

与此同时，对于愿意留下的员工，会给予阿里巴巴的股票期权。很显然，马云这样做是为了留住雅虎中国的员工。

马云一边思考着雅虎中国的问题，一边为两天后的雅虎中国员工大会做准备。

在新闻发布会过了48小时后的下午，马云整整衣着，面带微笑，和身着正装的阿里巴巴高层一起，信步走进了雅虎中国的办公室。

终于等到这个时刻了。

但是，迎接马云的并不是鲜花和掌声，而是一张张表情各异的面孔。焦虑、怀疑、气愤、迷茫、沮丧……数百名员工，数百种神情。

马云百感交集，突然想起当初在中国黄页时的情景：“当时，我们与杭州电信合作，也是这样的心情吧？”

阿里巴巴突然并购雅虎中国，员工的命运也随之发生了变化。面对这一形势，想不为自己的将来做谋划，也是不可能的事情。

更何况，这次并购，不管是阿里巴巴，还是雅虎中国，都没有在新闻发布会前对员工做过多透露，这不免让员工们的心里有些发毛。

马云做了多年领导，自然明白员工的心情，此刻，只能给他们一些承诺，用以后的行动换取他们的信任。

“他们一定在暗自揣测，阿里巴巴和雅虎中国的经营理念差距大，或许自己会成为并购案的牺牲者，我要帮助他们打消这种念头才行。”

想到这里，在员工大会开始时，马云就表明了自己的立场：“首先，我很抱歉，并购是秘密进行的，所以也没有提前和大家打招呼；其次，我希望大家给我和阿里巴巴一个机会，继续工作一年；最后，希望大家能有一个舒适的工作环境。”

马云的话实实在在，与以往煽情的演讲截然不同。他知道，不管今天站在他这个位置的人是谁，员工都会心存敌意。

就在马云努力安抚人心时，突然有一个人站出来，要求发言。马云定眼一看，不是别人，正是3721创始人、雅虎中国前任总裁——周鸿祎。

马云有些诧异地想：“周鸿祎？不是已经辞职了吗？怎么会参加这次员工大会？”尽管心里有疑问，马云还是大度地让他上台。

周鸿祎走到台上，看了看昔日和自己一起奋战的员工，清了清嗓子说：“我的希望很简单，就是希望阿里巴巴能安排好我们的员工，不要抛弃他们……”

这话在周鸿祎看来是真心话，但是在马云和阿里巴巴的其他高层看来，却是在动摇军心。雅虎中国的员工原本就如临大敌，听罢此言，表情更是紧张。

马云没有生气，更没有打断。他相信，以他走到哪里都有人追随的个人魅力、以阿里巴巴的经营理念，一定可以留住拥有慧眼的雅虎员工。

会议结束了，就像马云预料的那样，雅虎中国员工的脸上并没有出现轻松的神态，每个人看上去都心事重重。

会议结束后，出于工作需要，阿里巴巴的高管们都陆续返回杭州。尽管有人提出来要和马云一起应对雅虎中国的工作，但都被马云谢绝了。

现在，雅虎中国的整合工作是重要，但也不能因此让阿里巴巴的工作受到任何影响。而且，马云也相信，自己可以很好地处理一系列遗留工作。

很快，马云发现，事情比自己想象的严峻很多。

虽说创业也有10年了，阿里巴巴成立也有6年了，这些年来，马云还是第一次处理并购问题，而且，并购的这家公司还是一家世界级的公司，难度可想而知。

在雅虎中国正式办公的第一天，马云手上拿着一份资料，上面有一部分雅虎中国管理层和关键员工的信息。

“接下来，要立刻找他们谈话才行，一定要留住他们，稳定了士气，才能进行下一步工作。”马云在心里谋划着。

就在这天早上，马云还撞到几个员工在偷偷接听电话。听那对话，马云很容易判断出来，那是猎头公司的电话。

“我只是在办公室走走，就能听到猎头公司打来的电话。在我不知道的时候，还不知道有多少电话打进雅虎呢！”

马云意识到，在雅虎中国，他要应战的敌人，不是人心不稳的员工，而是猎头公司的猎头们。马云相信，随着并购消息的传开，会有更多的猎头来找雅虎中国的员工。

“我要先将他们拉到我的阵营里。”

打定主意后，马云天天待在北京总部，和雅虎中国的管理层与普通员工逐一交谈。为了打动他们，马云极力向他们描述雅虎以后的美好前途，展示自己的热情和诚信。

让马云高兴的是，自己的这一行动终于换来了良好的结果。

9 月 15 日，一个月期限已到，在雅虎中国工作的 700 多名员工，只有约 30 人辞职。而马云极力想要挽留的雅虎中国副总裁田健、CTO 谭晓生等都选择留在了雅虎中国。

田健在就职雅虎前，曾在 263 网络集团任职，并使集团在网络通信服务领域取得了很好的成绩，可以说是个互联网产品营销领域的专家。

后来，田健加入雅虎中国，负责建设、运营和管理公司的营销平台，同时负责渠道的整体策略与管理，在雅虎中国是举足轻重的人物。

谭晓生原为3721的技术开发总监，后来做了雅虎中国的CTO，特别擅长技术团队的构建与管理工作。

“这次真是不错，雅虎中国的员工流失率只有4%，高层团队全部留下了，以后，我们雅虎中国会创造出更多的奇迹。”

会上，马云高兴地说道。

之前，马云早已让人租下了北京温特莱中心的8层办公室，并进行装修。人员的去留问题解决后，雅虎中国搬到新家也变得水到渠成。

马云知道，尽管绝大多数员工都选择留下，但是他们对于阿里巴巴仍然怀有很深的敌意。在接下来的时间里，马云必须想办法化解这种敌意。

包子+牛奶，抚慰雅虎人心

“马总，一切都安排好了。”阿里巴巴公关部总监王帅向马云报告。听到这话，马云满意地点点头。

从9月初开始，阿里巴巴的员工就在马云的要求下，放下手上的工作，开始为接待雅虎的同事做准备工作。

“这次一定要努力消除雅虎中国与阿里巴巴的隔阂。”马云嘱咐王帅说，同时示意他可以离开了。

走出办公大楼，大门外早已悬挂好了欢迎的条幅和气球，处处都可以看到“热烈欢迎雅虎中国的同事”“我们是一个大家族”等标语。

看到这些，马云感觉很满意，而街道两侧悬挂的“欢迎雅虎中国同事来到杭州”等横幅更是让马云觉得，这次接待雅虎同事的细节工作做得很好。

第二天，也就是2005年9月22日，由北京直达杭州的Z9次列车像往常一样，于上午8点23分到达杭州。不同的是，在这趟列车上，载着雅虎中国的600多名员工。

这些员工放下工作，由北京来到杭州，目的只有一个，就是参加阿里巴巴收购雅虎之后的首次员工大会。

走出车站，雅虎中国的员工发现，整个杭州似乎都在欢迎他们的到来。阿里巴巴的员工大声喊着欢迎他们来杭州的口号，而街道两侧也有很多行人驻足观看。

看这阵势，仿佛不是一个公司的内部会议，而是杭州市在举行一场盛会。这个规模让雅虎中国的员工很惊讶，马云也很满意。

一行人来到餐厅后，每个人都收到了一份简单的早餐，包括两个热包子、一瓶牛奶，以及一包口香糖和几张餐巾纸。

这种早餐组合，看似不伦不类，其实却是接待小组的成员煞费苦心想出来的最佳组合。

就在雅虎中国的同事到达杭州的前几天，接待小组的成员还在为早餐是准备包子还是面包的问题纠结。

直到最后，有人说：“既然吃包子和吃面包只能选择其一，那就干脆在喝的上面做改变，吃包子喝牛奶怎么样？”

“这个主意好！”

“这可真是中西合璧！”

这个主意一说出来，就得到了大家的赞成，也便有了这一顿特殊的早餐。

马云认为，早餐可以简单应对，午餐的阵容一定要给足雅虎中国员工的面子，让他们有受宠若惊之感。

按照之前的计划，中午，杭州市政府为了给雅虎中国的员工接风，特地设宴招待阿里巴巴 3000 多名员工，市长孙忠焕祝酒，市委书记王国平也发来贺信。

本来以为是单纯地参加员工大会，没有想到杭州市政府会这样重视。这让雅虎中国的员工察觉到，在杭州，马云和阿里巴巴居然有如此大的度量。

下午，在浙江省人民大会堂门口签到处，挂着一条巨大的横幅，上书“我们是相亲相爱的一家人”。走进会场，更是满目都是横幅、标语。

马云与 3000 多名员工一样，身着印有阿里巴巴和雅虎 LOGO 的白色 T 恤，展开了一场别开生面的演讲。

马云站在台上，高兴而热情地对台下 3000 多名员工呼喊：“欢迎雅虎的同事回到杭州，欢迎回家。”

一时间，整个会场都沸腾了！阿里巴巴的旗帜，淘宝、支付宝等各个子公司的旗帜以及雅虎中国的旗帜左右挥动起来，呐喊声更是溢满整个会场。

演讲很快进入正题，马云自信地宣传着阿里巴巴的理念，对于并购以后的规划，也做了一些说明。

“我相信，我们在明年会超越MSN，成为国内即时通信软件领域的第二名，成为QQ的强敌……”

当时，MSN在中国的在线人数大约为80万，阿里巴巴的贸易通在线人数为17万，淘宝旺旺为15万，雅虎通为13万。

对于马云来说，最严峻的问题是，如何在2~3个月完成对7家公司的整合，虽然很困难，但他相信可以实现。

后来，马云呼吁全体阿里巴巴成员努力，改变中国的互联网行业，并将阿里巴巴打造成中国第一家跻身世界500强的网络企业。

当然，在这次大会上，马云也对台下的雅虎中国员工承诺，在2005年，绝不会裁掉雅虎中国一名工作人员。

热烈的员工大会过后，在杭州最大的酒吧里，马云一身维吾尔族姑娘打扮，让所有人大跌眼镜。而与他一起跳舞的，则是阿里巴巴不苟言笑的CFO蔡崇信。

舞会结束后，马云又一次陷入了焦虑。这几天来，他一直梦到自己在爬山，但总是抓不住陡峭的岩壁。不知道稍后又会有什么样的梦境出现。

马云深知，整合之路不易，需要克服很多问题。他只是希望，这次大会能让雅虎中国的员工感受到阿里巴巴大家庭的温暖。

打造雅虎中国新局面

在策划收购雅虎中国时，马云就有一个想法，一定要得到在雅虎的绝对话语权。这样，他才能在收购之后对雅虎中国进行改革。

早在与雅虎进行谈判时，马云就曾在谈判桌上发问："你们是想百分之百拥有一家在中国市场排名30以外的公司，还是想拥有一家前三名公司的40%股份？"

当时对方没有回答，马云的提问意图已经非常明显，他想要用新阿里巴巴的股份换对雅虎的控制权。

后来，按照协议，雅虎得到了阿里巴巴40%的股份，一跃成为第一大股东。但是，雅虎对阿里巴巴却没有控制权。

在新董事会中，雅虎的投票权只有35%，根本不可能左右董事会的决定。

马云的目的达到了，他可以按照自己的方式管理雅虎，即使结果不好，雅虎美国总部也不能干涉，更无权撤换CEO。

鉴于雅虎中国问题丛生，马云决定尽早行动。

第一步，马云开始清理雅虎中国的业务。在他的坚持下，雅虎中国的大量业务被砍掉，有些业务还是雅虎中国过去的核心。

马云先是砍掉了雅虎中国的无线业务，虽然这个业务每月能给雅虎中国带来800万的收入，但与色情沾边，马云认为太不健康。

之后，牛皮癣广告也被撤了下来。

本来马云也想关掉3721，因为3721惯用非常规手段获取利益。当初雅虎中国能盈利，就是因为3721采取了这种"野路子"。

后来，马云考虑到3721有20多万客户，客户也确实需要3721，便暂时留下，并改变了强制安装模式。

第二步，马云为雅虎中国做了"变脸手术"。

2005年11月9日，雅虎中国的页面变了，变成了像Google、百度一样的简单主页，显得更加专业化，也更便于搜索。

对于这一改革，马云并没有提前告知雅虎美国总部。在雅虎中国改变页面后，道琼斯和路透社专门为此发了一组报道，雅虎总部才知道这一事实。

后来，杨致远看到了雅虎中国的网站页面，感觉很不错，便给马云发了一封电子邮件，表达了自己的意见。

“变脸手术”结束后，马云趁热打铁投入重金，大力为雅虎搜索做宣传，推广新业务及企业形象。

在央视黄金时段广告招标大会上，雅虎中国作为网络界第一个竞标企业参加，并“砸”了8000万一举夺得CCTV新闻联播后5秒广告的播放权。

没过多久，马云重金邀请冯小刚、陈凯歌、张纪中三大导演各为雅虎搜索拍摄一条广告片，投入共高达3000万元。

之所以这样做，是因为马云希望借助三大导演的名气与创作，将雅虎搜索与娱乐相连，成为娱乐界第一引擎。

对于这次广告制作，马云非常重视。

在三大导演中，张纪中和马云的关系最为密切。张纪中是樊馨蔓当时的丈夫，而樊馨蔓是马云的同乡加好友。当初马云北上时，多亏了樊馨蔓才拍成了专题片《书生马云》，两人后来一直保持联系。

因樊馨蔓的关系，马云认识了张纪中，那时阿里巴巴还没有创立，两人经常一起讨论金庸的武侠小说。

1999年秋天，马云忙于阿里巴巴的创立事务，中央电视台用一元钱买下了金庸小说《笑傲江湖》的版权，由张纪中制作。

在金庸的武侠小说里，马云最喜欢《笑傲江湖》中的“风清扬”，并想客串风清扬一角。虽然最终没能成功，马云和张纪中的关系倒也因此更亲密了。

所以，在为雅虎搜索拍摄广告宣传片时，马云第一个想到了张纪中。

冯小刚和阿里巴巴也有过接触，马云为了让旗下的支付宝与易趣一决高下，便与《天下无贼》合作，推出了广告片，并大获成功。

陈凯歌的影响力不容置疑，马云自然不愿意错过。

随后，马云又与浙江卫视和华谊兄弟合作，联手打造娱乐表演秀“雅虎搜星”，为广告片寻找主角。尽管效果不是很好，但是对雅虎搜索还是起到了一定的宣传作用。

无奈的是，尽管马云一再投入重金做宣传推广，仍然没能为雅虎吸引到大量的用户，国内搜索引擎的市场依然被百度和Google把持着。

马云知道，自己努力了接近一年，“雅巴合作”显然并不成功。

2006年8月，在哈佛AUSCR中美学生领袖峰会上，马云直言：“阿里巴巴和雅虎的合作并不成功，我此时的心情就像一个等待结婚的新郎，虽然一直想结婚，但是在举行婚礼的前夜，却突然不想结了。”

尽管如此，马云依然为雅虎中国继续努力。

8月15日，雅虎中国和奇虎的口水仗仍在继续。之前，奇虎周鸿祎新推出反流氓软件安全卫士360，并认定雅虎中国3721网络实名为流氓软件，而雅虎中国则进行了反击。

这天，雅虎中国再次宣布改版，提出“搜索”加“编辑”的复杂概念，并发布了一个搜索页面，与百度搜索页面相似。

其实，对于以后雅虎中国要向什么方向发展，马云也不清楚，但是他知道，一定不是传统的门户网站，也不是单纯的搜索引擎。

在变脸的同时，马云对雅虎中国的总裁也进行了频繁的调整，从并购开始至 2006 年，雅虎中国的总裁就经历了田健、谢文、曾鸣三人。

经过这一系列的大动作，马云也意识到，整合难度远在自己想象之上。未来会出现什么困难，马云也不知道，但他仍然不会放弃。

第九章

上市之后，更要坚持价值观

对于阿里巴巴 B2B 公司的上市计划，马云有自己的打算，即希望上市部分的股本占总股本总量比较小。所以，最终在哪家交易所上市，取决于它们对该上市计划的态度。

最终，马云选择了香港，希望通过在香港上市，拓展阿里巴巴 B2B 公司全球性的 B2B 业务平台，实现全球扩张战略。

阿里软件公司正式成立

2007 年 1 月 8 日，天气如往常一样寒冷，路上行人神色匆匆，似乎都想避开寒冷的空气，赶紧到暖和的地方去。

就在这天，马云在上海召开发布会，宣布阿里巴巴集团成立阿里软件（上海）有限公司，成为阿里巴巴旗下第五家子公司。

之前，阿里巴巴集团一直以互联网为平台，着眼于电子商务，所以才会相继成立“阿里巴巴”“淘宝”“支付宝”，并收购“雅虎中国”。

成立阿里软件是为了进军在线软件行业，切入口是即时通信。在创立淘宝网时，马云就立下大志，要与 eBay 一较高下。在创立阿里软件时，马云并没有找一个对手。

在国内，如果想要进入即时通信市场，与腾讯一战必不可免。不过，马云似乎变得谨慎了，并没有说出什么出人意料的话。

之前，阿里巴巴集团就已经开发了在线客户管理软件，并有近 50 万的活跃用户，而注册用户则突破了 300 万。

在发布会上，阿里软件更是不失时机地推出了四款产品：阿里软件外贸版、阿里软件内贸版、阿里软件 C2C 版和阿里旺旺。

马云相信，阿里软件可以利用阿里巴巴集团自身的电子商务营销资源，把企业电子商务和管理软件相结合，提供在线软件服务。

在管理软件市场中，在线软件是一个新兴方式，受到了微软、SAP、甲骨文等大型传统软件公司的关注与投资，前景非常诱人。

而且，目前利用管理软件的中小企业只有 10%，90% 的中小企业认为管理软件过于昂贵或者需要很高的技术才能驾驭，这种观念导致它们将管理软件拒之门外。

很多中小企业只是利用网站发布信息，和客户之间并没有互动，这样就很难达成合作关系。一些企业虽然有软件，却仅限于财务软件，对企业的发展很不利。

马云深知，对于中小型企业而言，软件不需要过多的功能，简单实用就行，他相信阿里软件设计出来的软件能满足他们的要求，而且价格不贵。

马云想涉足软件产业，却不愿意沿着国内已有的软件公司的道路发展。在他看来，完全没有必要设计过于复杂的软件，最好是“即插即用式”，用户需要哪些功能，就可以只购买哪些功能。如果用户对软件有特殊要求，还可以单独定制。

所以，阿里软件沿袭阿里巴巴一贯的作风，依然以中小企业为服务对象，以国际最新的 SaaS（Software-as-a-Service，软件即服务）模式为基础，让用户先试用再购买。

阿里软件成立后，会对部分服务收费，根据服务的用户和项目决定收费标准，金额在百元到几千元不等。

对于阿里软件以后的目标，马云非常确定。在以后的3年里，马云希望能把阿里软件打造成中国最好的软件公司，成为电子商务软件服务平台。

鉴于目前软件市场企业管理过多，阿里巴巴希望利用平台优势与其他软件厂商合作，扮演好供应链资源整合者的角色。

可以说，阿里软件成立后，阿里巴巴集团的竞争对手又变多了。eBay、百度、腾讯等在电子支付、搜索、个人拍卖等方面都有推出软件，马云进军软件行业，必然要与之展开正面交锋。

比起其他软件厂商，阿里巴巴集团拥有1800万注册企业会员、10万淘宝个人大卖家，阿里软件完全可以把他们发展成自己的客户。

马云相信，随着经济的发展，再小的个体也能获得机会，而竞争也会更加激烈。想要存活下来，就要想办法创新。

阿里巴巴有一个使命，就是让天下没有难做的生意。这个任务分配到阿里软件公司，就是让天下没有难管的生意。

阿里软件的总经理是马云亲自指定的，就是2004年加入阿里巴巴的王涛。在此之前，他对阿里巴巴并不了解。

当时，阿里巴巴已经发展了不少用户，整个技术体系却没有建立起来，而技术方面的管理人才更是缺乏。

吴炯虽然已经担任了阿里巴巴的CTO一职，但很长时间都在美国办公。远水解不了近渴，阿里巴巴杭州总部便四处寻找技术管理人才。

就在这个时候，王涛听说阿里巴巴年收入可以达到五六个亿，他不明白，为什么一个小公司可以创造出这么大的价值。

为了解开心中的疑惑，王涛来了，马云又像“忽悠”其他人才那样，大谈特谈阿里巴巴的企业文化，终于打动了王涛。

王涛决定抓住机会，担任阿里巴巴集团技术副总裁，全面管理阿里巴巴集团所有的技术研发工作，于是开始了解阿里、适应阿里，并最终成为一个阿里人。

当阿里巴巴集团决定成立阿里软件时，马云就在心里计划，把这个重要的任务交给王涛做，让他接受新的挑战。

对王涛来说，这是件好事，互联网与软件的结合一直是他的兴趣所在，能将兴趣和职业融合在一起，也是一件乐事。

马云相信，在王涛的带领下阿里软件一定能够实现“让天下没有难管的生意”的宏伟目标。

几个月后的8月12日，马云创立了“阿里妈妈”网站，终于攻入一直以来都非常关注的网络广告市场。

阿里妈妈的商业模式很简单，即鼓励中小网站的站长将站内广告位放到阿里妈妈网上，当作实体商品一样销售。

这样一来，广告不再只是一部分人的专利，作为买家的广告主和作为卖家的发布商都能轻松找到对方，达成合作。

阿里妈妈宣称，广告等于商品，阿里妈妈希望做一个互联网广告交易平台，让天下没有难做的广告。

阿里妈妈网站上线后，并没有引起太多的关注。尽管有“再少的钱也能结算”“再小的网站也能卖广告”这样极具煽动力的广告词，业界对它的发展前景却并不看好。

很多人都不理解，为什么马云要做这样一个网站。有人认为这是他脑子一热做出的决定，并没有好好思考。

阿里妈妈的发展反驳了这种猜测，也让很多人大吃一惊。阿里妈妈上线以后，势头非常强劲。

12 月 2 日，马云去北京参加了由《计算机世界》报社、计世网主办的 2007“中国 IT 两会”之计算机世界互联网年会，说出了创办阿里妈妈的真实意图。

“淘宝网有今天，不能忘记当年在井冈山、延安帮助过我们的老乡。”马云笑着说道，引起会场上一片唏嘘声。

淘宝网刚刚成立时，就遭遇了和易趣 eBay 的一战。当时，为了尽快占领中国市场，易趣 eBay 和国内一线、二线网站签订广告协议，切断了淘宝网的广告渠道。

当时为了求得生存，马云把目光转向了无数中小网站。在这些网站的支持下，淘宝网终于渡过此劫。

后来，马云一直思考，怎么样做可以报答中小网站当年的援助之恩。时间一长，马云就想到了做阿里妈妈。

在那次年会上，阿里妈妈获得重量级大奖“中国互联网最具价值项目奖”，当时离阿里妈妈成立仅仅过了 3 个多月。

阿里巴巴 B2B 启动上市程序

2007 年 7 月 27 日，马云收到了报告，阿里巴巴 B2B 公司的上市申请已经提交给了香港联交所上市委员会。终于，终于等到了这一天，马云长长地舒了一口气。

阿里巴巴 B2B 公司终于要上市了！

上市虽然有利有弊，但仍然是每个公司的梦想。上市是很好的融资渠道，能在短时间内为公司融得大量资金，为公司进一步壮大发展提供坚实的经济基础。

这是上市最直接的好处之一。

但是，从另一个方面来说，一个公司要想上市，就必须具有较好的财务状况。换句话说，经营不佳、没钱的公司是不可能上市的。所以，上市也是优秀的标志。

1999 年以来，在采访时媒体总会问马云类似的问题："阿里巴巴有上市的打算吗？""阿里巴巴什么时候上市？"

这样的提问总是让马云感觉尴尬。

"打不打算上市？这样的问题还用问吗？"马云有些不满，这个问题从一开始建立阿里巴巴时起，他就已经考虑过了。

马云想都没想，直接回答道："阿里巴巴以后要上市，只是现在还不是时候。"

虽然在他人看来，阿里巴巴已经具备了上市的条件，但是马云非常清楚，阿里巴巴并不缺钱，也并不急于融资。如果非要上市，也是为了国际化。

如果因为外界的舆论选择上市，就要将公司的计划、财务状况等公开，还会受到股市的影响。如果时机未到就上市，只会对阿里巴巴造成伤害。

在中国，电子商务行业还不成熟，基础建设也需要3至5年。阿里巴巴一直没有上市，也存在这方面的原因。

直到2006年，马云才开始对阿里巴巴B2B公司进行上市规划。能整体上市当然好，之所以单对B2B进行，也是退而求其次的办法。

虽然2003年推出的B2C网站淘宝网在流量和交易量方面业绩都很好，但由于服务多以免费为主，收入不多，还不能达到上市的盈利要求。

随后，马云将阿里巴巴集团按照业务范围分拆成了5个独立子公司，分别是阿里巴巴公司、淘宝网、支付宝、阿里软件、中国雅虎。

几乎在拆分完成的同时，阿里巴巴B2B公司新任CEO卫哲就将这些员工派往北京、四川、哈尔滨等地建立客服中心，为用户提供更好的体验而努力。

至于选择在哪里上市，马云一开始就有自己的想法。而根据评估结果来看，纳斯达克和港交所都是不错的选择。

在国内，互联网公司纷纷在纳斯达克上市，因为相比其他交易所，纳斯达克的投资者更了解互联网企业，给出的发行价格也很有吸引力。国内的众多公司，如新浪、搜狐、腾讯等均在纳斯达克上市。

香港作为全球的金融贸易中心，资本市场也有很强的融资能力，对于B2B业务更为了解。

可以说，无论选择在哪里上市，都各有利弊。

对于阿里巴巴B2B公司的上市计划，马云有自己的打算，即希望上市部分的股本占总股本总量比较小。所以，最终在哪家交易所上市，取决于它们对该上市计划的态度。

最终，马云选择了香港，希望通过在香港上市，拓展阿里巴巴 B2B 公司全球性的 B2B 业务平台，实现全球扩张战略。

马云知道，阿里巴巴是家好公司，也值得投资。在这种信念的支持下，经过一年多的准备，上市程序终于启动。

这段时间，公司各处洋溢着热烈的气氛。8 月 4 日，就要在杭州黄龙体育馆举行阿里巴巴集团 2007 年的半年会，6000 多名员工包括普通员工、中层、高层领导以及马云都对此兴奋不已。

这一次，大家听到这个消息，一定会更加兴奋。马云这样想着，并等待这一天的到来。

8 月 4 日下午，马云到达黄龙体育馆。在台上，马云依旧挥舞着手，对到场的 6000 多名员工大声宣布："各位阿里人，阿里巴巴 B2B 正式启动香港联合交易所上市程序！"

马云话音刚落，场内立刻响起巨大的欢呼声，每个人脸上都是兴高采烈的神情，仿佛在大声说："阿里巴巴创立 8 年了！终于要上市啦！"

马云笑了，他相信，阿里巴巴 B2B 在香港联合交易所一定能成功上市。

事情果然像马云以及所有阿里巴巴集团员工希望的那样，两个月后，也就是 10 月 4 日这天，阿里巴巴通过了香港交易所的上市聆讯。

"下一步，就要进行路演了。"马云对妻子张瑛说。

路演，翻译自英语 Roadshow，在证券发行方面是使用非常广泛的推广方式。在证券发行前，由发行商对机构投资者进行推介活动，以此确保股票顺利发行。

“会不会很辛苦啊？他们应该不会那么容易被说服。”张瑛问道。

张瑛所说的“他们”指的是机构投资人，虽然马云有很好的口才，却不是一个会讨好投资者的人，路演未必能顺利进行。

马云对此并不担心，“放心吧，不是我自己一个人过去，我还有一个很好的团队。对于投资人的提问，他们也会很好地回答。”

张瑛点点头，什么也没说，默默地为马云收拾行李。

2007 年 10 月 18 日，马云带着阿里巴巴集团 CFO 蔡崇信、阿里巴巴 B2B 公司总裁卫哲、CFO 武卫等人来到纽约，在华尔街进行路演。

马云果然有一种才能——对别人来说困难重重的路演，对于他来说却非常简单。当然，这也多亏他有一个优秀的团队。

路演期间，马云也不忘给张瑛打电话。

“很辛苦吧？”张瑛有些担心地问。

“没有，很轻松，我刚刚还去看了一场电影。”马云笑着说。

“看电影？”张瑛不解地重复道，然后又问，“那么，和投资人交流得还顺利吗？”

“嗯，很顺利，投资者的问题需要我直接解答的并不多，大多数时间都是蔡崇信他们和投资者沟通。”

“哦？是这样啊！”

“是啊，今天还有投资人对我说，他们已经错过了 Google，不想再错过阿里巴巴了，对我们来说，这是个不错的回应。”

听到马云语气很轻松，张瑛也放下心来。

阿里巴巴 B2B 在香港上市

2007 年 10 月，香港中环丽嘉酒店热闹非凡，很多媒体直接开着转播车，一副如临大敌的样子。

阿里巴巴在此举行招股说明会，香港各大财经媒体的记者以及证券业人士纷纷到场，等待阿里巴巴招股书的公布。

说明会开始后，阿里巴巴公布了提前预备好的数百份招股书，结果短短几分钟，这些招股书就被索要一空。

2007 年 10 月 23 日上午 9 点，阿里巴巴 B2B 股票正式在香港公开发售，当地投资者的热情用“火热”来形容毫不过分。

此前阿里巴巴公布的招标书上显示，2006 年，阿里巴巴总营收为 13.63862 亿人民币，净利润为 2.19938 亿人民币。至 2007 年 6 月 30 日，阿里巴巴总营收为 1.25817 亿美元。

10 月 26 日中午 12 时，招股宣告结束。让人意外的是，阿里巴巴国际配售竟然吸引了超过 1500 亿美元的资金认购，公开发售冻结资金高达 4530 亿港元。

11 月 1 日，马云如约来到北京，和思科公司董事长兼 CEO 约翰·钱伯斯以及一些高管见面。

在与马云见面前，约翰·钱伯斯公布了新一轮在华投资计划，称未来 3~5 年，会在中国投资 160 亿美元。

下午，马云和约翰·钱伯斯参加了记者招待会。会上，约翰·钱伯斯宣布，思科将投资 1750 万美元认购阿里巴巴股份，并将在面向中小企业的网络协作服务方面展开合作。

约翰·钱伯斯讲完后，马云发言。尽管马云这段时间很少在国内露面，但面对国内记者时，并没有生疏感。

“事实上，思科在我心里一直是个谜。一开始，我不明白路由器是怎么回事，也不知道思科要怎么赚钱。”马云这样说，把记者们逗乐了。

停了一下，马云继续说：“这次，我们很高兴能和思科在技术网络等层面合作，除此之外，我个人还希望能够向钱伯斯学习企业的并购与整合之道。

“众所周知，在收购和整合企业方面，思科创造了很多奇迹。有很多企业在加入思科前并不是非常出众，加入思科后，它们都成了世界一流的企业。”

马云这样说，是因为他想到了自己收购雅虎中国以及后来进行整合时出现的困难，而且双方融合得并不好。

这是马云的一大优点，知道向比自己强的人学习，而且毫不掩饰自己的不足，他继续说道：“企业与企业之间是有距离的，企业家与企业家之间也是有距离的。”

2007 年 11 月 6 日，对阿里巴巴来说是个值得纪念的日子。这一天，阿里巴巴 B2B 业务在香港联交所正式挂牌上市，开盘价 30 港元，和发行价 13.5 港元相比，上涨了 122%，成交 5.36 亿股，成交额达 174 亿元，让业界大为震撼。

面对上市的消息，最高兴的莫过于阿里巴巴的员工。为了等待这一天，有人奋斗了 12 年，有人奋斗了 8 年。

8 年前，阿里巴巴刚刚创业时，即使条件很艰苦，仍然有很多 IT 精英自愿加入。很多人是被阿里巴巴的创业梦想吸引，也不乏一些为了得到股份的投机者。

那些一心为了得到股份而工作的人，大多数都先后离开了。

在阿里巴巴，大部分员工持有股份，平均每名员工持股 90.5 万。以招股中间价 11 港元计算，每名员工平均可以获得 100 万港元；若以上市当日的收盘价 39.5 港元计算，阿里巴巴有 1000 名员工身价超过 200 万港元，晋升“百万富翁”。

在阿里巴巴上市过程中，有一个人功不可没，他就是阿里巴巴 B2B 公司的 CEO 卫哲。

卫哲在未加入阿里巴巴之前，就已经有“中国第一职业经理人”之称，这源于他在 30 岁时，从世界 500 强企业百安居的财务总监一跃升为 CEO，成为世界 500 强企业中最年轻的中国 CEO。

2001 年，哈佛商学院组织了一场中国企业家演讲活动，马云受邀成为演讲嘉宾，而卫哲也是演讲嘉宾之一。

在那次活动上，马云第一次见到卫哲，听到了一个优秀职业经理人的管理经验。而卫哲也被马云的演讲震住了，第一次听人讲述互联网的力量。

英雄惜英雄，回国后，马云和卫哲就成了好朋友。巧合的是，马云和卫哲都爱武侠，尤其爱看金庸的武侠小说，两人总有聊不完的话题。

不仅如此，每次卫哲到杭州，总会提前联系马云，而马云也会带他四处游玩。当马云到上海时，卫哲也总是好好招待他，同他一起喝茶聊天。

走动得多了，两人的话题范围也扩大了。马云时常给卫哲讲互联网行业的发展，讲阿里巴巴要成为世界最强互联网公司的美好愿景。

随着对卫哲认识的加深，马云发现，卫哲和自己并不是一路人。马云从创业之初就没有把盈利放在第一位，卫哲做事却以公司的利益为重。

马云经常用理想鼓励员工，自己也常常加班，但是卫哲认为，加班意味着工作效率低，不值得提倡。

除此之外，两人的其他观念也有不同，但马云对此并不介意。在认识到卫哲的能量后，马云邀请卫哲加入阿里巴巴。面对这一邀请，卫哲迟迟没有答应。马云知道，他需要更多的时间考虑。

卫哲做事很谨慎，而在选择职业时更是如此。在去百安居工作前，卫哲就观察了 6 年。而这一次，他也决定好好观察一下阿里巴巴。

经过长达 6 年的观察，卫哲终于答应加入阿里巴巴。

很快，就传出了卫哲要辞去百安居 CEO 一职，大家只知道，卫哲即将加入互联网公司，但究竟是哪一家一直没有得到证实。

2006 年 7 月 28 日，卫哲上了东方卫视的一期节目，亲自公开了这一消息，也算是第一次给阿里巴巴做了宣传。

当时，主持人问："卫哲先生将在今年年末离开百安居，加盟中国最大的……（马赛克），这个因为还没有被证实，不能从我的嘴里说出来，由您自己来证实，请问是真的吗？"

卫哲接过话，大方地答道："刚才曹老师马赛克的那些字的全文是，卫哲将于今年年内加盟中国最大的网络公司——阿里巴巴公司。"

2006 年 11 月，卫哲正式宣布辞去百安居中国区 CEO 一职，担任阿里巴巴 B2B 业务部门总裁兼集团执行副总裁。

从加入阿里巴巴起，卫哲就有一个重要的目标，将自己以往管理传统行业的经验带给阿里巴巴，将其发展成为真正的国际化企业。

卫哲的业绩有目共睹，他成为阿里巴巴 B2B 公司与投资者沟通的媒介，是阿里巴巴 B2B 上市的功臣。

随着阿里巴巴 B2B 的上市，马云也开始了新一轮的谋篇布局，第一步就是进行高层管理人员的调整。

圣诞前夕的高层人员变动

阿里巴巴 B2B 公司上市后，马云深知，要想实现自己当初“做一个中国人办的全世界最好的公司，做一个世界十大网站之一，做一个 102 年的企业”的梦想，就必须拥有最优秀的员工，拥有一支最顶尖的管理团队。

一直以来，阿里巴巴集团都非常重视内部管理人员的提升，大量招入外部人才，同时还实行了“走出去”的人才战略。

在整个阿里巴巴，尤其是一些关键部门，更是利用轮岗制度将人才流动起来，不遗余力地储备人才。

为了不让阿里巴巴集团的工作因为中高层管理者的离开而陷入困境，马云大力推行接班人制度，将自己的“接班人”作为考核总监及副总监以上级别的中高层管理者的一项重要指标。

马云认为，为了符合集团的发展需要，在不影响公司正常运转的前提下，最好能让每一个高级人才陆续前往海内外著名商学院学习、休整、提升，利用更多时间与优秀企业家交流、学习和共同进步。

在这种信念的支配下，2007年12月24日，也就是圣诞节前夜，马云以内部邮件的方式宣布，淘宝网、中国雅虎和支付宝将进行人事调整，八大高层陆续易主。

在邮件中，马云宣布，根据公司干部轮休学习计划，阿里巴巴集团COO（首席运营官）李琪，阿里巴巴集团CTO（首席技术官）吴炯，阿里巴巴集团执行副总裁、淘宝网总裁孙彤宇，阿里巴巴集团资深副总裁李旭晖将离开。

其中，吴炯于2008年1月1日起辞任，孙彤宇与李旭晖于2008年3月1日辞任，李琪于6月1日起辞任。

同时，阿里巴巴集团执行副总裁、中国雅虎总裁曾鸣将于2008年1月1日起调任集团参谋部参谋长；阿里巴巴集团资深副总裁、支付宝公司总裁陆兆禧调任淘宝网总裁；阿里巴巴集团资深副总裁金建杭调任雅虎中国总裁；阿里巴巴集团副总裁、淘宝网副总裁邵晓锋调任支付宝公司执行总裁。

吴炯在2000年5月加盟阿里巴巴后，帮助阿里巴巴在美国建立了办事处，主导阿里巴巴集团产品的技术平台设计，同时帮助阿里巴巴和雅虎中国后台进行合并等，为阿里巴巴的电子商务技术做出了很大的贡献。

李琪于2000年加入阿里巴巴，先后担任技术副总裁、销售副总裁。2003年1月，李琪升任为公司高级副总裁兼国际事业部总经理，在全面负责阿里巴巴国际网站运作的同时，开始负责中国供应商的销售工作，两年后任阿里巴巴公司首席运营官。

孙彤宇可以说是居于马云之后的二号人物，从1996年春加入马云创办的中国黄页之后，便一直与马云共事。1999年初和马云一起创建阿里巴巴，并在2003年4月受命创建淘宝网，后任淘宝网总经理和阿里巴巴公司副总裁。

李旭晖在2000年加盟阿里巴巴，加盟前曾在一家知名跨媒体贸易营销公司工作了10年，有很强的销售与B2B市场推广的经验。进入阿里巴巴后，李旭晖最初担任总监一职，后被任命为阿里巴巴国际业务部总经理，负责国际网站运营部、Gold Supplier销售部以及客户服务部的管理工作。

在学习期间，所有人都不带薪，也不会负责具体业务。学习没有时间表，即使重新回到公司，担任什么职务也是双向选择。

由于此次轮休学习的干部在阿里巴巴集团位高权重，有很强的影响力，所以有人认为马云是在学习赵匡胤“杯酒释兵权”。

马云很清楚自己为什么会有这样的决定。

在公司上市之前，大家都充满了斗志和激情。上市后，近千人成了百万富翁。要想管理好整个团队，难度比较大，对高管的要求也比较高。

互联网是新兴行业，阿里巴巴集团的高管，大部分并非科班出身。在公司创立初期，大家都是摸索着工作，工作态度比能力更重要。

随着企业的壮大、职位的升高，学习机会反而越来越少。不仅半路上道的高管会受到限制，就是科班出身的高管如果不深入学习，也会思想僵化，限制公司的发展。

马云深知，“授人以鱼，不如授人以渔”。高管在精力旺盛之时学习，才能避免将来被公司、被社会淘汰的厄运。

对马云来说，公司的发展很重要，人才的提升，尤其是管理者的能力提升更为重要。马云相信，经过这一轮干部轮休，阿里巴巴集团会有更好的发展。

马云不是一个会为自己的决定耿耿于怀的人，很快，他就把注意力放到了另一件大事上，那就是为阿里巴巴集团建立淘宝城。

很快到了2008年2月5日，这是值得纪念的一天，马云又朝着超越“沃尔玛”的梦想走进了一步。

对于淘宝，马云曾公开表达了自己的期待：“在2008年，淘宝的成交额预计达到1000亿，在中国综合卖场居第一。而到了2018年，就会超越沃尔玛，成为全球最大的零售企业！”

这天，马云和杭州市余杭区委副书记、区长姜军正式签约，总投资超过13亿元的浙江淘宝城实业有限公司得以落地，落地之处就在余杭区仓前高教高新园区创新基地。

淘宝城建设用地面积预计占30万平方米，建成后，总建筑面积约为25万平方米，规划总建设投资13.6亿元人民币。

对于建设淘宝城的时间，马云认为，3年内可以完成工程的60%，5年能竣工。建成后，淘宝城会设置研发中心、客服中心、网站运营中心、销售中心、技术支持中心、培训中心、伙伴孵化中心等，为客户提供更好的服务。

援助灾区，个人捐助 100 万元

2008 年 5 月 12 日，马云在莫斯科参加 ABAC 会议。在会议过程中，马云收到了很多朋友从国内发来的短信，原来国内发生了地震。

收到短信后没多久，马云的手机又响了，是著名演员李连杰打来的。

李连杰为什么会打来电话？马云感觉很奇怪，便起身走出会议室，接听了这个电话。

“马云，四川发生了地震。你看看能不能为四川做点什么？”电话那头，传来李连杰焦急的声音。

马云急忙应允，想打听地震的具体情况时，李连杰匆匆挂了电话，而马云也思考着如何救援灾区的事。

“李连杰还是这么古道热肠！”马云想起了第一次见到李连杰的情景。

当时，马云去北京参加一个企业家论坛，第一次见到李连杰。李连杰是武术冠军，出演了很多动作片，是马云的偶像。

2007 年，李连杰创办了“壹基金”，这是中国第一家民办公募基金会，从事慈善事业，为需要的人提供帮助。

这次李连杰参加论坛，也是为了宣传壹基金。看到李连杰讲慈善、讲壹基金，马云受到了触动。

在马云眼中，李连杰是中国乃至全世界都很有名气的明星，他做什么都有很多人追随，可是他偏偏选了吃力不讨好的慈善事业，这让马云很费解，也很钦佩。

有了这种感情基础，马云和李连杰成了朋友，两人也经常交流，讨论如何做好慈善公益事业，帮助更多的人。

尽管身在国外，马云还是立刻号召阿里巴巴集团努力帮助灾区，并以个人名义捐了 100 万元。

剩下几天，马云不断利用电话与了解救灾工作的朋友联系，当得知灾区帐篷严重不足时，马云立刻给阿里巴巴社会责任部打去了电话："快，给你们一天时间，把能买到的帐篷都买了，想办法快速送到灾区。"

接下来的几天，马云心不在焉，想着如何做能够帮助灾区同胞。然而，身在国外很多事情都做不了，马云便决定提前回国。

回国后的第二天一大早，马云就到了公司，立马召集集团高层开会，布置抗震救灾的工作。

就在马云尽力安排救助工作时，网上突然流出一篇被人精心炮制的假新闻，标题为《马云为汶川捐款一元钱》。

流传速度之快，范围之广，让马云不能不怀疑，这是一场有组织有计划的阴谋，想要抹黑他。

新闻引用马云在 2006 年接受采访时说的话："对那些荧光灯下的慈善捐款，我觉得每次捐 1 块钱就够了。"

不明真相的大众开始谩骂马云，骂他"为富不仁"，同时指责阿里巴巴集团没有社会责任感。

在地震当天，马云和阿里巴巴集团的所有员工就已经展开了救灾工作，马云一直认为这些都是每个中国人应该做的，故而没有对外宣传。

假新闻的出现让马云改变了原来的想法。

“这则假新闻不仅对我个人和阿里巴巴造成了伤害，也让灾区人民在承受巨大的创伤和痛苦的同时，还要受到心理上的打击，决不能让这种不负责任的谣言蛊惑人心。”

5 月 19 日，阿里巴巴集团发出了抗议《马云为汶川捐款一元钱》假新闻的公开声明《大难当前 谣言须止》。

声明公开了马云在地震当天个人捐款 100 万的消息，而阿里巴巴集团为汶川抗震救灾捐款和筹款的金额也被公布。

如果了解马云，就会知道，马云不是一个没有社会责任感的人。早在 1995 年刚创业时，他就出于社会责任感做了一件事，也第一次因此上了电视。

当时是晚上 8 点多钟，马云骑自行车去上班。半路上，马云发现几个农民打扮的人神色可疑，正用一根木棍子想要抬走马路中间的窨井盖。

看到这个情景，马云突然想到自己前几天在报纸上看到的新闻，由于窨井盖被偷，一个小孩不慎掉入窨井里被淹死了。

马云心想：他们一定是想把窨井盖偷去卖，怎么才能阻止他们呢？马云赤手空拳，个子矮小，对方却是五六个大汉。

出于自我保护的需要，马云决定找人帮忙。可是绕了两圈，一个警察都没看见，路边的几个人也不愿意帮他。

马云忍不住了，骑着自行车停在了五六个壮汉面前。他并没有下车，而是用一只脚撑在地面。这样即使对方想要伤害他，他也可以立刻逃跑。

马云用手指着其中一个人，大声说道："你把它抬回去！"

话一出口，几个大汉都愣住了。

这时候，一旁的男子冲了过来，问马云："你说什么？"

看到有人过问这件事，马云的胆子也大了起来，刚才的担心也一下子不见了，于是向来者解释了事情的经过。

后来，男子问马云："你想让他们怎么做？"马云觉得很奇怪，这还用问吗？当然是让他们抬回去，重新放好。

突然，马云察觉到背后有些异样，转身看去，背后居然有一架摄像机对着自己。再看那几个壮汉，也是一脸轻松地对着马云微笑。

后来，马云才知道，原来这群人是在做街头测试。有很多人都看到壮汉抬窨井盖，却没有阻止，马云是唯一站出来的一个。

在声明发出的第二天，李连杰为了补发救助物资从灾区回到上海，马云听说后立刻赶去询问灾区状况。

马云听后感慨地说："除了钱和物资，我们还要提供其他帮助才行。"

很快，马云找来相关专家，结合阿里巴巴自身的能力，制订出可行的救援计划。也就是在那以后，阿里巴巴集团成立了 2500 万元的专项救助基金。

与此同时，阿里巴巴集团还在支付宝页面上专门开设了捐款窗口，向员工和客户筹集捐款，并由高管带队，将物资运往灾区。

马云也没有闲着。

6 月 2 日，他参加了关于灾区重建工作的会议，了解到心理重建的时间是 7 年，为此，国家制订了一个 7 年援助计划。

马云很清楚，重建工作任重道远。以后，他也会带着阿里巴巴帮助灾区人民重建心灵的家园。

阿里巴巴 10 周年庆典

2009 年 9 月，阿里巴巴集团 10 周年庆典临近，各公司员工都在利用业余时间排练，办公楼各处都洋溢着快乐的气氛。

此时，马云依然非常忙碌，虽然要与其他高管一起在庆典上表演，他却一直没有时间排练。

9 月 10 日，黄龙体育中心热闹起来，入口处人潮涌动。要不是馆外有阿里 10 年的巨型广告牌，人们还以为是体育中心要举行演唱会。

一进入会场，阿里巴巴的员工就发现，每个座位上都有一个布袋，里面放着水、饼干、牛肉干、发光卡通发卡、简易望远镜等，可以一边看演出，一边吃喝。

6 点，暖场活动开始，在男女主持人的引导下，大家一遍遍地鼓掌欢呼，还整齐地喊着口号，热闹非凡。

暖场时，一支支游行队伍走了出来，有古装美女队伍、航空机组队伍、原始土著队伍和龙舟队伍，各队的表现都引发了热烈的欢呼和掌声。

庆典晚会上，高管秀果然如马云预想的那样，引发了一阵阵尖叫。高管们扮作乐队，穿着朋克装登场。

马云头插羽毛、化浓妆、眼戴墨镜出现后，蔡崇信反串扮演的梦露紧跟其后，与马云相互配合。

看到这一幕，全场沸腾了，台下近3万人发出了尖叫和欢呼，整个庆典达到了最高潮。

马云非常高兴，表演之前他还很紧张，上台以后就兴奋起来，以至于到了后来，他都不想下台。

在庆典后半场，是大家听马云做演讲。

为了这场演讲，说马云准备了10年也不为过。很早之前马云就想过，10年以后他要对自己的员工、客户、朋友讲些什么。

与以往一样，马云依然滔滔不绝，同时告诉所有的员工，阿里巴巴原来的18位创始人都将辞去自己创始人的职位。

从9月11日开始，阿里巴巴进入合伙人时代。这些创始人的身份不再是创始人，而是合伙人。

演讲最后，马云激励所有员工说："我讲了N多遍今天还想讲一遍，今天很残酷，明天更残酷，后天很美好，绝大部分人死在明天晚上，看不到后天的太阳，阿里人必须看到后天的太阳……"

马云很清楚，阿里巴巴的发展十分迅速，很快就会上一个新台阶，创始人辞职可以让阿里巴巴集团在人力、资源、架构上重新布局，更好地应对未来的发展态势。

支付宝年会变“反省会”

从阿里巴巴成立时起，似乎每天都有奇迹发生。即使到后来阿里巴巴发展成了阿里巴巴集团，淘宝网、支付宝等发展成独立子公司，奇迹依然不断。

2009 年 12 月 7 日，马云收到报告，支付宝交易量在当天突破 12 亿，比之前支付宝总裁邵晓锋预料的时间提前了半个月。

邵晓锋是马云认识了 20 多年的朋友。当时为了备战高考，马云和邵晓锋都在浙江图书馆阅览室复习，由此展开了友谊。

当时，马云和邵晓锋都希望成为警察，还一同参加了警察考试。然而，由于马云个头不高、个人特征太明显等原因落选，邵晓锋则成了一名刑警。

后来，马云成立了阿里巴巴，便想起了自己的好朋友邵晓锋，于是邀请他一起创业。因为邵晓锋心中仍然有一个警察梦，当时便拒绝了。

邵晓锋是杭州警界有名的刑警，也是刑侦专家，专门负责重大凶杀案件。在被评选为全国特级优秀人民警察后，他终于接受了马云的邀请，来到阿里巴巴集团工作。

邵晓锋的工作职责很清晰，也很重大。马云将阿里巴巴集团各家子公司的交易安全都交到了邵晓峰手里，尤其希望他保证淘宝网的网络交易安全，防止网络诈骗。

由于邵晓锋有长期跟犯罪事件打交道的经验，所以很快研究出了一套避免网络犯罪、帮助淘宝提高信用的方法，由工程师系统化。

邵晓锋在加入阿里巴巴集团的 3 年里，即使是做网络安全部总监一职，仍然不忘学习经济管理方面的知识，后来做了淘宝网副总裁、支付宝执行总裁后，更加重视业务知识的学习。

2009 年 7 月，支付宝注册用户终于突破 2 亿大关。高兴之余，马云听说邵晓锋向员工承诺，若支付宝在年底之前日交易额突破 12 亿元，他就当众裸奔。

现在，听到支付宝日交易量突破 12 亿元的消息后，马云不禁想起了邵晓锋的承诺，这下，大家又要乐一乐了。

第二天，杭州气温在10摄氏度以下，邵晓锋早已打扮完毕，黑礼帽、黑墨镜、红短裤、黑披风，俨然“佐罗”。到了预定时间，他出现在众人面前，立刻引发一片欢呼。

从 2004 年 12 月 8 日支付宝成为独立公司以来，“裸奔”就成了一种特别的庆祝形式，邵晓锋并不是第一个。

对于这些，马云并没有过问，他考虑的是支付宝公司以后的发展。支付宝日交易量突破 12 亿元的业绩并没有让马云高兴，他把目光集中在了现存的问题上。

一直以来，马云都对支付宝公司寄予很大的期望，在他眼中，大哥阿里巴巴是个泥腿子，要供弟弟妹妹读书。淘宝是妹妹，可以花大哥的钱买花裙子，以后念复旦大学；支付宝是老三，虽然才上小学，却最有志气，以后要上哈佛。

但是现在，这个上小学的老三却问题丛生。马云决定，在新的一年，一定要让支付宝公司有新的发展。

2010 年 1 月 22 日，是支付宝公司举行年会的日子，马云也到达了杭州的浙江省人民大会堂。这一次，他的脸上没有参加年会的喜悦，反而脸色非常凝重。

支付宝 1000 多名员工到了浙江省人民大会堂后，发现气氛非比寻常，气球、彩带在现场根本看不到，舞台上也没有其他装饰。

在大家的揣测中，年会开始了，但是连灯光都没有。

在黑暗中，在紧张的气氛中，一段段录音播放了出来。这些都是客服部门的电话录音，全都是用户对支付宝的不满，有的指责非常刺耳。

一时间，在场员工都非常泄气。

“烂，太烂，烂到极点。”马云登台后，一连用了 3 个“烂”形容支付宝给用户带去的体验。

在很多场合，马云不止一次听到用户抱怨支付宝的服务。在他看来，支付宝不应该提供这么差的客户体验。客户有埋怨，说明支付宝做得还不够。

一直以来，马云都对支付宝公司抱有非常大的期望，见支付宝这么不争气，马云非常气愤。

马云说：“很多公司都活不过 5 年，活到 5 年以上的公司若没有这种疼痛，没有这种折腾，是走不长的。今天，我认为是支付宝开始正视自己问题的时候。”

听到马云的训斥，邵晓锋有些委屈。一直以来，邵晓锋都告诫员工，在支付宝用户第一，不管支付宝取得了多大的业绩，都要把用户的体验和感受放在首位，而他也是这样要求自己的。

但是邵晓锋知道，现在支付宝做的领域太多了，而客户的需求也各有不同，虽然有不少问题，但员工们确实已经非常努力了。

想到这里，邵晓锋忍不住哭了。一个之前战斗在刑事侦查第一线的刑警，一个经历生死考验都不落泪的男子汉，此刻却哭得稀里哗啦。

后来，邵晓锋擦去眼泪，公然表态，自己一定会提高支付宝的用户体验。

原本为了这次年会，高管们准备了节目，也就是传统的“高管秀”。但是现在，“高管秀”改成了反省会，15 个高管轮流发表了反省感言。

听着高管们的反省，马云也在心里反省着。单单去年 1 年，支付宝就有 200 多个新产品上线，但是用户体验却没有做好，导致用户流失得很快。

面对这一情况，团队不是忙着提升用户体验，而是去开发新产品，导致用户的不满越来越多。

公司大了，分工变得细致，这种问题很容易出现。再加上安全问题、政策风险等，很容易影响支付宝以后的发展。

就在昨天，马云签署了一项任命，集团首席人力资源官彭蕾出任支付宝 CEO，邵晓锋则向彭蕾汇报工作。

通过这次内部资源的调整，马云希望支付宝以后能发展得更好。

阿里巴巴爆发“诚信门”危机

2011年1月，马云在查看邮箱时，发现了一封“举报”邮件，有员工称，阿里巴巴的员工可能存在欺诈问题。

看到这封邮件，马云并不相信，但还是立刻进行了了解。不了解不知道，一了解马云才意识到，问题可能比他想象的严重。

马云立刻召集阿里巴巴集团高层开会，会后立刻委托专业人员，成立了专门调查小组，展开内部调查。

调查结果显示，在2009年、2010年，分别有1219家、1107家“中国供应商”客户涉嫌欺诈，更让马云气愤的是，这些“骗子客户”居然是有员工为求高收入故意放进来的。

这是非常容易理解的，作为B2B电子商务平台，阿里巴巴的一部分收入来自会员年费，即“中国供应商”“中国诚信通”和“国际金牌供应商”的会员，而员工的薪酬也与此直接挂钩。

一直以来，诚信都被视为阿里巴巴最重要的价值观，马云也要求员工讲诚信，不能做出任何违背这种价值观的行为。

马云立刻停止对涉嫌欺诈的“中国供应商”客户提供服务，并提交司法机关参与调查。至于涉嫌欺诈的员工，则按照公司制度予以处理。

但是，这并不是一件只要处罚涉嫌欺诈的客户和员工就可以解决的事情，下属犯错，上司当然要担负相应的责任。

作为阿里巴巴 B2B 公司总裁的卫哲，自然首当其冲。

卫哲毕业于上海外国语大学，凭着自己的努力，创造出了很好的业绩，在成为世界 500 强最年轻的中国总裁后，于 2006 年 11 月出任阿里巴巴 CEO。

1 年后，阿里巴巴能在香港成功上市，不得不说，卫哲功不可没。此后，卫哲又帮助马云进行了改革，完成了高层换血、国外业务布局等工作。

可以说，卫哲是马云的臂膀，对于如何处理卫哲，马云很为难。他知道，这是阿里巴巴为犯错必须付出的代价。

马云想起了关羽刮骨疗伤的故事，虽然卫哲辞职会给公司造成巨大的损失，但是除此之外，他没有更好的选择。

在公司诚信危机面前，必须快速反应，做出处理，公开公司的决定，才能掌握话语权，引领舆论走向。

想到这里，马云立刻召开了董事会，讨论这次事件的应对策略。

2011 年 2 月 21 日下午，阿里巴巴集团召开了组织部大会。让大家感觉奇怪的是，这次的会议内容并没有提前通知。

开会前，马云将 B2B 总裁卫哲叫进了办公室。此前，他已经决定刮骨疗伤，所以要和之前提出辞职的卫哲谈一谈。

会议开始后，马云用非常沉痛的声音说："董事会经过讨论决定，同意卫哲辞去 B2B 总裁一职，同意 COO 李旭晖辞去首席运营官兼执行董事一职……"

瞬间，大家的表情都僵住了。

马云发言结束后，彭蕾上台发言。此前不久，彭蕾才担任了阿里巴巴集团首席人力资源官一职。

彭蕾不紧不慢地讲述着最近阿里巴巴经历的事情，声音逐渐哽咽起来，最后流下了眼泪。

会后，马云给公司员工发了一封内部邮件，对这次事件进行了说明，并且重申了公司对领导层的处理方法。除了批准 B2B 公司 CEO 卫哲、COO 李旭晖辞职外，也将 B2B 公司人事资深副总裁邓康明降级另用。

阿里巴巴自曝家丑，很多人对它很失望，也让阿里巴巴的形象蒙上了一层阴影。马云知道，必须坚持原则，才能让阿里巴巴实现坚持 102 年的梦想和使命。

马云的想法是正确的，这种做法坚定了交易者的信心，而两名公司最高负责人引咎辞职，也减轻了欺诈事件对阿里巴巴的负面影响。

太极哲学与阿里巴巴

2011 年 4 月，马云和李连杰在北京共同发起创办了太极禅国际文化发展有限公司，推广太极文化。对于这个消息，了解马云的人一点也不震惊。

从幼时起，马云就有一个武侠梦，整天听杭州大书、看武侠小说，后来在大学学习了太极拳后，更是痴迷于此。

2008 年的最后一天，马云对自己的助手陈伟说："陈伟，你去帮我找一个中国最好的太极拳老师，一定要是国内太极拳第一人。"

“最好的太极拳老师？”陈伟重复了一遍。

“对！一定要是最好的！”马云又强调了一遍。

对于太极拳，陈伟知道的并不多。谁是国内太极拳第一人？这个问题一直没有定论，但是马云相信，陈伟能完成任务。

2009 年 4 月的一天，马云接到了陈伟的电话：“马总，我给你找到了一个太极拳高手！绝对是真正的大师！”

听到陈伟这样说，马云很高兴，立刻问道：“哦，怎么找到的？说说看！”

原来，在接到马云布置的任务后，陈伟就在工作之余走访太极拳馆，并且托朋友打听，最终得知在太极拳的发源地有一位太极拳大师——王西安。

2 月时，陈伟飞去河南，在焦作市文献城东的陈家沟见到了王西安。当时，王西安正在教一群孩子学习太极，孩子们个个练得有模有样。

“王大师已经 67 岁了，可是看上去很年轻，他给我讲了太极的历史，还亲自演示了几个太极的技法。”

听到这里，马云心里也痒痒的，立刻说：“你安排一下，我想尽快见到他。”

由于马云和王西安两人都是超级大忙人，见面的时间也因此一推再推。直到 4 月时，陈伟才把王西安从河南请到三亚度假，并在马云的度假别墅教他练习太极拳。

虽然只是短暂的接触，马云却感觉自己在拳术上大有长进，对于原本并不理解的太极哲理，也有所领悟。

国庆节时，王西安第3次教马云练拳后，马云决定正式拜他为师。

这绝非是马云的一时心血来潮，他清楚，自己一直都有一个成为太极拳大师的愿望，希望别人提起他时，会视他为太极拳大师，而不是阿里巴巴、淘宝网的创始人。

拜师后，马云时常给王西安打电话，问一些古怪的武学问题。一旦确定两人有空余时间，他就请王西安来给自己上课，基本上都是四五天连续学习拳术。

马云是个乐于分享的人，看到练习太极拳的好处有很多，他便推荐朋友练习。不仅如此，马云还想到了公司的员工。

“张瑛，你觉得我们阿里巴巴开一个太极拳班怎么样？”这天，马云练习完太极拳后，突然抛出这么一个问题。

“让员工一起练太极拳？”张瑛有些惊讶。

马云点点头说：“是啊，现在公司的运转节奏这么快，很多员工都感觉压力大、焦虑、浮躁，太极拳讲究快慢张弛，练练能调整心态。”

“我觉得不错，员工经常一坐就是三四个小时，颈椎和腰部都受不了，正好还能用太极拳对付这些职业病。”张瑛赞同。

没几天，阿里巴巴第一期太极拳班开课了，报名的有400多人。后来，马云把太极拳固定为阿里巴巴内训项目。

随着学习的深入，马云对于太极拳的认识也越来越多。通过练拳，他让自己在浮躁的社会中静下来，在慢中体会快的道理。

后来，马云还意识到，做生意有时就像太极拳，推来推去，只有配合对方的节奏，才能把生意谈好。

马云的学习依然在继续，尽管王西安说他很像一个老拳师，深得太极三昧，言谈举止也张弛有度，但马云知道，自己还需要更多的时间来悟道。

有一次，马云和李连杰在一起聊梦想，李连杰说："我有 3 个梦想，武术、电影、公益。现在，我想把注意力转移到武术上。"

马云也一直对武术感兴趣，甚至还专门拜师学习太极拳，听李连杰这么说便立刻兴致勃勃地聊起了这方面的话题。

李连杰说："其实，我们国家的武术很多，太极尤其值得推广。接下来我想要推广太极，回报我的老师和整个武术界。"

马云想都没想，立刻响应："我们真的可以好好谋划一下。你要是想做这个事情，我就和你一起做。"

一番谋划下，2011 年 4 月，马云和李连杰一起在北京共同发起创办了太极禅国际文化发展有限公司，推广太极文化。

马云很清楚，随着现代科技越来越发达，大家的生活节奏也越来越快，心理压力大、疾病频发，这让生活失去了平衡。

太极提倡任何事物都有两面性，生活应该张弛有度，讲求阴阳平衡。通过推广太极，马云希望大家都能找到健康快乐的生活方式。

第十章

问题重重，阿里巴巴何去何从

10 月 20 日，阿里巴巴集团宣布将聚划算从淘宝网剥离出来，以公司化的形式独立运营，成为阿里巴巴集团旗下的独立子公司，由阎利珉担任总经理，向集团秘书长邵晓锋汇报。

在马云看来，聚划算成为独立团购品牌进行运作后，更容易对自身结构进行优化，也便于进行创新和开拓。

一个“不完美”但“正确”的决定

对于支付宝，马云最担心的是牌照问题。

2006 年，央行对外发布了《第三方支付管理办法》第一版的意见征求稿，但一直都没有定稿，牌照申请标准也没有正式确定。

2008 年时，杨致远对支付宝并不重视，甚至建议马云把支付宝卖掉。

在当时看来，支付宝只是淘宝的一个附加功能，如果不是有淘宝在撑着，支付宝完全就是鸡肋。而且，想要给支付宝申请牌照，也是一件非常困难的事情。

马云不顾杨致远的反对，坚持要把支付宝做下来。当然，马云的决断是正确的，支付宝也确实为集团带来了很大的收益。

2009 年 4 月，央行要求国内所有非支付机构企业做备案登记，这一点让马云意识到，要想获得央行颁发的经营许可牌照，支付宝外资控股的事实可能会带来麻烦。

支付宝并不只属于阿里巴巴集团，其中还有雅虎和软银的股权，而且占到了近 70%，马云及管理层只占 30% 左右的股权，是支付宝的小股东。

在得到阿里巴巴董事会的口头批准后，2009 年 6 月，马云将支付宝 70% 的股份转入内资公司名下，使支付宝变成了内资绝对控股的企业。

这家内资公司就是 2000 年成立的浙江阿里巴巴电子商务有限公司，由马云和谢世煌控股，各占 80% 和 20% 的股份。

后来，马云及其管理层与央行沟通，得知《第三方支付管理办法》对公司注册资本金也有一定要求，便于当月将支付宝的注册资本增至 5 亿元人民币。

做好这一切准备工作后，到了 7 月底，支付宝便按照规定做了备案登记，此时，支付宝性质为内资企业。

2010 年 6 月，央行对外公布了《非金融机构支付服务管理办法》，根据该办法，如果支付宝公司无法在 2011 年 9 月 1 日之前取得支付牌照，就不能再继续从事支付业务。

这个办法一颁布，马云就开始为支付宝牌照的事忙碌起来。他组织了一个 11 人的“牌照小组”，由支付宝 CEO 彭蕾指挥，研究拿到牌照的方法。

马云对“牌照小组”强调：“我们一定要第一批拿到牌照，如果拿不到，会损害我们的声誉，也不能继续做支付业务，支付宝会完蛋，淘宝也会乱。淘宝网做不到的地方，要积极和央行沟通，努力争取。”

在马云的指示和彭蕾的负责下，“牌照小组”开始研究哪些规定必须遵守，哪些规定可以变通。

其中，第九条关于外资股东的规定让大家格外留心，“外商投资支付机构的业务范围、境外出资人的资格条件和出资比例等，由中国人民银行另行规定，报国务院批准。”

“另行规定是什么？”对于这个问题，“牌照小组”没有一个人知道。对于“另行规定”什么时候能出台，也没有人能保证。

如果一直等到“另行规定”出来再准备材料，很可能错过最后期限，这样一来，给支付宝、淘宝带来的影响将是不可估量的。

无法让“另行规定”尽快出炉，马云想到了一个变通的方法，改变支付宝的资质，让支付宝变成一家全内资企业，这样就可以申请牌照了。

2010 年 8 月，支付宝又一次做了股权转让，将剩下的 30% 股权又一次转入浙江阿里巴巴公司。因为浙江阿里巴巴由阿里巴巴集团协议控制，所以这两次都属于集团内资产划转。

马云这么做是为了使支付宝获得央行牌照，在保证雅虎、软银、阿里巴巴三方利益的同时，做一些股权方面的调整。

2010 年 12 月，支付宝向央行提交了牌照申请。此时，支付宝虽是全内资公司，但仍然存在协议控制。

2011 年，央行正式要求支付宝对实际控制权人问题进行说明，以证明浙江阿里巴巴是支付宝唯一实际控制权人，并不存在境外投资人通过持股、协议等方式掌握实际控制权。

本来，在讨论支付宝支付牌照时，阿里巴巴、软银、雅虎都同意协议控制，但面对央行的这一要求，马云希望终止协议控股。

对于这一点，软银的孙正义和雅虎的杨致远并不认同。在他们看来，中国虽然有法律规定，但完全可以用其他方法避开。

孙正义和杨致远的态度马云自然理解，孙正义和杨致远虽然都是阿里巴巴的董事，但在他们心中，各自所在的公司才是最重要的，为所在公司争取利益也是能理解的。

要和孙正义与杨致远对峙，对马云来说也是很为难的事情。

孙正义和杨致远都是马云的老朋友，用协议控制模式或许能绕开法律，但土生土长的马云了解，在中国做企业，必须遵守法律。

之前，金融立法没有涉及网上贸易，支付宝迟迟未得到法律认可情有可原，现在法律既然已经出台，就应该百分之百合法化。

如果按照孙正义和杨致远说的那样做，或许可以投机取巧获得牌照，但是央行一旦认真调查，就会发现其中不合法之处，获得的牌照也会被收回。

为了支付宝以后的发展，马云决定说服孙正义和杨致远。

孙正义和杨致远一拖再拖，即使收到了央行发来的最后通牒，两人也依然不愿意表态。

为了确保支付宝顺利获得牌照，马云决定先斩后奏，在未经董事会同意的情况下，终止了浙江阿里巴巴和阿里集团之间的协议控制。

这一下，从协议转让变成了正式转让，消息一传出，众说纷纭，对马云个人的批评也渐渐增多。

马云有自己的想法，只有先拿到牌照，支付宝的业务才能开展。至于孙正义和杨致远方面，可以通过补偿解决问题。

2011 年 5 月 26 日，央行传来消息，支付宝获得了央行颁布的首批第三方许可证，也就是马云期待已久的支付牌照。

获得支付牌照后，支付宝也通过微博表示，支付宝获得了央行颁发的国内第一张《支付业务许可证》，编号为 Z2000133000019。

马云没有想到，这样一条小小的微博，也引起了种种质疑。

看到“第一张”之说，网友们感到十分怀疑，认为第一批支付牌照是针对 27 家企业同时发放的，而且编号“19”似乎也不是第一。

对于这一质疑，支付宝对支付牌照的编码进行了解释：Z2——非金融机构属性，0001——全国首张，33——杭州代码，00001——杭州首张，9——校验码，这才平息了怀疑。

2011 年 6 月 14 日，马云在杭州召开了新闻发布会，解释支付宝股权转让事件。在马云看来，终止协议控制虽然没有得到软银和雅虎的同意，股权转移却实实在在得到了董事会授权，并不算违约。

至于终止协议控制一事，确实对软银和雅虎的利益造成了伤害，但这也是为了得到支付牌照迫不得已的做法。至于如何进行利益补偿，仍在商讨中。

实际上，从支付宝获得牌照的第 5 天起，阿里巴巴集团与雅虎便展开了谈判，但与软银的谈判却迟迟没有开始。

与软银相比，雅虎是积极的，一开始就组织了一个 20 多人的律师团，以保护自身利益。软银却迟迟不愿参与进来，谈判也一直拖延着。

6 月 20 日，孙正义终于公开表态，参与到谈判中，这样一来，关于支付宝的纷争也就能很快得到解决。

这是一场非常艰难的谈判，要想找到三方的“利益平衡点”，达成一个使雅虎、阿里巴巴集团、软银三方利益平衡的赔偿方案，并不是一件容易的事情。

经过一个多月的谈判，2011 年 7 月 29 日晚，阿里巴巴集团、雅虎和软银三方就支付宝股权转让事件达成和解，正式签订了补偿协议。

对于马云来说，能够让支付宝获得牌照，就能继续从事支付业务。只有这样，支付宝才能获得发展的空间。

“双十一”与淘宝商城改革

2003 年 5 月 10 日，淘宝网创立，从事 C2C（个人对个人）业务。2008 年 4 月，淘宝网开始推出 B2C(商家对个人）业务，并建立了 B2C 平台——淘宝商城，采用二级域名 mall.taobao.com。

当时，淘宝网的发展速度很快，淘宝商城依托在淘宝网名下，方便推广，也更容易让大众记住。

但淘宝商城的成长并不顺利。2008 年 10 月，商城事业部解散，商城重新并入淘宝。第二年 8 月，商城事业部又重新尝试独立运营，并由淘宝 CFO 张勇兼任商城总经理。

此时，马云并不看好 B2C，认为发展 B2C 业务的亚马逊早晚会消失在电子商务行业，而 C2C 模式则会独霸天下。

事情很快发生了转机，作为 C2C 模式的代表企业，eBay 的用户总数远远多于亚马逊。后来亚马逊将差距缩小到 300 多万，让马云大吃一惊。

与此同时，马云也发现，C2C 模式产生的问题很多，而且经营者道德水准不高，以后也会产生更多纠纷。

与 C2C 相比，因为 B2C 是商家直接面对消费者，要想获得长期利益，就会更好地约束经营行为，以后的发展趋势也会更好。

考虑到这些因素，马云决定让淘宝商城独立，以便淘宝商城能更好地帮助商家直接面向消费者销售产品并提供服务。另一方面，也确定了 C2C 和 B2C 两种商业模式。

2009 年 11 月 11 日，经过一番策划，淘宝商城开始打着“庆祝光棍节”的口号举办促销活动。

选一个特定的日子促销，是为了让这一天成为淘宝商城的节日，提高淘宝商城的知名度。而选择 11 月 11 日这一天，则是马云的意思。

2008 年，马云在公司里听到两个年轻员工在聊光棍节的话题。

“光棍节”是对 11 月 11 日的戏称，四个“1”就像四根棍子，而“光棍”又有“单身”的意思，所以这一天有光棍节一说。起初，光棍节只是年轻人之间的自娱自乐，后来在社会上流行开来。

一个员工问：“光棍节你是怎么过的？”

另一个员工回答：“还能怎么过？我光棍一个倒也好，让自己吃好喝好玩好就行了！花了一笔小钱！”

说者无心，听者有意，“花了一笔小钱”在马云听来，是非常重要的一句话。这说明，光棍节为自己花钱已经在年轻人中流行开来。

既然如此，淘宝商城就可以抓住光棍节的机会，以单身男女为目标，拉动他们在淘宝商城的消费。

马云的这一想法，有人赞成，有人担心。有人认为，光棍节在十一黄金周之后、圣诞大促销季之前，很难吸引人们注意。

但是马云却认为，11月是添置冬装的时节，一些人会选择网上购物。如果淘宝商城可以搞促销，即使不是冬装促销，也很可能对消费者产生很强的吸引力。

最终，大家决定在2009年做一次尝试。

2009年，淘宝商城推出“双十一”促销活动，由于之前没有听说过这种活动，商家的参与度并不高，只有27个品牌参与。

结果却让大家大吃一惊，11月11日当天的销售额高达5000万元，也证明马云在光棍节进行促销的决策是正确的。

有了这一战果，马云更加认识到淘宝商城的价值。

2010年11月1日，淘宝商城启用独立域名www.tmall.com，并在网站最显眼位置进行了公布。tmall源于淘宝taobao和商城mall，方便记忆。从这一刻开始，淘宝商城开始向着独立走出了第一步。

在启用独立域名的第11天，也就是2010年11月11日，淘宝商城又一次发起了“双十一”促销活动，当天销售额达到了9.36亿元，其中有181家店铺销售额超过百万。

这一情况是物流公司都没有预料到的，由于订单过多，发货过于集中，物流业出现了第一次大规模爆仓。

到了2011年6月16日，阿里巴巴集团将淘宝公司分拆成3个独立公司：淘宝网、淘宝商城、一淘网。淘宝网继续做C2C业务，淘宝商城做B2C业务，一淘网做一站式购物搜索引擎。

在电视台批评淘宝有假货后，马云更加重视淘宝商城的诚信问题。为了让商家诚信经营，让商城形成良好秩序，淘宝商城决定升级商家管理体系。

2011 年 10 月 10 日，淘宝商城发布《2012 年度淘宝商城商家招商续签及规则调整公告》，正式宣布升级商家管理体系，提高 2012 年入驻商家资格，以维护高端品牌形象。

为了打假，淘宝商城特意建立了“商家违约责任保证金”制度。根据这一制度，为保证消费者的利益，商家要根据所经营或者代理的品牌缴纳违约保证金。

由于产品和服务类目、规模不同，违约保证金的金额也不同，最低的保证金为 1 万元，最高的则达 15 万元。

在以后的经营中，如果商家的违约行为达到一定标准，保证金就会被扣掉，扣掉的金额至少是 1 万元。

之前，淘宝商城的商家每年要缴纳 6000 元的技术服务费，但是从 2012 年起，服务费会大幅度提高，分为 3 万元和 6 万元两个档次。

虽然规定是这样，但是，商家在 2012 年到底要缴纳多少技术服务费，实际上是由自身对消费者的服务决定的。如果商家服务好，经营规模也达到一定标准，淘宝商城会将部分或者全部技术服务年费返还给商家。

除此之外，淘宝商城还规定，如果发现商家给消费者提供假货、水货，就会遭到封店，违约责任保证金也会被全部扣除，让消费者获得“假一赔五”的赔偿。

不但出售假货、水货会受到惩罚，在商品或服务与描述不符或延迟发货等情况下，商家也要做出相应的赔付。

新规一经公布，引起了轩然大波，尤其是商城中的绝大多数中小商家，个个非常愤怒。

为了让淘宝商城修改新的规定，没有能力直接和淘宝商城对抗的中小商家将矛头指向商城大卖家，并在 11 日晚通过 YY、语音、QQ 群发起了攻击。

几千名中小卖家集中起来，一起拍下大商家的商品，打低分，再申请退款及赔付。由于规模过大，导致淘宝商城上的大店欧莎、韩都衣舍、七格格等停止运营，以下架多数商品来躲避攻击。

面对这样的互联网暴力，马云认为绝不能容忍和妥协，而淘宝商城也很快做出反应，绝不让步，并寻求警方帮助。

看到那么多淘宝人高呼“消灭一切，摧毁一切”，攻击大卖家，马云也感觉非常痛心。但他依然相信，淘宝商城是做了最应该做的事情。

对峙持续着，而参与攻击大卖家的中小商家不断增多，事态也变得越来越严重。淘宝商城在积极采取应对措施的同时，依然态度坚决。

15 日，商务部介入淘宝商城纷争中，着手调查淘宝规则变更一事，要求马云从稳定物价和支持小微企业的角度出发，处理好问题。

按照 10 月 10 日发布的公告，淘宝商城商家招商续签要在 10 月 17 日启动，迫于商务部的压力，17 日淘宝商城发布公告，对 2012 年度协议新签及续签工作进行延期。

当天下午，马云决定召开发布会，由于担心自己在发布会上乱发脾气，马云在自己的手上写下了四五个“忍”字。

一直以来，马云都认为，电子商务要想做得更加长久，就要打假，要做好网上诚信的工作，如果淘宝商城不对假货、水货采取措施，淘宝商城便会很快消失在电子商务的行业中。

在发布会上，阿里巴巴集团不仅公布了对淘宝商城新规做出的相应调整，还公布了将向淘宝商城投入18亿元，以更好地保障消费者的权益，并对客户提供更多扶持。

对于淘宝商城的老商家，延期至2012年9月30日执行新规则，而新签约的商家则从2012年1月1日起执行。

对于之前新规规定的保证金金额，一律减半，由阿里巴巴集团追加10亿，放入消费者保障基金，用以维护消费者权益。

与此同时，阿里巴巴集团拿出5亿作为现金担保，为条件达标的小商家向银行和第三方金融机构的贷款提供担保支持。

而且，阿里巴巴集团还会对淘宝商城追加3亿元投资，帮助淘宝商城进行市场推广，打造更好的技术平台。

对于那些不与商城续约或者达不到标准的商家，淘宝商城会帮助它们转入淘宝网经营，之前的信用及交易记录也会给予保留。

这场风波到这时，终于得到了解决。虽然淘宝商城的改革没能按预想的那样顺利进行，但至少也能保证大商家的利益不再继续受到侵害。

但是，马云还没有放下心来几天，10月21日晚上，支付宝又受到了攻击。

支付宝最开始是为了淘宝网更安全地进行网络交易而开发的第三方交易平台，后来又成了阿里巴巴集团独立子公司。

在淘宝网和淘宝商城，卖家的资金流动几乎都是通过支付宝完成的，也就是说，这些资金是存在支付宝中的，里面的钱可以提现，转移到自己的银行卡里。

而这次在攻击支付宝时，攻击者们就采取了“集体提现”这一方式，他们不但自己提现，还煽动其他用户大规模提现，希望让支付宝平台停摆。

面对这种行为，马云并没有动怒。他很清楚，这次的风波长不了。支付宝一直都将用户的备付金交给中国工商银行托管，用户想进行提现也不会出现任何问题。

果然，没过几天，波动就自动平息了。

2011 年“双十一”，淘宝商城联合淘宝网，开始采取稳扎稳打的促销策略，共有 2000 多家品牌店及几百万件商品参加，创下了 52 亿的交易额，物流问题也开始缓解。

淘宝商城走了，天猫来了

早在 2011 年 6 月，淘宝商城就成了阿里巴巴集团旗下的独立子公司，正式确立了 B2C 商业模式。

直到这次淘宝商城改革事件受阻后，马云才意识到，淘宝商城虽然独立了，却没有让客户认识到，商城的定位是什么。

淘宝商城实际上相当于现实中的商场，淘宝商城的店铺就像是商场里的柜台，淘宝商城向店铺收取年费和保证金，就像是商场向柜台收取场租和押金。

由于淘宝商城是从淘宝网脱离出来的，名字也十分相近，一些商家并不清楚其中的区别。

如果把淘宝商城比作商场，淘宝网就可以说是集市，习惯了集市模式的商家对商场高门槛自然很难接受，闹出风波也就容易理解了。

淘宝商城要想更好地发展，就必须做出更清晰的定位，提高与淘宝网的区分度。要达到这一目的，改名是一个好办法。

改用什么名字好呢？其实从淘宝一拆为三时起，不管是马云，还是阿里巴巴集团副总裁兼首席市场官（CMO）王帅，都开始考虑改名的问题了。

王帅于 2003 年加入阿里巴巴集团，曾任阿里巴巴集团公关总监兼淘宝网公关总监、阿里巴巴总编辑及 CEO 特别助理、阿里巴巴集团副总裁。

王帅可以说是阿里巴巴集团公关的灵魂人物，培养出了优秀的公关团队。2011 年 6 月 20 日，王帅出任阿里巴巴集团首席市场官。

在接到取名的任务后，王帅想了很久。虽然也有一些备选名字，但不是太正统，就是缺乏想象力，别说让马云满意了，就是自己也看不上。

后来有一天，马云给他打了个电话，问道："王帅，我刚想到了一个名字'天猫'，你觉得怎么样？"

王帅一听，愣了一下，用"天猫"做公司名，有点太怪异了吧？

马云似乎很兴奋，挂了电话以后，又打给了其他同事和朋友，结果大家不是认为这个名字太老土，就是觉得很怪异。

但马云来兴致了，继续征求了很多同事和朋友的意见，结果大家不是讽刺名字难听，就是坚决反对、极力劝阻。

马云想，既然大家骂这个名字取得不好，说明这个名字很独特，也就容易被记住。不怕大家骂，就怕大家不骂。至于天猫是不是能加入什么文化内涵，那是传播开后的事情。

最后，在马云的坚持下，淘宝商城改名为“天猫”。

马云一直都非常有远见，出于改名之后的防御需要，阿里巴巴出价12万元买下域名tianmao.com。

做完这些工作后，马云把原定于2012年3月在北京举行的战略发布会提前了两个月，于1月11日召开，正式宣布“淘宝商城”更名为“天猫”。

淘宝商城的更名是为了便于消费者更清晰地区别品牌，但在大众看来，这里面似乎多了层其他意味。

淘宝商城最初成长于淘宝网，多年来，淘宝网为了自身的发展做出了很大的努力，比如重塑交易模式、信用体系、扶持创业者等，但销售假冒伪劣商品与商家缺乏诚信等问题依然存在。

很显然，改名后的淘宝商城已经看不出和淘宝网有什么关系。于是大众开始猜测，淘宝商城这样做是为了摆脱淘宝网带来的负面影响。

对于这些评论，马云并不在意，即使淘宝商城改名了，战略也不会改变，对于品质的追求以及成为网络购物地标的目标都不会改变。

对于淘宝商城改名的问题，王帅也通过邮件告知了阿里巴巴集团的全体成员，并解释了改名的原因。

马云很清楚，更名之后，天猫的发展会更迅速。

至于天猫的文化内涵，王帅也已经进行了很好的诠释。猫是性感和品位的代名词，代表淘宝商城是性感的、时尚的、引领潮流的；猫天生挑剔，代表淘宝商城是追求完美的。这一切，都让大众觉得“天猫”一名改得有意思。

淘宝商城更名为天猫后，便开始面向全球设计师征集天猫品牌形象设计。到3月29日时，天猫正式发布LOGO形象，并把LOGO与有品质的商品和服务挂钩。

LOGO一发布，就引起了网友的热议。有网友说，天猫新LOGO与人民币图案上的“跪拜猫”相似，王帅则认为LOGO长得像马云。

马云认为，不管天猫的LOGO像什么，不管这个LOGO是不是太丑，都没有关系。重要的是，LOGO有特点，能让这么多人关注，知名度也会大大提高。

在马云的关注下，天猫的发展更加迅速。

2012年11月10日，“双十一”促销前一天，马云接受中央电视台采访时语出惊人，抛出了“狮羊论”。

“就像狮子吃掉森林里的羊，这是生态规律，游戏已经开始，就像电话机、传真机会取代大批信件一样，这是必然趋势，（以电子商务为代表的）新经济模式已经有点狮子的味道。”马云说道。

在马云看来，电子商务成长起来了，而其代表的经济模式也日渐成熟，必然会打败传统的营销模式。

在“双十一”促销大战中，天猫主会场推出5折封顶包邮，淘宝网也推出了淘宝嘉年华活动，淘宝“聚划算”打出“双十一不用挑”的口号全程参与。

11月11日零时，“双十一”促销大战正式开始。短短10分钟后，支付宝交易额就突破了 2 亿 5 千万，让所有人大吃一惊。

实际上，从 11 月 1 日开始，就有近 2000 万用户收藏商品或将商品添加到购物车中，等待着 11 日零时的到来。所以，马云对这一强悍的开场并不吃惊。

2012 年，天猫和淘宝网“双十一”交易额共 191 亿元，其中天猫达成 132 亿元交易额，淘宝网则完成 59 亿元交易额。

为庆祝这一战绩，马云向自己的商界好友新希望集团董事长刘永好、巨人网络董事长史玉柱、银泰百货董事局主席沈国军、五星控股集团董事长汪建国、美特斯邦威董事长周成健和七匹狼董事长周少雄等人发出邀请，请他们来杭州参加“双十一”聚会。

马云相信，等到下一个“双十一”，淘宝网和天猫一定会创造出更好的业绩。

新派团购平台——聚划算

进入 2010 年，团购成了备受瞩目的电子商务新模式。作为电子商务的领导者，阿里巴巴集团在这方面自然也不会落后。

2010 年 3 月 22 日，没有任何大规模宣传，阿里巴巴集团旗下的淘宝聚划算平台上线了。作为最早的团购平台之一，聚划算上线当天的成交额只有 2094 元。

在最初的 3 个月，聚划算每天 10 点开团，访问量只有十几万，尽管如此，马云对聚划算仍有信心。

在马云看来，淘宝网有广泛的知名度，巨大的客流和商家，聚划算平台借助这一优势，也能很快发展起来。

2010 年 9 月，聚划算终于开始打响自己的名声。

9 月 6 日，淘宝聚划算和奔驰合作的 Smart 团购迷你站上线，在不足 24 小时的时间里，就有 30 万人进来浏览。

Smart 是奔驰汽车所属的经典品牌，自 1998 年于欧洲面世后一直大受欢迎。在爱车一族眼中，奔驰 Smart 就是都市潮流和创意生活的代名词。

为直接促进 Smart 的销售，扩大 Smart 的知名度和影响力，Smart 决定利用当前最流行的方式——团购，达到目的。

纵观国内大小网站，淘宝网拥有大量年轻、时尚的用户，利用淘宝聚划算可以实现将 Smart 销售出去，让其获得最好的宣传效果。

在淘宝网的操作下，Smart 品牌的体验页面很快建立起来，方便对 Smart 有兴趣的消费者深度了解 Smart 的品牌内涵，从而进一步打动消费者。

与此同时，Smart 团购事件也引来了媒体的关注，一时间，很多人都知道 2010 年 9 月 9 日上午 10 点 Smart 在聚划算开团一事。

根据 Smart 硬顶-style 版团购规则，团购的数量超过 50 辆即可成团。如果团购数满 200 辆，每辆车的价格就仅为原价 17.6 万的 77%，即 13.5 万，一下子可以便宜 4.1 万元。

除了用价格吸引用户参与外，淘宝网还设计了便捷灵活的订车方式。团购时，用户只需进入活动页面，选择提车地域和经销商，支付 999 元订金即可。

支付完定金后，用户还有 3 天的反悔期限，3 天内如果消费者认为自己的行为不妥，订金可以退回。

2010 年 9 月 9 日上午，很多人都守在电脑前，等着 10 点的奔驰 Smart 开团，他们有的想在第一时间抢购到 Smart，有的出于好奇心理，想要亲眼见证这个奇迹。

10 点整，奔驰团购如期开团，24 秒时，第一辆 Smart 被买下，3 分钟内，39 辆 Smart 被售出；37 分钟时，Smart 售出数量变成了 99 辆……3 小时 28 分，最后一辆 Smart 被拍走。

Smart 造型小巧、智能化及人性化的操控设计虽是亮点，但若没有淘宝聚划算这个平台，也很难这么快售出这么多。

要知道 2009 年一年，Smart 在中国的销售量也仅有 500 多辆，而聚划算仅用 3 个多小时就完成了 Smart 大半年的销售量。

按照计划，Smart 团购活动会持续 21 天，没想到 3 个多小时就结束了。一时间，媒体纷纷对这件事进行了报道，而这次团购被称为“天下第一团”。

从这以后，聚划算每天的访问量就达到了上百万。

“天下第一团”带来的余热散去不久，聚划算又做出了一件吸引人眼球的事。

当时，世博会正在上海举行，英国馆获得了最高设计金奖，对于这一结果，没有人会意外。

英国馆像是一个开放式的公园，展区的核心位置是“种子圣殿”。“种子圣殿”由 6 万根蕴含植物种子的透明亚克力杆组成，一根根亚克力杆就像一根根触须。

这些触须的顶端带有彩色光源，可以展现出五颜六色的各种图案。加上独特的设计，亚克力杆可以在风中摇曳，吸引了很多中国人的注意，尤其是聚划算。

在世博会落幕前，聚划算找到英国馆负责人洽谈，希望共同为中国公益事业做出贡献。最终，英国馆同意将“圣殿种子”用于公益活动。

为了让“圣殿种子”更具纪念意义和收藏价值，聚划算特意让英国领事馆制作了收藏证书，并在上面加盖了英国馆图章。

10 月 25 日，对于英国馆“种子圣殿”外 6 万多根亚克力“触须”如何处理，英国馆进行了公布。亚克力杆一部分会供给中英两国的植物研究机构，剩余部分则交由淘宝网用作大型的公益团购活动。

就这样，英国馆与淘宝聚划算举行了“将英国馆拆了团了捐了”的大型公益活动，并在 10 月 28 日上午 10 点正式开团。

10 月 28 日上午 10 点，英国馆“圣殿种子”接受预订。2 分钟内，8000 份单价 199 元的圣殿种子被抢购一空。

随后，聚划算在第一批英国馆“圣殿种子”的基础上，又配了一枚英国馆纪念徽章，每份售价 399 元。

11 月 4 日 10 点，开团 5 秒钟内，2000 份种子又被抢购一空。

两次团购，1 万份种子，团购时间之短，交易金额之大，让英国馆感到震惊的同时，也让聚划算每日的访问量飙升至 300 万。

随后，聚划算将两次团购活动的收益捐给了英国馆选定的慈善组织——上海 Cerecare 中心（致康园），帮助致康园更好地为脑瘫儿童提供康复训练及住宿服务。

到了年底，聚划算的成交额超过 5 亿元，在国内团购行业业绩排名第一，也是淘宝成立以来所有业务中成长最快的业务。

聚划算原本发展的是无区域性商品，进入 2011 年以后，聚划算决定开展区域化的团购运营，并于 2 月 23 日发布了全国合作计划，开始搭建城市分站。

6 月 2 日，国内知名空调品牌奥克斯与淘宝合作，共同举办“空调玩定制，万人大团购”的活动，团购以 100 台起团，以 1 万台为上限。

和以往的团购不同，这次通过聚划算团购的两款空调是定制款，由数万名淘宝网友在 6 天内“公投”决定。

开团 10 分钟内，聚划算就售出了 1223 台空调，引来了 60 万人次的访问量。团购进行了 6 个小时，销量达到 4300 台，是平时一个大卖场 10 天的销售量。团购仅进行了一天，就售出了 10000 台。

在进行商业团购时，聚划算仍然不忘利用自己的平台进行公益活动。

从 6 月开始，聚划算就关注海南蕉农卖香蕉难的问题，7 月 8 日—10 日，聚划算发起公益团购“聚蕉行动”，为蕉农提供无偿帮助。

团购方式与以往不同，采取网上预售、线下提取的方式进行。用户在聚划算上购买香蕉后，可以凭二维码在指定时间到指定超市提货。

杭州市民是热情的，很快将 175 吨海南香蕉抢购一空。

接着，聚划算又发起了第二轮“聚蕉行动”，号召北京、上海、广州、深圳、成都、武汉、长沙、宁波 8 大城市帮蕉农解决难题。

可以看出，聚划算一直在成长，设计师频道（D2C）、聚名品频道、卖家团频道纷纷上线，马云也开始为聚划算做下一步打算。

10 月 20 日，阿里巴巴集团宣布将聚划算从淘宝网剥离出来，以公司化的形式独立运营，成为阿里巴巴集团旗下的独立子公司，由阎利珉担任总经理，向集团秘书长邵晓锋汇报。

在马云看来，聚划算成为独立团购品牌进行运作后，更容易对自身结构进行优化，也便于进行创新和开拓。

即使成为独立子公司，聚划算仍然不改初衷，11 月 18 日发起“聚菜行动”，解决菜农卖菜难的难题。

12 月 28 日，聚划算正式启用独立域名 juhuasuan.com，同时宣布 2012 年开放战略，将独立团购网站引入聚划算平台。

马云相信，与其做一家毛病多的大公司，不如做几家虽然小但有活力、有发展潜力的小公司，而聚划算以后也会有更好的业绩。

聚划算的腐败风波

可惜，聚划算让马云失望了。

与聚划算的业绩增长速度相比，团队的管理制度建设得十分缓慢，这也导致聚划算业务弊端丛生，尤其是“淘宝小二”的腐败问题，更为严重。

一直以来，阿里巴巴集团内部及淘宝商家都称呼淘宝系工作人员为

“淘宝小二”。会有这样的称呼，是因为马云希望淘宝系工作人员能真正为商家提供殷勤周到的服务。

随着淘宝系的发展，淘宝小二的权力越来越大。商家想要进入淘宝平台、提高销量或是参加淘宝系的促销活动，最快捷有效的方法就是贿赂淘宝小二。

淘宝小二的腐败问题并不只发生在聚划算平台上，从2007年起，淘宝就不断有小二被开除，可腐败现象不但没有缓解，反而愈演愈烈。

马云深知，不解决淘宝小二的腐败问题，整个阿里巴巴集团都会受到牵连。很显然，“辞退”这一惩罚对淘宝小二并没有起到威慑作用。

从2011年年中起，与聚划算招商相关的举报便频繁出现，有些举报称，聚划算的小二利用手中权力牟取不正当利益。

这些举报引起了廉政部的注意，在与合规部等部门联合调查后发现，有一部分举报属实，有的小二做法不规范，有的小二行为恶劣甚至触犯了法律。

12月30日，阿里巴巴集团公告显示，聚划算商品团小二朝宗违规操作，以安排店铺频繁参加聚划算活动为自己牟取私利，故被辞退，并依照法院判决赔偿淘宝300万元。

马云知道，在淘宝小二中，朝宗不是个例，还有很多小二像他一样，只是还没有被查出来罢了。

2012年2月，在阿里巴巴集团的内网上，突然出现了一则投诉爱婚婚参加聚划算的帖子，这下子引起了马云和廉政部的注意。

爱婚婚是聚划算的全国指定运营商，在杭州、苏州、宁波、嘉兴都设有分站，在聚划算上的团购项目超过200单，颇有影响力。

如果投诉属实，聚划算暴露出来的问题将会非常严重。

廉政部调查发现，2010年3月28日，爱婚婚由2名前阿里员工与3名阿里在职员工创立。在爱婚婚成为聚划算运营商后，3人并未就此事向公司申报，违反了《阿里巴巴集团商业行为准则》中关于“利益冲突披露”的规定。

3名小二必须要为自己的行为负责。在做出惩罚前，马云和阿里巴巴集团的董事认为，聚划算CEO阎利珉也应为制度规范和团队管理上的漏洞负责。

很快阎利珉就被免职，而3名涉及“爱婚婚事件”的员工也被辞退。与此同时，爱婚婚在天猫和淘宝网上的网店也被永久关闭，阿里巴巴集团旗下的任何公司都不再与之合作。

马云知道，淘宝模式是导致腐败的一大原因。虽然战略、政策和规则的制定权在管理层手中，但具体如何执行却是淘宝小二的事情。

早期小二团队思想单纯，社会环境也简单，大多数人都拥有创业心态，诚信问题也很少发生。

随着社会环境越来越复杂，随着阿里巴巴集团价值观的弱化，诚信问题层出不穷，马云对此很担心。

为了帮助整个团队更好地融入阿里巴巴的价值观文化中，保持价值观稳定，马云努力着手内部建设，整合管理风格，打造更加透明化的制度。

马云相信，这一天终会来临。

第十一章

退而不休，马云进军互联网金融

马云很清楚，余额宝向大众展现了一个在互联网上做金融的奇迹，让大众从另一个角度认识了传统金融业。

与其说余额宝是一种产品，不如说是一种互联网团购，只不过团购的产品比较特殊。余额宝提供的体验和服务，可以说是阿里巴巴创新思维的又一次体现。

马云辞去阿里巴巴 CEO 一职

比起其他集团，阿里巴巴集团的高层变动似乎更频繁，有的是职位变动，有的是离开阿里巴巴。比如孙彤宇离去、卫哲引咎辞职、邵晓锋被撤去支付宝总裁一职等。

或许，没有人会想过，马云会辞去阿里巴巴集团 CEO 一职，除了他自己。

最近两年，阿里巴巴集团风波不断，支付宝转让风波、淘宝商城改革风波等，都让马云身心俱疲。

随着年龄的增长，马云身体状况变得不是很好，要不是妻子张瑛对他进行健康管理，说不定就出什么大问题了。

马云是有名的“人来疯”，一和人谈起工作就不知道累，开会也常常开到很晚。张瑛没办法说服他，就定时打电话给他，提醒他早点结束。

为了让马云吃好饭，张瑛把在家里帮忙的两个亲戚送出去学做菜，而马云的中午饭也由张瑛一手操持。

每次到了午饭时间，张瑛就会给马云打电话，询问他吃饭的情况。

有时候马云忘记吃饭了，张瑛就会提醒他。

“48 岁不再年轻了，该把工作交给年轻人了。”每每独自一人时，马云的头脑中总会冒出这样的念头。

在马云看来，阿里巴巴集团的下一代比自己拥有更多的优势，完全有能力做好互联网生态系统的运营工作，他也希望为年轻人提供更多更好的机会。

马云并不只是想想而已，也在一步步进行着这些计划。从公司架构、人才储备、资本市场到公司战略，马云全都做好了准备。

在公司架构上，马云尝试了多次调整，从 2011 年 6 月 17 日将淘宝一拆三，到 2012 年 7 月 23 日将六大子公司调整为七大事业群，都是希望实现“One Company（一个公司）”的目标，以更好地完成“大阿里”战略。

但仅仅过了 3 个月，马云就意识到，阿里巴巴集团不能只有一家公司，要分为很多家公司才行。

2013 年 1 月 10 日，马云又对阿里巴巴集团的架构做出调整，将七大事业群分拆为 25 个事业部，并通过名为《变革未来》的内部邮件传达了这一消息。

至于事业部的管理，则交给集团战略管理执行委员会。具体说来，是由姜鹏、张勇、张宇、吴泳铭、张建锋、陆兆禧、王坚、叶朋、吴敏芝负责，各自分管相关联的事业部。

这次变革使业务划分更细、权力更分散。这样一来，即使有人犯错，后果也不会很严重。

在团队建设上，阿里巴巴集团一直做得很不错，培养接班人是各级主管的日常工作，接班人体系也非常成熟。为了储备人才，组织部每年都进行大规模的人才盘点。

在资本市场，2012 年 6 月 20 日，阿里巴巴 B2B 公司退市；同年 9 月 18 日，阿里巴巴集团回购了雅虎持有的 50% 阿里巴巴集团股份。

在战略层面，2012 年 9 月的网商大会上，马云已经做好了集团的战略规划，也就是平台、金融和数据三大核心业务。

为了让更多管理者得到锻炼，马云逐渐淡出日常管理工作，交给其他人负责。这样当马云卸任后，阿里巴巴集团的工作才不会受到影响。

1 月 15 日，马云向员工发了内部邮件，宣布自 2013 年 5 月 10 日起，自己将卸任阿里巴巴集团 CEO 一职，以董事局主席的身份做好战略决策工作。

下一届 CEO 是谁，马云并没有透露。事实上，马云之所以提前宣布卸任，对其他年轻同事来说，也是一种鼓励。

马云相信，阿里巴巴集团是一个成熟的企业，25 个事业部也能很好地独立运营，自己辞去集团 CEO 一职，对集团业务不会造成很大影响。

因没有公布 CEO 人选，引发了外界种种猜测。在各种猜测中，认为彭蕾能成为下一任 CEO 的人最多。

彭蕾是阿里巴巴集团首席人力资源官兼支付宝 CEO，有很大的影响力，在阿里内部也有很多的支持者。

而猜测阿里巴巴集团首席数据官（CDO）陆兆禧会成为 CEO 的人，也不在少数。陆兆禧分管数据平台、信息平台、云 OS 三大事业部，在几大业务上都有过历练，也有整合阿里巴巴的能力。

对于外界的揣测，马云并不在意。3 月 11 日，马云提前两个月通过内部邮件告知全体成员，由陆兆禧接任阿里巴巴集团 CEO 一职，并在 5 月 10 日完成交接，负责除阿里小微金融服务集团（筹）以外的所有业务。

马云选择陆兆禧自然有他的原因，马云认为陆兆禧能欣赏并学习新事务，判断力和决断力很强，执行能力更是高出一般人很多。

终于到了 5 月 10 日，在淘宝 10 周年晚会上，马云像往常一样发表了演讲，这一次，是他最后一次以集团 CEO 身份进行演讲。

马云说，阿里人全力支持阿里巴巴集团 CEO 陆兆禧和阿里小微金融服务集团（筹）CEO 彭蕾的工作，这样才能实现大家的共同目标。

同时，马云也高兴地说："今天之前，工作是我的生活；明天开始，生活就是我的工作，我很幸运，48 岁就可以离开工作！"

这是马云的真心话，在未来，将有更重要的事情等着他。

菜鸟网络，物流业的一盘大棋

自从马云宣布正式卸任阿里巴巴集团 CEO 一职后，大众都开始关注，除了阿里巴巴集团的事务外，他还会做些什么。

早在 2011 年 4 月 8 日，马云就和李连杰、郭广昌等人成立了太极禅国际文化发展有限公司。大众猜测，卸任后继续向全球推广太极文化是马云要做的事情之一。

毫无疑问，马云虽然自诩风清扬，但绝不会像风清扬那样，过隐士的生活，他依然会出现在大众面前。

2013 年 5 月 28 日，在卸任 18 天后，马云身着一身对襟马褂出现在深圳，召开了一场出人意料的新闻发布会。

与以往的新闻发布会不同，这次的新闻发布会不仅涉及阿里巴巴集团，也与银泰集团、富春集团以及申通、圆通、中通、韵达、顺丰等快递公司相关。

在新闻发布会上，所有参会企业共同宣布，即日起启动“中国智能物流骨干网”（简称 CSN）项目，成立菜鸟网络科技有限公司。

马云当仁不让出任菜鸟网络董事长一职，沈国军则担任首席执行官。

马云的这一举动并不是心血来潮，早在四五年前，他就有做一家物流公司的想法，并且利用阿里巴巴集团这一平台进行了多种尝试。

如 2010 年初，集团入股星晨急便等快递企业；2011 年初，推出“物流宝”，为中小型制造企业及物流运输企业提供最实用、最专业的物流信息。

对于这次阿里巴巴集团参与建立菜鸟网络的事情，马云相信很多人会认为是在抢快递公司的生意，所以在新闻发布会上，他首先对这一点做出了否定。

马云非常清楚，作为一家以互联网起家的企业，阿里巴巴集团对物流、快递以及传统仓储都不熟悉，成立快递公司绝不是明智之举。

谁都知道，阿里巴巴最擅长互联网业务，阿里巴巴集团不做快递，却可以利用“中国智能物流骨干网”进行信息联通，帮快递公司打造更好的商业模式。

要想完成仓储物流建设，需要大量土地和资金。在这方面，阿里巴巴集团能发挥很大的作用。

不能不说，进行仓储物流运营并不是一件容易的事情。新加坡上市公司普洛斯集团在中国和日本都进行了这方面的运营，但都出现过亏损。

菜鸟网络迎难而上，首期计划投资 1000 亿元，第二期投入 2000 亿元，希望在 5~8 年建成一张物流基础设施网络，让机场、港口、公路最高效运输，实现中国任何两个城市之间购物的 24 小时必达。

以目前快递行业的运输速度来看，这个希望似乎很难实现。根据天猫物流系统的数据统计，在九大物流公司的 2860 条线路中，能做到 3 日到达的线路少于 50%。

即使是做得最好的顺丰速递，也只能在主要的一二线城市利用空运实现即日到和次晨达。对于小城市，一些无法空运的货物，就是顺丰也不可能实现 24 小时必达。

更何况，马云在希望快递24小时必达的同时，还希望降低物流成本，这更增加了实现这一目标的难度。

虽然看似遥不可及，注定会遭遇种种困难，马云对自己的物流梦却充满信心，即使一时失败也毫不畏惧。

马云深知，导致流通速度慢的原因有很多。现在快递公司虽然建有全国性的骨干网络，却存在残缺，这是其一；各快递公司之间没有合作，这是其二。

所以，菜鸟网络一方面通过多种模式在国内各大城市打造物流仓储设施，建立仓储平台；另一方面，通过建立数据应用平台，实现信息共享，从而解决这两大问题。

从菜鸟网络的名字上，也能体会到马云的良苦用心。在做互联网时，马云是菜鸟，在做电子商务时，马云和无数中小企业、卖家是菜鸟，但通过努力最后他都获得了成功。

以“菜鸟”为公司名，提醒公司所有人谨记自己的菜鸟身份，努力学习，以一颗感恩和敬畏之心对待社会、对待昨天和未来。

按照规划，菜鸟网络要在 9 个核心城市建立中央仓储，在 20 多个城市建立中转仓。与高调宣布成立菜鸟网络不同，这些工作是悄悄推进的。

菜鸟网络第一步做的是与地方政府签约拿地。2013 年 6 月 20 日，与武汉市政府签约；11 月 19 日，与重庆两江新区管委会签约；11 月 27 日，与河南省政府签约；12 月 13 日，与成都市双流县政府签约。

12 月 28 日，作为菜鸟网络的投资项目，菜鸟 · 金义电子商务新城正式开工，预示着中国智能骨干网首个全国样本投入建设。

和签约拿地的频率相比，菜鸟网络的发展似乎很缓慢，外界纷纷质疑马云拿地的初衷。2014 年 7 月，商务部官员批评马云到处建物流基地建仓储，认为他走歪了。

面对质疑，马云没有过多的解释。菜鸟网络的建设不是着眼于现在，而是为了解决 10 年后的问题，到时候大家就会发现，仓储一点也不多。

经过 1 年多的建设，菜鸟网络即将迎来 2014 年“双十一”的大考验，马云决定利用成果回应大家的质疑。

9 月，菜鸟网络开始行动，结合天猫和淘宝的买家预售信息，先对各家快递公司在“双十一”期间可能揽到的包裹总量进行预估，然后再估计不同路线、主要营业网点揽到的包裹量。

“双十一”期间，菜鸟网络每天都会与快递公司召开“通气会”，并针对当天的具体情况与商家联系，协调发货节奏，以保证整体物流态势的平稳。

尽管“双十一”当天拍下了2.78亿物流订单，“菜鸟”仍然做到了顺利发货，更没有出现爆仓，这说明菜鸟网络在预测需求、制订库存计划、协调物流及末端配送方面取得了一定成绩。

这些成绩看上去与建设仓储没有直接关系，实际上，要想实现24小时送达，需要有符合国际化标准的仓储，缩短商品在库的作业时间。根据2014年的《中国采购发展报告》，中国的物流仓储虽有5.5亿平方米，但连国际化标准的2%都达不到。

无疑，马云正是认识到了这一点，才那么坚定地继续拿地，即使仓储在短期内不会发挥作用，最终却能影响中国整个物流业的发展。

余额宝，会赚钱的支付宝

对于刚卸任的马云来说，他的工作重心是做好菜鸟网络。至于余额宝，是预料之外的奇迹。

余额宝是一项余额增值服务，由第三方支付平台支付宝专门为个人用户打造，本质上属于货币基金。

在是否联手天弘基金推出余额宝业务时，阿里巴巴集团内部产生了不同意见，而导致分歧的原因无非是“利益”二字。

根据之前央行对第三方支付备付金的管理，如果支付宝不推出余额宝，支付宝里备付金产生的利息收益仍然是支付宝的。

如果推出了余额宝，用户就会得到基金收益。虽然支付宝也能从基金公司获得一定收益，但只是极少的技术服务费。

在马云看来，尽管支付宝的短期利益会受损，支付宝用户却能获得收益，而原本投资天弘基金的人也可以利用余额宝进行支付，达到投资、支付两不误的效果。

给了客户利益，自然能增强支付宝的客户黏性。与基金合作，扩大了支付宝的应用场景，用户活跃度高了，资金量自然也会增加。

最终，阿里巴巴集团决定推出余额宝业务。

为了保证业务上线后能正常展开，余额宝进行了大半个月的内测，终于在 2013 年 6 月 13 日正式上线。后来，又以“能赚钱的支付宝”为口号进行宣传。

一般情况下，用户将钱转入余额宝后，就可以获得 4% 的年利。转入 1 万元一年可以收益 400 元，转入 10 万元一年收益 4000 元。收益虽不多，却比银行活期利率高十余倍。

余额宝属于货币基金，由于货币基金的特殊性，亏损的可能性很小，年收益率通常在 3% 至 4%，比起银行的活期存款利率，它占了绝对优势。

不仅如此，余额宝的使用与支付宝一样方便，只需登录支付宝网站就可以购买基金等理财产品，可以用于支付，也可以随时提现，不用支付任何手续费。

转入余额宝的资金经过基金公司确认，就会开始计算收益，而确认过程也很快，在转入后的第二个工作日就会进行。

正是由于这样的收益和便利，余额宝一推出，就成功吸引了众人的眼球。仅仅 6 天，用户就达到 100 万；半个多月后用户达到 250 万，转入的资金高达 66 亿。

马云很清楚，余额宝向大众展现了一个在互联网上做金融的奇迹，让大众从另一个角度认识了传统金融业。

与其说余额宝是一种产品，不如说是一种互联网团购，只不过团购的产品比较特殊。余额宝提供的体验和服务，可以说是阿里巴巴创新思维的又一次体现。

随着余额宝越来越热，外界纷纷猜测，余额宝以后会不会撼动银行体系，这完全是对余额宝认识不清造成的。

余额宝是销售方式的创新，撼动的也将是传统金融产品的销售方式。大众第一次发现，依靠互联网大平台，再小的金额也可以购买到金融产品。

至于余额宝中的钱，最终也还是会回到商业银行，只不过给余额宝增加了一些协议存款的议价空间而已。

积极投身公益，影响更多的人

2013 年 5 月 11 日，即正式卸任阿里巴巴集团 CEO 一职后的第二天，马云出任大自然保护协会（TNC）中国主席一职。

大自然保护协会是全球最大的国际自然保护组织，致力于保护重要陆地和水域，使动植物和自然群落获得生存与繁衍空间。

经过几十年的努力，大自然保护协会已经成为美国十大慈善机构之一，在全球生态环境保护非营利、非政府民间组织中，非常具有影响力。

早在 2010 年 3 月，马云就加入了大自然保护协会全球董事会，成为董事会中的第一个中国人。同年 12 月，在大自然保护协会的牵线搭桥下，马云和欧亚平、黄怒波、胡祖六、郭广昌、牛根生等 16 人，一起向四川省民政厅申请成立“四川大自然保护基金会”，并投入 5000 万元致力于高山密林的保护。

2013 年 5 月 2 日，马云向中国全球保护基金（CGCF）捐赠了 500 万美元。中国全球保护基金由大自然保护协会的理事建立，与大自然保护协会共同努力。

当然，马云所做的公益活动不止这些。

2010 年 1 月，马云与虞锋成立了云锋基金，基金的名字也以马云与虞锋的名字命名。除了创始者马云和虞锋外，云锋基金还有十多位发起人，包括新希望集团董事长刘永好、巨人网络董事长史玉柱、银泰投资董事长沈国军等，均是成功企业家。

与其他基金不同，云锋基金是中国唯一由成功创业者、企业家、行业领袖发起创立的私募基金，除了投入资金外，发起人还会把各自的创业经验与年轻的企业家分享。

这也体现了马云创立云锋基金的意图，也就是关注年轻企业家，培养各个行业的领导者，并且帮助企业家打造世界级的企业。

2011 年 1 月，马云加入壹基金并出任理事。

壹基金是由李连杰于 2007 年发起成立的公益组织，也是国内第一家民间公募基金会。2010 年 12 月 3 日，壹基金正式注册成立，在它可以独立从事公募活动后，马云立刻加盟。

马云和李连杰是好朋友，而阿里巴巴集团也一直和壹基金保持合作。2008 年汶川地震，阿里巴巴向壹基金捐了数百万元。

2012 年 2 月，阿里巴巴公益基金成立。实际上，从 2010 年开始，阿里巴巴就将集团年收入的 0.3% 拨作公益基金。基金会成立后，以环境保护为主要方向。马云当仁不让，担当了第一志愿者。

2010 年 5 月 9 日，在马云的领导下，阿里巴巴响应《南方日报》的号召，共同成立了南方公益联盟，致力于协作公益事业。

在卸任当月，马云将自己在云锋基金的股份收益全部捐给了阿里巴巴公益基金，主要用于环境保护工作。

事实上，在创办云锋基金时，马云就想着要捐赠云锋基金的个人股权收益，现在也终于实现了这一想法。

对于马云来说，公益似乎成了他生活必不可少的一部分。早在创业之初，马云就希望 50 岁之后从事慈善和公益事业。卸任阿里巴巴集团 CEO 一职后，他便开始积极筹备个人公益信托基金事务。

经过 1 年的努力，基金的方向、架构等都已基本做好，马云于 2014 年 4 月 25 日宣布，他和蔡崇信将成立个人公益信托基金，为环境、医疗、教育和文化事业做贡献。

至于基金的资金来源，马云和蔡崇信决定捐出两人在阿里巴巴集团拥有的 2%的期权，估价 30 亿美元左右，相当于中西部地区一个地级市一年的财政收入。

面对马云的这一决定，有些人不理解，为什么不直接捐钱，而是成立基金呢？实际上，马云对于这点考虑甚多。

马云认为，与其直接捐款，不如利用基金推动公益，让更多的人参与，才有持续性。毕竟，公益不在于捐款多少，而在于是不是能够唤醒大众的良知。

在马云看来，基金都是要盈利的，也因此可以在社会贡献方面发挥强大的作用。马云想为社会布施，除了金钱外，他更希望布施自己的才能。

所谓布施才能，就是通过云锋基金这个平台，利用自己的能力，让更多企业得到帮助，得到成长。

基于这种心理，马云决定和蔡崇信一起成立个人公益信托基金，用于解决环境、医疗和教育问题，让大家生活得更好。

至于中国富人是不是要裸捐，马云认为，裸捐的时机还没到，做慈善需要钱，更需要体制、人才和人。目前，比起裸捐，先学会做公益更重要。

12 亿元入股恒大

2014 年 6 月 5 日，马云代表阿里巴巴集团、许家印代表广州恒大足球俱乐部召开了新闻发布会，正式宣布阿里巴巴集团以 12 亿人民币买下俱乐部 50% 股份。

马云和许家印合作，这是大家之前没有想到的。

两人虽说都是商界有名的牛人，但马云的主业是电商，而许家印的主业是地产，两个行业并没有直接关系。

更让人惊讶的是，马云和许家印合作的项目，不是电商，也不是地产，而是马云根本不懂的足球。

早在 1 年前，许家印就试图把马云拉进足球中，并用“快乐”一词诱惑马云：“马云，你要参与进来，要不然你就无法体会足球带来的快乐。”

后来，许家印又多次邀请马云一同观看恒大足球俱乐部的比赛，由于临时有事，马云一次次失约。尽管如此，许家印仍在逢年过节问候马云，告诉他恒大足球俱乐部比赛的近况。

在许家印的坚持下，马云发现足球确实很有魅力。

两天前，马云和许家印在香港喝酒，一不小心喝醉了。许家印说：“恒大足球决定增资入股，你入不入？”

马云连犹豫都没有，说道：“入。”

6 月 4 日上午 9 点，许家印被一通电话吵醒了，原来，马云心里惦记着入股恒大足球俱乐部的事情，打了这个电话。

实际上，马云并不懂足球，恒大球队到底有多大价值，马云也不清楚。既然已经决定入股了，就要讨论出资多少。

对于占股的问题，许家印之前已经告诉过马云，双方各占 50%，这一点也是打动马云入股的原因。

许家印没有直接出价，而是说：“马云，咱们是什么关系？钱这个东西不好意思说，你提吧。”

马云想了想：“那就投12亿，占50%。”

许家印说：“好！”

结果，一单12亿元的大投资，两人仅花15分钟就谈完了。最后，两人还约定，第二天也就是6月5日上午11点11分召开发布会。

当时，马云并不知道花12亿买下50%股份是贵了还是便宜了，后来研究发现，马云是买便宜了，他便决定带着感恩之心参加中国恒大足球的发展。

对于阿里巴巴集团入股恒大足球俱乐部一事，很多人认为是马云醉酒误事，其实并非如此。早在醉酒之前，马云就已经有自己的决断了。

在与恒大足球俱乐部合作前，马云即将收购绿城49%股份的事情就被炒得很热，以至于大众都觉得，阿里巴巴集团不久就会和绿城展开合作。

事实上，马云是和绿城集团董事长宋卫平在谈收购的事情，但是谈论的是收购学校和医院，至于绿城足球俱乐部，并没有真正涉及。

宋卫平是马云的同乡，两人也是多年的好朋友。2011年11月，绿城经营状况出现问题，并传出要破产的消息。

由于房地产涉及资金大，马云一时间也无法为绿城投资，但是他决定出手相助，哪怕帮忙多卖一些房子也是好的。

很快，马云就给公司员工发了一份内部邮件，在邮件里，马云告知员工，即日起到11月15日，凡是购买绿城楼盘翡翠城、西溪诚园、明月江南的员工，可以享受九二折优惠。

对于马云来说，这么做能帮到宋卫平，同时又可以为阿里巴巴员工谋福利。绿城3个楼盘的地理位置很好，正好都在阿里巴巴各办公地点附近。

邮件发出去之后，阿里巴巴的员工就陆续到绿城3个楼盘看房，宋卫平对马云的帮助也很领情。

是选择恒大足球俱乐部，还是选择绿城，马云有自己的打算。

虽然他想要收购的绿城资产中不包括绿城足球俱乐部，但资金一旦到了绿城账上，宋卫平必然会将其投入到足球俱乐部的建设中，所以对于俱乐部的情况他也需要了解。

从战绩上看，恒大足球俱乐部比绿城足球俱乐部要强很多，虽然目前两个足球俱乐部都亏钱，但在以后，恒大盈利的可能性要高一些。

尽管有战绩上的原因，然而真正影响马云做决定的，是恒大地产集团董事局主席许家印和浙江绿城集团董事长宋卫平对待股权和足球的态度。

在谈入股事宜时，宋卫平给马云49%的股权，而许家印则给马云50%的股权，这意味着在恒大足球俱乐部的管理上，马云可以和许家印平起平坐。

在马云对绿城进行考察时，宋卫平曾以足球行业前辈的身份直言不讳地说："你不懂足球，足球这行水很深。"

马云虽不懂足球，但对宋卫平的这番话并不赞同，他认为自己不是很懂电商，却创造了阿里巴巴集团，这足以证明外行可以领导内行。

马云知道，宋卫平是一个"球迷"老板，很懂足球，常常越过教练指挥比赛。马云一直在做电子商务，在经营学校和医院方面是外行，以后入股绿城，在宋卫平面前很难有发言权。

而在和许家印谈足球时，许家印诚实地对马云说："你说你不懂足球，其实我做了这么多年足球，也不懂。"

马云知道，许家印不是为了博得自己的好感而故意谦虚，他说的都是事实。与宋卫平相比，许家印面对足球，总能带着一颗商人的冷静头脑。

许家印虽不懂足球，但他知道让懂足球的人带领恒大足球俱乐部。

2012年5月，许家印邀请率意大利国家队夺得世界杯冠军的著名足球教练马尔切洛·里皮担任恒大队主教练。

专业人做专业事，许家印用人不疑，将球队全权交给里皮负责。对于里皮引援谁，买哪个球员，采用什么战术打法，他全都不干涉。

这就是许家印的气度，马云对此颇为动心，双方展开合作也是顺理成章的事。

尽管马云一再强调，投资足球是投资快乐，但外界仍然对马云入股恒大足球俱乐部一事议论纷纷，猜测四起。

有人猜测，马云是想利用恒大足球俱乐部来提升自己和阿里巴巴集团的知名度。

其实不是的。近年来，随着电商的不断发展，阿里巴巴集团和马云早已成功走进了大众的视线，相关书籍、视频更是不可胜数。

也有人猜测，马云希望借助恒大足球俱乐部吸引球迷到阿里巴巴集团的零售平台网购。

恒大足球俱乐部虽然有很多球迷，但是比起上淘宝网、天猫网购的人来说，实在少得可怜。一个"双十一"就可以吸引来2.78亿份订单，号召力可见一斑。

还有人猜测，马云是为了阿里巴巴 9 月的上市在造势。

这也不可能。恒大足球俱乐部虽登顶亚洲，但也只是在足球领域有些名气，和电商根本不搭边。而且，国外投资人对中国足球印象一直不佳，造势一说不足为信。

事实上，入股恒大足球是阿里巴巴集团生态布局的一部分。近年来，阿里巴巴已经开始关注娱乐和健康行业，恒大足球俱乐部与这两者都有直接关系。

按照阿里巴巴集团一贯的想法，不管做什么业务，要么成为第一，要么打败第一，要么跟第一合作。选择恒大足球俱乐部，就是有和第一合作的意味。

而且，马云是一个有远见的商人，在别人都说电子商务会亏本时，他坚信会赚钱，他说对了；在别人认为淘宝不会赚钱时，他坚信会赚钱，他又说对了。而现在，大家都认为足球俱乐部不赚钱，马云相信，肯定会实现盈利。

在宋卫平眼中，恒大足球俱乐部和绿城足球俱乐部是敌对关系，马云不投资绿城就算了，竟然入股恒大球队，帮助恒大打绿城。

一时间，宋卫平震怒不已。在接受记者采访时，宋卫平指责马云见利忘义，嫌贫爱富，作为一个浙江人，伤了浙江两万球迷的心。

面对宋卫平的指责，马云并不在意，在他心里，宋卫平是值得尊重的大哥，也是一个有气度的人。对于宋卫平的话，马云认为那只是特殊的“关心”罢了。

事实的确如此。当记者再次采访宋卫平时，他已经能笑着祝福马云了。

阿里巴巴集团在美国成功上市

早在成立之初，阿里巴巴网络有限公司就受到了业界的广泛关注。至2007年11月6日，阿里巴巴B2B公司终于在香港联交所正式挂牌上市，走进大众的视野。

一开始，阿里巴巴B2B公司的业务重点是增加会员数，让制造商、贸易公司及批发商在阿里巴巴的平台上销售产品，发展付费会员，增加收入。

进入2011年以后，B2B公司在业务上进行了大调整，把主要精力从发展付费会员这一业务上拿开，重点提升买家在交易平台的用户体验。这样一来，付费会员数不会像以前那样快速增长，短时间内也很难实现较大收益。

出于香港联交所对上市公司的要求，B2B公司在定期对外披露信息时，也将这一重大转变公开告知投资者。

在马云看来，进行这样的战略转型，对B2B公司的发展很有好处，虽然中短期内可能会给公司的财务带来影响，但前景是很可观的。

对于想要变现投资收益的小股东来说，这似乎不是一个好消息。同时，马云也发现，上市让公司承受了很大的压力，也限制了公司的长远规划。

想到这里，马云就把B2B公司私有化一事加入了待办事项。

2012 年 2 月 9 日上午 9 时，阿里巴巴 B2B 公司突然在港交所停牌。这一举动让外界猜测纷纷，有的说阿里巴巴 B2B 是为私有化做准备，有的则说是为了更好地回购雅虎持有的阿里巴巴股份。

议论纷纷中，大众终于迎来了阿里巴巴集团的正式公告。

2 月 21 日晚间，阿里巴巴集团宣布，集团正式向旗下上市公司阿里巴巴 B2B 公司董事会提出私有化要约，回购价为每股 13.5 港元。

通俗来说，阿里巴巴集团希望以每股 13.5 港元的价格，回购 B2B 公司的所有股份。如果能够顺利进行，阿里巴巴 B2B 公司就会彻底私有化，由公众公司变为私人公司。

要想实现私有化，阿里巴巴 B2B 公司还需要做很多工作，除了要获得股东通过外，还要向开曼群岛大法院提出申请。

开曼群岛是阿里巴巴 B2B 公司的注册地，也是世界第五大金融中心。选择在这里注册便于阿里巴巴跨国经营，在外汇、法律环境等方面也很有优势。

私有化计划得到开曼群岛大法院的批准后，阿里巴巴集团立即向外界公布了这一消息。对于这一计划，开曼群岛大法院并没有做出修改。

在私有化计划生效后，香港联交所也批准了撤销阿里巴巴 B2B 公司股份在港交所的上市资格，并在 6 月 20 日下午 4 点摘牌。

退市后，B2B 公司进行了彻底调整，而公司的股份也归入阿里巴巴集团及其一致行动人手中。

B2B 公司是阿里巴巴集团旗下的唯一上市公司，终止上市地位自然引起了很大的轰动，人家一致认为，这是为将来阿里巴巴集团整体打包上市做准备。

马云确实已经开始为阿里巴巴集团上市做准备了，而上市地点的选择一直是个令人困扰的问题。

由于阿里巴巴公司的注册地是在开曼群岛，可以说是外资公司，但由于国内法律限制，不允许外资公司登陆资本市场，因此阿里巴巴集团不可能在中国大陆上市。

所以，阿里巴巴集团的上市地点最终定在了两处：香港地区和美国。

对阿里巴巴集团来说，香港是上市的首选地点。但是，由于阿里巴巴集团“合伙人制度”问题与香港联交所的《上市规则》相冲突，能否在香港上市，一时间成为大家议论的热点。

事实上，阿里巴巴集团和香港联交所也一直在博弈。

阿里巴巴集团的合伙人制度由马云首创，第一次公开提到“合伙人”是在 2009 年阿里巴巴 10 周年庆典的晚会上。当时，18 位创始人辞去创始人身份，马云宣布阿里巴巴进入合伙人时代。

后来，合伙人制度从 2010 年起在集团管理团队内部试运行。在阿里巴巴集团工作 5 年以上、具有优秀领导力、高度认同阿里文化并做出过贡献的人，都有可能入选。

之所以创立合伙人制度是为了取得公司的控制权，同时也是为了让阿里巴巴集团稳定发展。

而在申请上市时，马云提出了合伙人方案，主张“同股不同权”。也就是说，董事会人选提名不是按照持有股份的比例来分配提名权，而是由合伙人提名。

合伙人提名后，股东大会会通过投票任命或否决提名的董事。即使提名遭到否决，合伙人也仍然有权继续提名，直到过半数的董事会成员都是由合伙人提名为止。

实际上这是一种由少数管理层掌控公司的策略，其他投资者即便持有再多的股权，只要合伙人不对他们进行董事会提名，他们就不能进入董事会，也无法参与公司的经营管理。

在香港联交所的《上市规则》中，有一条“同股同权”原则，不允许双重股权结构，所以，港交所对阿里巴巴集团上市一事，一直没有同意。

为了争取港交所的同意，马云一再发出声明，解释合伙人制度到底是怎么回事，也让软银与雅虎两大股东公开表示支持。

但是仅仅做这些，显然还不够。

马云心里很清楚，如果港交所接受了合伙人制度，批准了阿里巴巴集团的上市要求，那就需要修改上市规则条例，并由相关机构审核通过，费时费力。

且不说阿里巴巴集团能不能等这么长时间，就是对港交所而言，也会损害广大投资者的利益，失信于民。

虽然早已预料到结局，马云却不愿意妥协。如果放弃“合伙人制度”，就意味着失去对公司的控制权。马云知道，一旦失去控制权，将会面临什么样的局面。

早在创立中国黄页时，为了让公司有更好的前途，马云选择了和杭州电信合作。没有想到，失去控制权的马云根本无法施展自己的才能，合作也很快出现问题。

后来，马云任外经贸部合资公司的总经理，在公司同样没有控制权，而且由于是和政府部门合作，马云处处受限制，最后只好带着团队离开。

阿里巴巴成立后，经过几次融资，马云及团队又成了小股东。为了以小博大，马云提出了合伙人制度，不让股份的多少成为影响控制权的因素。

经过半年努力，阿里巴巴集团与香港联交所的谈判还是破裂了，港交所最终否决了阿里巴巴上市计划。

2013 年 10 月 10 日，阿里巴巴集团举行了媒体见面会，集团 CEO 陆兆禧公开宣布，阿里巴巴集团放弃在香港上市的计划。

港交所拒绝阿里巴巴的上市计划后，马云并没有让上市计划推迟。此时，阿里巴巴的整体业绩都很好，尽管赴美上市会让成本提高 1.5 倍到 2 倍，但阿里巴巴也必须上市。

2014 年 3 月 16 日，阿里巴巴集团发出公告，宣布启动赴美上市事宜，这样做可以让公司更加透明，加速走向国际化，为实现阿里巴巴的长期愿景和理想迈出新的一步。

5 月 7 日，阿里巴巴集团正式向美国证监会提交首次公开募股（IPO）申请文件，计划募资 10 亿美元。

这样一来，马云就能获得更多控制权，而软银及雅虎的权力也会受到限制。对于这一切，马云、蔡崇信早已和软银、雅虎就 IPO 后的投票权问题达成协议。

根据协议，软银可以提名一名董事会成员，但不能撤换合伙人提名的董事。在 IPO 完成后，软银可以继续持有集团 30% 以上的股份，超出股份的投票权要交给一家由马云和蔡崇信掌管的股权信托公司。若持股比例少于 15%，就会失去提名董事会成员的资格。

2012 年，阿里巴巴集团和雅虎经过艰难的谈判，终于以 63 亿美元现金和不超过 8 亿美元的新增阿里集团优先股为代价，回购了雅虎持有的 20% 阿里巴巴集团股权。经过这次回购，雅虎失去了阿里巴巴第一大股东的资格。

这次上市后，阿里巴巴有权进一步回购雅虎所持股份的 50%，即可再回购 10% 股份，雅虎也放弃委任第二名董事会成员的权力以及一系列否决权。

北京时间 9 月 9 日凌晨，马云和阿里巴巴集团高管齐聚美国纽约沃尔道夫酒店，开始在美国的首次路演。

路演前，投资者们已经得到了消息，一时间，沃尔道夫酒店热闹非凡。由于前来的投资者太多，导致乘电梯都要排半小时的队，比两年前 Facebook 的路演毫不逊色。

随后，阿里巴巴团队开始在美国十几个城市相继路演，利用推介会向投资者讲明阿里巴巴集团的投资价值，对于投资者关心的问题也有问必答。

2014 年 9 月 15 日，阿里巴巴最后一场全球路演在香港丽思卡尔顿酒店举行，马云亲自参加，表达了对香港资本市场的尊重。

2014 年 9 月 19 日，阿里巴巴集团正式在纽约证券交易所挂牌交易，股票代码为 BABA，开盘价 92.7 美元，比发行价 68 美元高出 36.3%。因为交易量过于庞大，开盘时间长达两个多小时，创下10年来开盘时间最长纪录。

由于股价飙升，阿里巴巴集团的市值高达2383.32亿美元，一举超越Facebook、亚马逊、腾讯和eBay，成为仅次于谷歌的全球第二大互联网公司。

与此同时，马云的身价也超过200亿美元，比王健林和马化腾都高，成为中国名副其实的首富。

最后，上市融资额达到创纪录的250亿美元，而阿里巴巴集团的股东也获得了高额回报，尤其是软银的孙正义。

2007年，阿里巴巴B2B业务上市时，软银的投资回报率近70倍，在当时引起了很大的轰动。这次上市，软银得到了350倍的回报，比上次更加惊人！

从软银投资阿里巴巴开始，孙正义就非常信任马云，对企业相关事务也不干涉，放手让马云按照自己的战略去经营。

阿里巴巴集团成功上市，既说明马云坚持的战略是正确的，也从侧面证明，孙正义是一个有实力、有眼光的投资人。

而更让人震惊的是，这次上市产生了一批千万甚至亿万富翁。

上市后，阿里巴巴公布了30名合伙人名单，这些合伙人共持有阿里巴巴集团14%的股权，即使按照开盘价92.7美元每股计算，总价值也超过300亿美元。

而在阿里巴巴，员工工作3年以上就能获得期权。根据以往数据估算，这次上市阿里巴巴集团约有11000多名员工持股，平均每人可套现近 422 万美元，约合人民币 2600 万元。

也就是说，随着阿里巴巴集团的成功上市，集团内部有一万多名员工成功跻身千万富翁行列。

对此，马云感觉很合理，认为这是阿里巴巴的员工应该得到的回报。因为这些人选择了阿里巴巴，并且坚持了下来。

但外界的猜测也随之而来，成了富翁以后，这些员工还会甘心在阿里巴巴工作吗？会不会准备套现离职呢？

对于这个问题，马云在上市前就早已做好了心理准备。在他看来，不管在什么情况下，员工都有权利选择离开公司或者留下来。

即使员工离开了阿里巴巴集团，也会参与到阿里的生态建设中，这也是在为中国的发展做贡献。

阿里巴巴集团上市以后，并没有涌现离职潮，那些身价千万的富翁员工依然按时上班，坚守自己的岗位。

马云的“新王牌”

2014 年 10 月 17 日是马云非常高兴的一天，阿里小微金融服务集团经过 1 年多的筹建，终于揭牌成立。集团名也正式确定，称为“蚂蚁金融服务集团”，简称蚂蚁金服。

之所以取这样一个名字，是因为马云认为，蚂蚁的力量虽然渺小，但如果齐心协力就能爆发出让人震惊的巨大力量。

早在 2012 年 9 月的网商大会上，马云公开表示，从 2013 年 1 月 1 日起，阿里巴巴集团将转型，重塑平台、金融和数据三大业务。

而直到 2013 年初，马云才将支付宝拆分为共享平台事业群、国际业务事业群和国内业务事业群，加上原来的阿里金融，阿里巴巴集团金融的四大事业群正式梳理完成。

2013 年 3 月 7 日，阿里巴巴集团宣布以四大事业群为班底，以支付宝母公司浙江阿里巴巴电子商务有限公司为主体，筹建小微金融服务集团，彭蕾任 CEO。

也就是从这一年开始，浙江阿里和小微金服受到外界的广泛关注。

蚂蚁金服虽然刚刚成立，却是一个完整的互联网金控集团，旗下包括支付宝、支付宝钱包、余额宝、招财宝、蚂蚁小贷及网商银行（筹）等，覆盖了原来阿里巴巴旗下的支付、理财、融资、保险等业务板块。

蚂蚁金服自身的爆发力不容小觑，而它与阿里巴巴集团和马云的特殊关系，注定让它成为众人议论的焦点。

一直以来，马云心里都有一个规划，希望能将平台、金融、数据融合在一起，而蚂蚁金服正是实现这一规划的核心。

所以，虽然蚂蚁金服还没有表现出任何“撼大树”的迹象，但很多人已经开始猜测，在不久的未来，蚂蚁金服的影响力很有可能超过阿里巴巴，成为马云手中的新王牌。

虽说蚂蚁金服与阿里巴巴集团的关系是独立的法人实体，在股权上没有任何关系，但事实上，蚂蚁金服与阿里巴巴有很深的渊源。

在蚂蚁金服，很多高层出自阿里巴巴集团。

CEO 彭蕾是阿里巴巴创始人之一，曾任阿里巴巴集团多个部门的副总裁，是阿里当之无愧的金融女王。而 CFO 井贤栋、CTO 程立、国内事业群总裁樊治铭、国际业务副总裁彭翼捷等，也都在阿里巴巴集团担任过要职。

另外，阿里巴巴集团董事局主席马云是蚂蚁金服的股东之一。根据蚂蚁金服与阿里巴巴集团达成的协议，蚂蚁金服上市后，向阿里巴巴集团增发 33% 的股份，由阿里巴巴集团选择认购。

不能不说，蚂蚁金服的企业文化源自阿里文化，但又有所不同。在阿里巴巴集团，“江湖”气息无处不在，而蚂蚁金服却无“江湖”，只讲政治、严谨、斗志。

最明显的一个表现是，在阿里巴巴几乎大多数人都有花名，如马云花名风清扬、陆兆禧花名铁木真、张勇花名逍遥子等，但是在蚂蚁金服，没有取花名一说。

在蚂蚁金融旗下，网商银行（筹）带有一个“筹”字，说明网商银行正在筹建中，而这也是最让市场关注的地方。

9 月 29 日，中国银监会下发通知，同意在浙江省杭州市筹建由蚂蚁金服控股 30% 的浙江网商银行。

由于该银行是纯网络银行，所以还需要与监管部门做进一步沟通。

在蚂蚁金服的构想中，浙江网商银行利用互联网电子商务积累的数据，判断个体消费者及小微企业的信用状况，据此提供金额在 20 万元以内的“小存”与贷款在 500 万元以内的“小贷”服务。

而所谓纯网络银行，就是单纯靠网络运营，没有任何物理网点做支撑，这也是网商银行的一大特色。

传统银行在办理开户、信用卡、理财等业务时，都需要客户携带自己的有效身份证件到银行亲自办理，即所谓的“面签”。

作为纯网络银行，没有物理网点，根本不可能实现“面签”。为了这个问题，蚂蚁金服也在和监管层积极沟通，希望顺利解决。

随着阿里巴巴集团的上市，蚂蚁金服的上市问题也成了业界猜测的焦点。面对询问，彭蕾直言道：“上市不是蚂蚁金服的目标，到了一定阶段，自然会提上日程。”

马云也在之前说过，蚂蚁金服暂时不会考虑上市，而是集中全力把自身“养大”。

尽管蚂蚁金服上市没有时间表，彭蕾却一直强调，蚂蚁金服的股权结构是纯内资结构。这就是说，如果以后蚂蚁金服想要上市，完全可以在国内发行 A 股。

这与马云的想法是一致的，早在马云带领阿里巴巴集团上市时，就将支付宝排除在外，这样做是因为马云想让支付宝在 A 股上市。

不见不散，办离职员工大会

2014 年 11 月 27 日，在创造了“双十一”奇迹后没多久，阿里巴巴集团又做了一件事，引起了社会的关注。

这天，阿里巴巴集团在杭州西湖体育馆召开了离职员工大会，这在阿里巴巴集团是第一次，在国内大型企业中也是第一次。

阿里巴巴集团在职员工多达 3 万人，但是创业 15 年，离开的员工更多，累计约 5 万人，说是遍布全国甚至世界各地也不为过。

在会议召开前两周，也就是 11 月 14 日，阿里巴巴集团在官方微博发布了一条信息："11 月 27 日，阿里校友会，不见不散。"在这句话下方，有一篇非常煽情的文字。

"是否还记得那一刻，我们踏进阿里的第一天，一群傻傻的快乐青年在最美好的年华里相遇；为了追逐心中的小小梦想，我们相拥别离；这些年过去，你过得怎么样？外面的世界是否如你期许？

"回来看看吧，像过去一样聊聊。那一抹熟悉的橙色，还在这里等你。让我们互道一声：你好，阿里人。让我们一起与马总、老陆、Lucy 分享彼此的时光和那些最初的梦想。"

很多离职员工看到这条微博，大为感动，立刻通过网络报名，提交阿里工号、现就职情况等，并等待会议具体地点的通知。

在阿里巴巴集团，有一种特殊的文化，同事之间不称"同事"而是称"同学"，员工离职不叫"离职"叫"毕业"，所以离职大会才被称为"阿里校友会"。

之所以这样做，是因为马云希望把 5 万名离职员工维系在一起，见见面，聊聊天，谈谈理想。毕竟，离职员工也是一个庞大的人才库。

11 月 27 日上午不到 9 点，离职员工大会举办地——杭州西湖体育馆入口处已经挤满了人，而两米多高的巨型员工牌"你好，阿里人"前，也有不少离职员工忙着合影，非常热闹。

10 点，2000 多名离职员工坐在杭州西湖体育馆里，等待会议开始。

在会议上，彭蕾说，比起当初，现在的阿里巴巴集团长大了，也上市了。上市以后，马云成了“首富”，员工也被称为“千万富翁”，但实际上，每个人骨子里都没有变，依然很简单、很纯真，以后也不会改变。

彭蕾这番话一说完，台下很多前阿里巴巴员工当场“泪奔”。

在此之前，阿里巴巴集团对离职员工并不关心，也不会投资或收购他们的创业项目，甚至连合作都拒绝，这一直是离职员工心中的痛。

对于这个问题，彭蕾没有避开，而是主动讲了出来。不投资离职员工、和离职员工划清界限，背后有着深层次的原因。

有些员工离开阿里巴巴后，开始自主创业，却不顾阿里巴巴的生态系统，走捷径拿资源，阿里巴巴想在平台上划清界限又很困难，故而出此下策。

虽然阿里巴巴集团曾经说过，在一段时间内不会对离职员工进行投资或给予其他支持，但是在未来，这一点可能发生改变。

大会最后，26 日晚上刚从印度赶回来的马云走上台，会场顿时响起热烈的掌声和欢呼声，马云也兴致勃勃地做起了演讲。

在阿里巴巴，员工的工号是长久保留的，即使只在阿里巴巴工作过一天，工号也不会再给新来的员工使用，以此给他们保留“家”的感觉。

在演讲中，马云又强调了这一点，同时对离职员工的离开表示谅解：“在座肯定有一些人离开时是难过的、郁闷的，因为阿里带给你理想、快乐，也带给你沮丧。”

马云这句话一说出来，又有不少离职员工掉下眼泪，仿佛受了委屈的孩子，得到了妈妈的安慰。“这不怪你。”马云说。

阿里巴巴有一种使命感，就是要让天下没有难做的生意。如果离职员工能一直怀有这种使命感，即使加入阿里的竞争对手如腾讯、百度、京东，他也不会生气。

在会议上，马云简单谈了谈阿里巴巴的未来，还说自己卸任阿里巴巴集团CEO以后，压力反而更大了。

他希望自己以后可以不做阿里巴巴集团董事局主席，也不在公司上班。等到60岁时，不是开董事会，而是钓鱼、晒太阳、听音乐、去酒吧。

马云相信他会按照自己想要的方式去生活，继续创造奇迹，而那些离开集团的员工，如果能坚持阿里巴巴的理念，也必然会促进中国社会的发展。

这一切，马云期待着。

第十二章

回归本心，从马总到马老师

马云是一个狂人，刚刚开始创立阿里巴巴的时候就“口出狂言”说要把阿里巴巴打造成百年企业，要做102年。事情刚刚过去20年，阿里巴巴到底能不能做到102年还未可知。但是从目前的合伙人制度和马云在2013年辞去阿里巴巴CEO后公司的运转情况来看，阿里巴巴离开马云也是能够健康发展的。

湖畔大学，培养企业家的大学

马云是一个狂人，刚刚开始创立阿里巴巴的时候就“口出狂言”说要把阿里巴巴打造成百年企业，要做 102 年。事情刚刚过去 20 年，阿里巴巴到底能不能做到 102 年还未可知。但是从目前的合伙人制度和马云在 2013 年辞去阿里巴巴 CEO 后公司的运转情况来看，阿里巴巴离开马云也是能够健康发展的。而阿里巴巴对马云的依赖性越小，成为百年企业的可能性就越大，虽然现在还无法做最后的定论，但是这种希望我们都可以看到。

2015 年 3 月 27 日，是湖畔大学第一批学员入学的日子。刚刚把阿里巴巴送入健康发展轨道宣布辞去 CEO 之后仅仅两年时间，马云就又发下了一个大愿：“希望在湖畔形成一种文化，让每个企业活长、活久，中国企业活到 30 年以上的非常之少，而这个大学的愿景就是要 300 年。”

这个“300 年”的愿景，听起来确实有些过于宏大，但是却也不是马云一时冲动的结果。应该说，马云在最早开始创立阿里巴巴的时候就注意到了企业生存周期过短的问题，所以才在创业伊始就提出了做百年企业的愿景。马云是一个具有大格局的人，所以在阿里巴巴已经进入到正常的发展轨道，完全有希望实现百年企业的愿景之后，他才有了更大的愿景，让更多的企业活得更久，变成百年企业，甚至是超过阿里巴巴成为能活 300 年的企业。可以说，这“300 年”的愿景与马云创立阿里巴巴时的愿景是一脉相承的。只不过这次的愿景更广、更远，所展现的格局也更大。

马云深知，这么宏大的愿景绝非是仅仅依靠某个人的努力就能实现的，所以在开始谋划建立湖畔大学的时候，就把国内顶尖的优秀企业家都联合在了一起。湖畔大学的发起者，除了马云之外，还有柳传志、冯仑、郭广昌、史玉柱、沈国军、钱颖一、蔡洪滨、邵晓峰，这些人要么是国内知名的优秀企业家，要么就是经济、商业领域内的著名学者。无论是创业的经验还是研究领域的实力，由此可见一斑。

这所位于杭州市西湖鸽鹄湾附近的特殊大学之所以以“湖畔大学”来命名，是因为跟马云创立阿里巴巴时所在的那个小区有着很深的渊源。1999 年，马云带领着十八罗汉在自己的家中创立了阿里巴巴，而马云的那套房子就在名叫“湖畔花园”的小区内。2015 年，他又牵头创立了大学，被推选为这所大学第一任校长的马云以“湖畔大学”来命名这所学校，这中间不难看出马云的“湖畔”情结。为什么要说这个“湖畔大学”是一个特殊的大学呢？

首先，它的招生很特殊。湖畔大学不招学生，招的都是一些企业的管理者或者决策者，而且录取的比例超低。湖畔大学的招生条件中写着：“创业 3 年以上的企业决策者；连续 3 年的纳税记录；企业有 30 名以上员工；过去一年营收超过 3000 万。”这只是招生条件，以为符合这个条件就可以入学了吗？并不是。我们再看湖畔大学的招生方式，如果上面的这些条件你都合格了，你提交的申请也通过了，你还需要 3 个推荐人，而且这 3 个推荐人当中至少还得有一位是湖畔大学指定的。如果不能获得这些指定推荐人的推荐，那你之前的努力其实是没有用的。如果这些条件你又做到了，那么接下来还要经过笔试和面试你才能入学。经过这一系列高标准的筛选之后，湖畔大学的录取比例就变得非常低了。以近 3 年的录取比例来看：2017 年经过校董们的第一轮筛选之后还有 1000 多位符合标准的报名者，在经过走访和面试之后，最终被批准入学的只有 44 名学员。这一年湖畔大学的录取比例为 4.07%，而被称为世界上录取比例最低的斯坦福大学本科的录取比例是 4.4%，湖畔大学招生标准之严格由此可见。但是这还不是湖畔大学录取率最低的一年，随后的 2018 年湖畔大学从 2600 多名报名者当中最终录取了 28 人，录取率连 2% 都不到。而刚刚结束的 2019 年的湖畔大学第 5 期学员的录取率是 2.93%，同样远低于斯坦福大学本科的录取率。

湖畔大学的第二个奇特的地方就是，招收的学员虽然全部都是有创业经验，甚至是有所建树的创业者，但是湖畔大学却不是教人怎么成功的。马云说：“湖畔大学不教大家如何把企业办大，而是要教大家如何把企业办得更长，活得更好。”而要想让自己的企业活得更长，活得更好，那就不得不从别人的失败当中获得教训。所以，湖畔大学也是一种不教怎么成功，却让你看别人是怎么失败的学校。用马云的话说就是：“湖畔大学跟大家分享的是失败的案例，失败的教训，别人怎么失败，这些事情都可能发生到你头上。”当然，湖畔大学绝不只是让学员像听故事一样听取别人失败的经历。为了让学员们对失败有更加深刻的体验，刚刚入学的学员们被教练挨个地扔进水里，而另外已经被扔进过水里的老学员们则又被学校安排了别的项目，比如他们被要求一起爬过将近 90 度的泥泞陡坡。这一切就是为了更加真实地体验失败，接受失败。因为马云觉得，我们没办法教人如何成功，成功是没办法教的，每个人的成功都不一样，你按照别人教你的方法去做，你也不一定会成功。所以，湖畔大学的老师们都是在讲述自己的失败。但是马云并不觉得学习了失败就能够避开失败了。马云认为学习失败的价值在于，当你自己面对失败的时候你还能够保持冷静和理智，你知道应该怎么去应对，那就比别人多了几分败中求胜的机会。

湖畔大学的第三个奇特的地方就是，这个学员都是创业者的学校却不教人怎么赚钱。不教企业家怎么赚钱，那教什么？马云说：“湖畔大学不是来教大家怎么赚钱的，而是教大家如何创造价值。”因为马云觉得对于创业者来说，赚钱是一件非常容易的事情，但是要做到不断为社会创造价值却是一件非常不容易的事情。只有不断为社会创造价值的创业者，才能被称为是一个合格的企业家。湖畔大学的定位就是：“培养拥有新商业文明与企业家精神的新一代企业家。”这既是马云发起创立湖畔大学的初衷，也是湖畔大学的最终使命。也正是因为如此，湖畔大学才显得那么奇特，它才会有那么低的录取率；它不教人怎么成功，只让人学习失败；它不教人怎么赚钱，只教人怎么为社会创造价值。这一切都是使命使然。

重回课堂，马云的乡村教师计划

2015年9月16日，北京师范大学校园内“马云乡村教师计划暨首届马云乡村教师奖”正式启动。阿里巴巴董事局主席、马云基金会的发起者马云先生在启动现场表示：“这些钱是微不足道的，我下半辈子希望作为乡村教师的代言人，唤起社会对乡村教师的重视。”马云有着很深的教师情结，这可能跟他在创业之前在杭州电子工业学院当了6年的英语老师有着很大的关系。后来在自己的创业过程中，马云曾经在各种场合不止一次表示“教师是我最喜欢的职业”，而进入商界不过是他“一不小心”闯进去的，他最喜欢别人称呼他“马老师”而不是“马总”。说这些话的时候阿里巴巴早已经声名在外了，所以马云当时的这些话被很多人当作笑谈。

随着“马云乡村教师计划”的启动和不断推进，越来越多的人认识到，马云说“教师是我最喜欢的职业”这句话，也许并不是一时心血来潮，他是认真的。马云的个性也是如此，什么事情一旦他认真了，他就会不遗余力地坚持做下去。所以，在“马云乡村教师计划”的启动现场，马云说：“我下半辈子希望作为乡村教师的代言人，唤起社会对乡村教育的重视。”这句话足以证明，“马云乡村教师计划”马云不是随便做做就算的，而是要作为自己后半生最重要的事情之一来做。这件事不仅要做，还要长久地做下去。这些将预示着，曾经在商界叱咤风云的“马总”接下来就要“重回课堂”，成为他自己最喜欢的“马老师”了。

而马云所说的只花了一点“微不足道”钱的“马云乡村教师计划”到底是个什么样的计划呢？马云乡村教师计划就是每年评选出100位“马云乡村教师”，这100位乡村教师每人将会得到10万元的资金奖励和3年专业发展的支持。“马云乡村教师计划”一经启动，“马云乡村教师”的评选在2015年9月当月就开始展开。首届“马云乡村教师”的评选把陕西、甘肃、宁夏、云南、贵州、四川6个省的农村中小学（不包含镇一级学校）的教师作为评选对象。只要是在这些地区的农村中小学连续任教5年以上的教师，都有资格进行“马云乡村教师”的评选。除了这些“硬性”条件之外，“马云乡村教师计划”对参与马云乡村教师评选的教师还有一些“软性”要求，那就是，热爱乡村教育，有从事乡村教育的职业认同感和幸福感；尊重乡村儿童，创设适宜乡村儿童的成长环境和条件；拥有教育智慧，因地制宜并创造性地开展教育实践。除了这些条件之外，“马云乡村教师计划”原则上鼓励更多的年轻教师扎根于乡村中小学教育，所以在评选时对于那些45周岁以下的候选教师会优先考虑。而且为了最大限度地发挥“马云乡村教师计划”对乡村教育的实际作用，“马云乡村教师计划”还规定：“所有获奖的教师还必须承诺：3年内继续在乡村学校一线任教；持续参加该奖系列专业支持活动；不断创新，运用教育智慧高质量教学；在本区域内发挥引领作用，实现共同发展。”这么做的目的，用马云基金会负责人的话说就是：“希望通过奖项评选，寻找优秀的乡村青年教师，资助他们的生活，提升他们的专业，鼓励他们成长，使乡村学校更具活力，使乡村儿童享受更好的教育。”

马云实施这个“马云乡村教师计划”是为了“使乡村学校更具活力，使乡村儿童享受更好的教育”，但是要想达到这个目的，马云觉得光靠“马云乡村教育计划”是远远不够的。虽然到2019年1月13日为止，已经有300位优秀的乡村教师获得了“马云乡村教师计划”的奖励，但是这一切都只是开始。这3次马云乡村教师计划的颁奖仪式，全部都是在海南三亚举行，而代表马云梦想的“重返课堂”就是这个颁奖仪式当中的一个环节。对于把“马云乡村教师计划”的颁奖仪式放在三亚而不是在乡村的中小学的原因，很多人一开始都表示不解。直到2019年1月13日的“重回课堂”活动上，众人才找到答案。当时，被邀请来的嘉宾宋小宝问现场的优秀教师和校长：“有多少人第一次来三亚？”结果让人没想到的是，现场众人竟然全都把手举了起来。仔细想想这也完全是情理之中的事情，那些获得“马云乡村教师”奖励的优秀教师，大都来自条件最艰苦的农村教学一线，平时的生活都很拮据，根本就没有自费来三亚旅游的能力。而马云把“马云乡村教师计划”的颁奖仪式放在三亚，这些前来参加颁奖仪式的优秀教师在领奖的同时也能很惬意地领略一下三亚的大好风光。能够如此润物细无声地照顾这些优秀农村教师的实际需求，如果不是心中对他们充满了敬意是不会把事情做得这么不着痕迹的。马云不是以一种做公益的形式在做这件事儿，而是以这种形式来向心目中最尊敬的人致敬。老师是他最喜欢的职业，但是对于乡村教育而言，他的“马云乡村教师计划”只是个开始。

2016 年 7 月 4 日，马云公益基金会正式对外发布启动“马云乡村校长计划”，这个计划的宗旨在于寻找和扶持现在乡村教育当中的具有领导力量的“乡村教育家”。这离“马云乡村教师计划”的启动还不到 1 年的时间。“马云乡村教师计划”的目标是那些奋斗在乡村教育一线的基层教育工作者，他们是乡村教育当中的中坚力量，但是他们对于乡村教育的现状的影响力却非常有限。而 1 年之后启动的这个“马云乡村校长计划”解决的就是这个问题，它把目标直接瞄准了乡村教育中的“领导力”——那些优秀的乡村教育家。“马云乡村校长计划”每年都会在全国范围内评选出 20 位农村中小学的校长，被评选出来的“马云乡村校长”每一位都会获得来自马云公益基金会的 50 万元的支持。为了保证这 50 万能够做到专款专用，“马云乡村校长计划”对这 50 万的用途做了比较细致的规划：“这当中的 10 万用于帮助改善个人生活；10 万用于校长领导力的提升，比如参加国际游学，建设校长课堂以及跟国内顶尖教育专家的交流和学习，等等。剩下的 30 万则要作为教育领导力提升之后的各种实践活动，把这些钱用于获奖校长所在学校的教育模式开拓等，以便激活乡村教育的活力。”

2017 年 12 月 11 日，马云公益基金会对外宣布，将于 2018 年 1 月 21 日启动“马云乡村示范生计划”，距离“马云乡村教师计划”的启动过去了 2 年多的时间，距离“马云乡村校长计划”的启动过去了 1 年多的时间。“马云乡村师范生计划”预计在接下来的 10 年时间内投入至少 3 亿元的资金，来为未来的乡村教育注入更多更优秀的新鲜血液。他们每年都会从合作的师范院校当中选取 100 位优秀的师范毕业生，跟他们签订服务乡村学校的约定，然后为他们每个人提供 10 万元的现金资助和专业发展的机会。从 2015 年到 2018 年，马云的“马云乡村教育计划”启动了“马云乡村教师计划”“马云乡村校长计划”和“马云乡村师范生计划”3 个项目。“马云乡村教师计划”是给现在的乡村教育的中坚力量吃一颗定心丸，激发一线基层教师的活力。而“马云乡村校长计划”锁定了乡村教育的领导力量。最后启动的“马云乡村师范生计划”则是着眼于未来，从人才的输入入手，发现和培养更优秀的“乡村教育家”。就像马云在“马云乡村师范生计划”启动时说的那样 :“如果说‘乡村教师计划’和‘乡村校长计划’是在帮助正在一线坚守的乡村教育家，那么‘乡村师范生计划’就是要发现、培养未来的乡村教育家。”

除了这 3 个计划之外，马云还力推乡村寄宿制学校计划，并召集了国内近百名优秀企业家参与进来，而第一批 5 所试点学校已经在 2018 年陆续展开，位于杭州淳安县梓桐镇的梓桐镇小学的新宿舍和活动中心已经在 2018 年底投入使用。通过这些计划的不断推出和实施，马云的“使乡村学校更具活力，使乡村儿童享受更好的教育”的梦想正在慢慢变成现实，他也真的成了“乡村教师的代言人”。

新零售元年，线上线下一起发力

2016 年 10 月 13 日杭州 · 云栖大会上，马云在发言时提到未来中国商业发展的五大趋势 : 新零售、新制造、新金融、新技术与新能源，并对这个“新零售”做出了自己的解释，他说：

“未来的10年、20年没有电子商务这一说，只有新零售这一说。也就是说，线上线下和物流必须结合在一起，才能诞生真正的新零售。线下的企业必须走到线上去，线上的企业必须走到线下来，线上线下加上现代的物流合在一起，才能真正创造出新的零售。

“物流公司的本质不仅仅是要做到谁比谁做得更快，而未来的本质是真正去消灭库存，让库存管理得更好，让企业的库存降到零，只有这个目的才能真正达到所有的物流的真正本质。

“所以我将第一个‘新’称为‘新零售’。

“现在都市里面很多的零售行业，传统零售行业受到了电商或者互联网的巨大的冲击。我个人觉得是他们没有把握未来的技术，没有看未来，只看到昨天。如何适应这个新的技术，如何和互联网公司进行合作，如何和现代的物流进行合作，如何利用好大数据，必须打造新零售。

“……新零售的诞生又会对纯电商带来冲击，对纯的线下也会带来冲击。”

这是马云第一次在公开的场合谈到“新零售”，但不是马云第一次提出“新零售”的概念。据阿里巴巴CEO张勇透露，马云第一次提到“新零售”的概念是在云栖大会的头几天。那是2016年10月份的一天，那天张勇和马云一边喝茶一边聊着公司的未来和前景。这是他们之间的一种特有的沟通方式。“聊着聊着，马老师就蹦出了‘新零售’这个词。”张勇向《中国企业家》透露的这个细节，让人看到了“新零售”第一次出自马云之口的情形，却并没有帮助大家彻底弄明白“新零售”到底是什么。虽然很多人都没能彻底搞明白“新零售”到底应该怎么解释，但接下来的2017年，“新零售”从一个完全陌生的新概念成为一个人人都在谈的显学。不过真正能把“新零售”说清楚的人少之又少，不光是外人说不清楚，就连阿里巴巴的内部人士也是如此。以至于2017年8月31日的下午，国家商务部还专门派相关专家到阿里西溪园区进行调研，这次调研的一个很重要的任务就是弄明白到底什么是“新零售”。但是阿里巴巴给出的标准答案却让一行人感到更加迷茫和疑惑，因为阿里巴巴方面对于“新零售到底是什么”的回答是：“新零售就是基于数据驱动的对于商业三个要素人、货、场的重构。”进一步的解释就没有了。对于这一点，阿里巴巴集团CEO助理颜乔表示：“其实我们自己也很难讲清楚，如果我们现在能够讲清楚什么叫新零售，那就不叫新零售了，因为新零售一定是没有人做过、没有出现过的零售业态。”

马云提出了一个全新的概念，新到连阿里巴巴的人都解释不清楚，但是却让接下来的2017年变成了“新零售元年”。这里面到底蕴含着什么样的发展规律呢？所有在商界中打拼的创业者都明白一个道理，要想在瞬息万变的商场立足，就得有能够看到未来的能力。而对于我们未来的趋势，我们只能预判，没办法具体去描述。尽管如此，他们对于自己对未来趋势的判断是坚信不疑的，并且会不遗余力地去做。用张勇的话来说就是：“新零售具体是什么？无非就是你要把它做出来。”

没错，在“新零售”的概念被提出来之后，虽然很多人都还没弄明白它到底是什么，但是阿里巴巴已经在张勇的带领下开始了披荆斩棘的实践。作为“新零售元年”，2017年的业界的典型态势就是线上企业不断向线下融合，而这种融合的典型方式就是不断地收购与并购，这当中自然也少不了阿里巴巴的影子。

2017 年，阿里巴巴的关键词是“买买买”。这一年，阿里巴巴把大约 898.54 亿人民币的资金用于并购投资，这么做的目的就是要完成从线上向线下的不断融合。把以线上业务为主的电子商务帝国慢慢转型为线上线下一起发力的新零售公司。

2017 年 1 月 17 日，《中国经济周刊》消息称：“2017 年 1 月 10 日，阿里巴巴发布消息称拟与银泰商业创始人沈国军联合向银泰商业提出要约收购。按最高要约收购价，完成交易所需要的最大现金金额约为 177 亿。”对这件事进行报道的媒体所用的标题是：“阿里巴巴启动银泰商业 177 亿私有化计划，加速打造新零售模式。”

2017 年 9 月 26 日晚间，新华都在深交所发布公告称：新华都购物广场股份有限公司与关联方杭州阿里巴巴泽泰信息技术有限公司签订了《合作框架协议》，合作双方拟进行资源互补，共享各自供应链优势和对零售业务转型升级等方面开展业务合作。公告称，通过《股权转让协议》，阿里巴巴成都将持有公司 5% 的股份，阿里巴巴成都的一致行动人杭州瀚云持有公司 5% 的股份。然后双方还将各出资 1 亿元，建立福建新盒网络科技有限公司作为双方合作的平台，双方分别持有合资公司 50% 的股份。

2017 年 11 月 20 日，《中国网财经》报道称：阿里巴巴集团、Auchan Retail S.A.（欧尚零售）、润泰集团宣布达成新零售战略合作。按照他们所达成的战略协议，阿里巴巴集团将要投入大约 224 亿港元，直接或者间接地持有高鑫零售 36.16% 的股份。而高鑫零售是中国规模最大、发展也最快的大卖场运营商。旗下的欧尚、大润发两个非常知名的品牌在全国 29 个省、市、自治区有 446 家大卖场。对于这个战略合作对阿里巴巴的重要性，阿里巴巴的 CEO 张勇这样说："高鑫零售是国内最大的商超卖场运营者，也是中西方零售业集大成者。此次战略合作的达成，意味着零售业将实现以条形码扫描为代表的 IT 时代向以大数据和线上线下融合为代表的 DT 时代跃迁，这在全球商业史上具有里程碑式的意义。"

但是阿里巴巴的新零售之路也不只是"买买买"这么简单，阿里巴巴的这一系列收购并购只不过是让阿里巴巴从线上深入到线下，完成线上和线下相融合的布局。在做这些的同时，阿里巴巴还联合快递和商业地产的优秀公司一次性花巨资打造超级物流平台——菜鸟，另外为了做到"人货场合一"的尝试，阿里巴巴还创新地推出了"盒马鲜生"。就像马云当时提出新零售时的语境一样，"新零售"是跟"新制造、新金融、新技术、新能源"一起被提出来的，代表的是未来 10 年到 20 年间的经济发展趋势。从被提出到现在这二三年的时间内，马云和阿里巴巴做出了很多新的尝试，其他很多优秀的公司也做出了不少的贡献，但是一切都还没到尘埃落定的时候，需要走的路还很长，这些要大家一起去努力。

辞职计划，一个关于教师节的约定

2018 年教师节将近的时候，关于马云的一则消息刷爆了网络。这些遍布网络每个角落的消息称，马云将会在 9 月 10 日教师节这一天辞去阿里巴巴所有的职务，而这一天正好是马云 54 岁的生日。据说最早关于马云将要在教师节这天辞职的消息来自《纽约时报》。2018 年 9 月 7 日，《纽约时报》在一篇报道中说："马云计划于下周一（9 月 10 日）从阿里巴巴这家中国电子商务巨头辞职，追求教育慈善事业。"同样的报道还出现在 9 月 7 日的彭博社的一篇报道当中。这些报道不仅给出了马云具体的退休时间，甚至连退休的原因和退休以后的去向都做了交代，一时之间真假难辨。消息在国内广泛传播开来之后，立刻引起了巨大的震动，就连阿里巴巴的股价都受到影响，下跌了 2.32%。而阿里巴巴做出的回应也是非常耐人寻味，关于马云将要在教师节这天辞去阿里巴巴集团董事局主席一职，投身于教育和慈善事业的说法，阿里巴巴相关人士给出的回应是："马云现在身在茅台酒厂参加活动。不管是在社会公益还是在阿里巴巴，马云天天都在做老师，也天天梦想着再去做老师，这对他而言是一个再正常不过的想法。"一方的言之凿凿，一方的回应不置可否，2018 年的这个教师节变得更加引人注目。

2018 年 9 月 10 日，教师节当天，马云终于自己解开了谜底。在这一天马云发出了题为《教师节快乐》的公开信，他在这封公开信中说："经董事会批准，1年后的今天，也就是2019年9月10日，阿里巴巴20周年，我将不再担任阿里巴巴集团董事会主席，现在阿里巴巴集团CEO张勇（逍遥子）将接任董事局主席一职。我从今日起全面配合张勇，为我们的组织过渡做好准备。在2019年9月10日之后，我将继续担任阿里巴巴集团董事会成员，直至2020年阿里巴巴年度股东大会。

这是我深思熟虑，认真准备了10年的计划，今天得以实现，要感谢阿里巴巴合伙人的认同，感谢阿里巴巴董事局的批准……

1999年，和大家一起创办阿里巴巴的时候，我们矢志建立一家让中国和世界骄傲的公司，让公司能够持续发展102年。我们知道谁都不可能陪伴公司102年，公司持久发展靠的是治理制度、文化体系和源源不断的人才梯队，公司不可能只靠几个创始人，更何况我深知从能力、精力和体力的角度，任何人都不可能永远担任公司的CEO和董事长工作。10年前我们就问自己这个问题，如何保证马云离开公司以后，阿里巴巴依然健康发展？……

……我们创建的新型合伙人机制、我们独特的文化和良将如潮的人才梯队，为公司传承打下坚实的制度基础。事实上，自2013年我交棒CEO开始，我们已经靠这样的机制顺利运转了5年。

…………

关于我自己未来的发展，我还有很美好的梦想。大家知道我是闲不住的人，除了继续担任阿里巴巴合伙人和为合伙人组织机制做努力和贡献外，我想回归教育，做我热爱的事情会让我无比兴奋和幸福……”

一封长长的公开信，对之前所有的疑惑、所有的猜测、所有对马云辞去董事局主席后对阿里巴巴的担忧，马云都做了明确的回复。自己选择辞去阿里巴巴董事局主席的原因，以及为此所做的准备和努力，在自己离开之后阿里巴巴健康发展的倚仗，从机制到文化到愿景到接班人，所有可能会引起众人担忧的问题，都做了详尽而准确的回应；对自己将来的发展，也做了明确的交代，一切都清晰明了。而关于自己和阿里巴巴的关系，马云在这封公开信的最后用这样一句话来做了总结："阿里从来不只属于马云，但是马云会永远属于阿里。"这既是自己和阿里关系的总结，同时也是一种承诺，"马云会永远属于阿里"，只要阿里巴巴需要，马云随时都准备着为阿里巴巴付出一切。

至此，吸引了国内外无数人眼球的马云"辞职事件"因为马云的这封公开信而真相大白。一切尘埃落定之后，马云一方面准备着用 1 年的时间来完成阿里巴巴的过渡和交接，另一方面在马云的生活当中，"马总"所占的比重越来越小，而"马老师"的身份标签却越来越明显。这是他一直以来的梦想，几年之前马云公益基金会就开始从事各种社会公益活动，"乡村教育计划"就是这当中的重中之重。在马云宣布自己的辞职日期之前，他的"马云乡村教师计划""马云乡村校长计划""马云乡村师范生计划"都已经陆续展开。这就是马云在这封公开信当中所提到的"回归教育"，因为这是一件能让他感到无比兴奋和幸福的事情。

1美元年薪，马云的国际影响力

2019年1月21日，在2019达沃斯会议的前一天，在日内瓦总部万国宫召开了联合国数字合作高级别小组第二次全体会议。这次会议比联合国以往的其他会议都更能吸引中国人的眼球。因为这次会议的主持人就是刚刚宣布了自己“辞职计划”的阿里巴巴集团董事局主席马云。而除了这次会议的主持人之外，马云还有一个身份，他还是这个联合国数字合作高级别小组的联合主席。这件事情让国内不少媒体忍不住调侃道：原来从阿里巴巴辞职是为了去联合国“上班”呀！

其实早在马云宣布自己的“辞职计划”之前，马云就已经是这个数字合作高级别小组的联合主席了。为了在数字经济时代更好地推进联合国可持续发展的目标，联合国秘书长古特雷斯在2018年7月13日凌晨宣布成立数字合作高级别小组，并宣布由马云和梅琳达·盖茨担任联合主席。马云在9月10日宣布了自己的“辞职计划”不久，9月23日马云就出席了第73届联合国大会。在这次会议上，马云和联合国秘书长古特雷斯、挪威首相埃尔娜·索尔贝格、卡塔尔王妃一起就如何更好地推进工作的进展做了深入的沟通。而2019年在达沃斯会议之前召开的数字合作高级别小组的第二次全体会议，其实也是马云第二次以联合主席的身份参加该小组的会议。在这次会议上，联合国秘书长因为身在纽约无法参加，但是还是通过视频的形式参加了讨论，并对数字合作高级别小组的工作给出了很高的评价，也充分表达了这个小组工作的重要性。他说："我们的工作会让联合国成员更好地理解数字技术发展带来的机会和挑战，所以非常重要。"而在这次会议当中，马云对于数字技术领域规则制定方面所表达的观点得到了与会者的一致好评。马云强调在这方面制定规则一定要做到前瞻性、灵活性和包容性；要根据数字化经济发展的实际情况来制定规则，切不可操之过急。马云说："就好像为一个 3 岁小孩做了一双鞋子，这个小孩以后一辈子都要穿。"对于马云的这一观点，联合国秘书长古特雷斯和同为联合主席的梅琳达・盖茨都表示高度赞同。而且梅琳达・盖茨还在会后把自己和马云的合影放在了自己的推特上，并表示："很荣幸能和马云一起主持数字合作高级别小组会议。"

马云去联合国"上班"，很多人说起来这件事儿都觉得这是一件非常风光的事情。但是很多人肯定不会想到，马云在联合国担任这个数字合作高级别小组的联合主席会得到一个什么样的待遇。之所以有那么多的人说马云是在联合国"上班"，是因为马云做这个事情确实是有工资可以拿的，只不过他的工资是 1 美元，而且还是年薪。更让人想象不到的是，这 1 美元的年薪还不是马云的这个数字合作高级别小组联合主席的待遇，而是马云在联合国 3 份工作的全部报酬。

2016 年年初，马云和挪威首相索尔贝格一起被选为联合国"可持续发展目标"倡导者。

2016 年 9 月，当时还在任上的联合国秘书长潘基文邀请马云出任联合国青年创业和小企业特别顾问。

这就是马云在联合国的另外 2 份工作，而这 3 份工作加在一起，所有的报酬一共才 1 美元年薪，而且还“没有额外的津贴，也不参与联合国工作人员养恤基金”，只有“因工作产生的费用将按照相关规定由联合国承担”。但是就是这些看起来好像是出力不讨好的工作，却让国人感到无比的自豪，因为这不仅意味着马云在国际上的影响力，同时也意味着中国企业家在国际社会当中的影响力。虽然只是象征性的 1 美元年薪，但是却足以让无数国人倍感自豪，当然同样感到自豪的还有阿里人。对于马云在联合国做了 3 份工作才拿 1 美元年薪这件事，早在 2018 年 7 月 13 日，联合国秘书长宣布聘请马云为数字合作高级别小组联合主席的第二天，阿里巴巴官方微博就表示：“联合国性价比最高的‘员工’，打 3 份工，年收入为 1 美元。”后面还有一个调皮的表情，自豪之情溢于言表。